Der Mann mit dem gebrochenen Ohr

Edmond Über

Writat

Diese Ausgabe erschien im Jahr 2024

ISBN: 9789359944883

Herausgegeben von
Writat
E-Mail: info@writat.com

Inhalt

KAPITEL I.

Darin töten sie das gemästete Kalb, um die Rückkehr eines genügsamen Sohnes zu feiern.

Am 18. Mai 1859 brachte M. Renault, ehemaliger Professor für Physik und Chemie, jetzt Grundbesitzer in Fontainebleau und Mitglied des Gemeinderats dieser bezaubernden kleinen Stadt, selbst den folgenden Brief zum Postamt :

„ *An Monsieur Leon Renault, Bauingenieur, Berlin, Preußen.*

(Auf dem Postamt aufzubewahren, bis er angefordert wird.)

" MEIN LIEBES KIND:

„Die frohe Nachricht, die Sie uns aus St. Petersburg geschickt haben, hat uns die größte Freude bereitet. Ihre arme Mutter war seit dem Winter krank, aber ich hatte nicht mit Ihnen darüber gesprochen, aus Angst, Sie könnten sich in der Ferne von zu Hause unwohl fühlen. Was mich betrifft , mir ging es nicht sehr gut; und es gab noch eine dritte Person (erraten Sie den Namen, wenn Sie können!), die schmachtete, weil sie Sie nicht gesehen hatte. Aber seien Sie zufrieden, mein lieber Leon: Wir haben uns seither immer mehr erholt Ihre Rückkehr steht fast fest. Wir beginnen zu glauben, dass die Minen des Urals nicht das verschlingen werden, was uns teurer ist als die ganze Welt. Gott sei Dank! Das Vermögen, das Sie so ehrenvoll und so schnell gemacht haben, wird keinen Preis haben Ihr Leben, nicht einmal Ihre Gesundheit, seit Sie uns erzählen, dass Sie dort in der Wüste fett geworden sind. Wenn Sie dort draußen nicht alle Ihre Geschäfte erledigt haben, ist das umso schlimmer für Sie: Wir sind zu dritt, die geschworen haben dass du nie wieder zurückkehren wirst. Es wird dir nicht schwerfallen, dem zuzustimmen, denn du wirst glücklich unter uns sein. Das ist zumindest die Meinung von Clementine ... Ich habe vergessen, dass mir versprochen wurde, ihren Namen nicht zu nennen. Meister Bonnivet , unser ausgezeichneter Nachbar, hat sich nicht damit begnügt, Ihr Geld in eine gute Hypothek zu investieren, sondern hat in seiner Freizeit auch einen äußerst erbaulichen kleinen Vertrag ausgearbeitet, dem jetzt nur noch Ihre Unterschrift fehlt. Unser verehrter Bürgermeister hat für Sie einen neuen offiziellen Schal bestellt, der aus Paris unterwegs ist. Sie werden den ersten Vorteil davon haben. Ihre Wohnung (die bald zu einem Plural „Sie" gehören wird) ist im Verhältnis zu Ihrem derzeitigen Vermögen elegant. Du sollst besetzen....; Aber das Haus hat sich in drei Jahren so verändert, dass meine Beschreibung für Sie unverständlich wäre. M. Audret , der Architekt des Kaiserschlosses, leitete die Arbeiten. Eigentlich wollte er für mich ein Labor bauen, das Thénard oder Duprez würdig wäre. Ich protestierte ernsthaft dagegen und sagte, dass ich einer solchen noch nicht würdig sei, da mein berühmtes Werk über die Kondensation von Gasen erst das vierte Kapitel erreicht habe. Aber da deine Mutter mit dem alten Schlingel eines Freundes zusammenarbeitete, hat sich herausgestellt, dass die Wissenschaft fortan einen Tempel in unserem Haus hat – eine richtige Zaubererhöhle, nach dem malerischen Ausdruck deines alten Gothon : Es mangelt ihr an nichts, nicht einmal eine Dampfmaschine mit vier PS. Ach! Was kann ich damit machen? Dennoch bin ich zuversichtlich, dass die Ausgaben für die Welt nicht völlig verloren gehen werden. Sie werden nicht auf Ihren Lorbeeren schlafen. Oh, wenn ich nur dein Vermögen gehabt hätte, als ich noch jung war! Ich hätte meine Tage der reinen Wissenschaft gewidmet, anstatt den größten Teil meiner Zeit unter den armen jungen Männern zu verlieren, die von meinen Vorlesungen nichts als die Gelegenheit hatten, Paul de Kock zu lesen. Ich wäre ehrgeizig gewesen ! – Ich hätte versucht, meinen Namen mit der Entdeckung eines großen allgemeinen Gesetzes oder zumindest mit der Erfindung eines sehr nützlichen Apparats in Verbindung zu bringen. Jetzt ist es zu spät; Meine Augen sind erschöpft und das Gehirn selbst verweigert die Arbeit. Sei dran, mein Junge! Sie sind noch keine sechsundzwanzig, die Ural-Minen haben Ihnen das Nötigste für ein entspanntes Leben gegeben, und Sie haben keine weiteren Wünsche, die Sie alleine befriedigen können; Es ist an der Zeit, für die Menschheit zu arbeiten. Dass du das tust, ist der stärkste Wunsch und die größte Hoffnung deines liebevollen alten Vaters, der dich liebt und mit offenen Armen auf dich wartet.

" J. RENAULT.

„PS Nach meinen Berechnungen müsste dieser Brief zwei bis drei Tage vor Ihnen in Berlin eintreffen. Sie wurden bereits durch die Papiere des 7. Inst. über den Tod des berühmten Humboldt informiert. Es ist ein Grund zur Trauer für die Wissenschaft und an die Menschheit. Ich hatte mehrmals in meinem Leben die Ehre, diesem großen Mann zu schreiben, und er hat sich einmal dazu herabgelassen, in einem Brief zu antworten, den ich sehr schätze. Wenn Sie zufällig die Gelegenheit haben, ein persönliches Andenken an ihn zu kaufen, Ein Stück seiner Handschrift oder ein Fragment seiner Sammlungen, Sie werden mir eine wahre Freude bereiten.

Einen Monat nach der Abreise dieses Briefes kehrte der so sehnsüchtig erwartete Sohn in das väterliche Herrenhaus zurück. M. und Frau. Renault, der ihn im Depot abholte, fand ihn größer, kräftiger und in jeder Hinsicht besser aussehend. Tatsächlich war er nicht mehr nur ein bemerkenswerter Junge, sondern ein Mann mit guten und angenehmen Proportionen. Leon Renault war mittelgroß, hatte helle Haare und einen hellen Teint, war rundlich und gut gebaut. Seine großen blauen Augen, seine süße Stimme und sein seidener Bart deuteten eher auf ein sensibles als auf ein kraftvolles Wesen hin. Ein sehr weißer, runder und fast weiblicher Hals kontrastierte auf einzigartige Weise mit einem durch die Belichtung gebräunten Gesicht. Seine Zähne waren wunderschön, sehr zart, leicht nach hinten geneigt und sehr gleichmäßig geformt. Als er seine Handschuhe auszog, zeigte er zwei kleine, ziemlich pummelige Hände, ganz fest und doch angenehm weich, weder heiß noch kalt, noch trocken oder feucht, sondern angenehm anzufassen und perfekt gepflegt.

So wie er war, hätten ihn seine Eltern nicht gegen das Apollo Belvedere eingetauscht. Sie umarmten ihn begeistert und überhäuften ihn mit tausend Fragen, von denen er natürlich die meisten nicht beantwortete. Einige alte Freunde der Familie, ein Arzt, ein Architekt und ein Notar, waren mit den guten alten Leuten zum Depot gelaufen; Jeder von ihnen umarmte ihn der Reihe nach und fragte ihn, ob es ihm gut gehe und ob er eine angenehme Reise gehabt habe. Er lauschte geduldig und sogar freudig dieser alltäglichen Musik, deren Worte nicht viel bedeuteten, deren Melodie aber zu Herzen ging, weil sie aus dem Herzen kam.

Sie waren schon seit einer guten Viertelstunde dort, der Zug war schnaufend unterwegs, die Omnibusse der verschiedenen Hotels waren einer nach dem anderen im guten Trab die Straße hinaufgefahren, die in die Stadt führte, und die Junisonne schien sich zu freuen Erhellen Sie diese glückliche Gruppe exzellenter Menschen. Aber Madame Renault schrie auf einmal, das arme Kind müsse vor Hunger sterben und es sei barbarisch, es noch länger auf sein Abendessen warten zu lassen. Es nützte nichts, zu protestieren, dass er in Paris gefrühstückt hatte und dass die Stimme des Hungers ihn weniger ansprach als die der Freude. Sie stiegen alle in zwei Waggons, der Sohn neben seiner Mutter, der Vater ihr gegenüber, als könnte er seinen Jungen nicht aus den Augen lassen. Hinterher kam ein Wagen mit den Koffern, langen Kisten, Truhen und dem restlichen Gepäck des Reisenden . Am Eingang der Stadt ließen die Hackmänner ihre Peitschen knallen, die Gepäckarbeiter folgten dem Beispiel, und dieses fröhliche Klappern lockte die Menschen zu ihren Türen und weckte für einen Moment die Stille der Straßen. Madame Renault warf ihre Blicke nach rechts und links, suchte nach den Zuschauern ihres Triumphs und salutierte mit äußerst herzlicher und umgänglicher Art vor Menschen, die sie kaum kannte. Und auch mehr als eine Mutter grüßte sie, ohne sie zu kennen; denn es gibt keine Mutter, die diesem Glück gleichgültig gegenübersteht, und außerdem war Leons Familie bei allen beliebt. Und als sich die Nachbarn trafen, sagten sie mit einer Befriedigung, die frei von Eifersucht war:

„Das ist Renaults Sohn, der drei Jahre lang in den russischen Minen gearbeitet hat und nun gekommen ist, um sein Vermögen mit seinen alten Eltern zu teilen.“

Leon bemerkte auch einige bekannte Gesichter, aber nicht alle, die er sehen wollte. Denn er beugte sich einen Moment lang zum Ohr seiner Mutter und sagte: „Und Clementine?“ Dieses Wort wurde so leise und so nahe ausgesprochen, dass Herr Renault selbst nicht erkennen konnte, ob es ein Wort oder ein Kuss war. Die gute Dame lächelte zärtlich und antwortete nur mit einem Wort: „Geduld!“ Als ob Geduld eine unter Liebenden weit verbreitete Tugend wäre!

Die Tür des Hauses stand weit offen und der alte Gothon stand auf der Schwelle. Sie hob die Arme zum Himmel und weinte wie ein Trottel, denn sie kannte Leon, seit er nicht viel höher war als ihr Waschbecken. Auf der oberen Stufe kam es nun zu einer weiteren leidenschaftlichen Umarmung zwischen der guten alten Dienerin und ihrem jungen Herrn. Nach einer angemessenen Zeitspanne machten sich die Freunde von M. Renault auf den Weg, aber es war vergebliche Mühe; denn es wurde ihnen versichert, dass ihre Plätze am Tisch bereits vorbereitet seien. Und als alle bis auf die unsichtbare Clementine im Salon wieder versammelt waren, streckten die großen Stühle mit runder Rückenlehne ihre Arme dem Spross des Hauses Renault entgegen; der alte Spiegel auf dem Kaminsims spiegelte erfreut sein Bild wider; Der große Kronleuchter erklang mit seinen Kristallanhängern ein kleines Willkommenslied, und die Mandarinen auf der Etagere schüttelten zum Zeichen der Begrüßung den Kopf, als wären sie orthodoxe *Penaten* und keine Fremden und Heiden. Niemand kann sagen, warum Küsse und Tränen erneut zu regnen begannen, aber es schien, als wäre er gerade wieder zurückgekehrt.

"Suppe!" rief Gothon .

Madame Renault nahm den Arm ihres Sohnes entgegen allen Regeln der Etikette und ohne sich auch nur bei den anwesenden Ehrengästen zu entschuldigen. Sie entschuldigte sich kaum dafür, dem Sohn vor der Firma geholfen zu haben. Leon ließ ihr freien Lauf und nahm alles lächelnd hin: Es gab keinen Gast, der nicht lieber seine Suppe über seine Weste schüttete, als sie vor Leon zu probieren.

"Mutter!" rief Leon mit dem Löffel in der Hand, „das ist das erste Mal seit drei Jahren, dass ich eine gute Suppe probiert habe." Madame Renault spürte, wie sie vor Befriedigung errötete, und Gothon war so überwältigt, dass ihr ein Teller herunterfiel. Beide bildeten sich ein, dass er möglicherweise gesprochen hatte, um ihre Selbstgefälligkeit zu befriedigen; aber dennoch sprach er die Wahrheit. Es gibt zwei Dinge auf dieser Welt, die man außerhalb der Heimat nicht oft findet: Das erste ist eine gute Suppe; die zweite ist desinteressierte Liebe.

Wenn ich hier versuchen würde, alle Gerichte, die auf dem Tisch standen, genau aufzuzählen, würde es keinen meiner Leser geben, dem nicht das Wasser im Mund zusammenlaufen würde. Ich glaube tatsächlich, dass mehr als eine zarte Dame Gefahr läuft, einen Anfall von Verdauungsstörungen zu erleiden. Bitte nehmen Sie an, dass eine solche Liste fast bis zum Ende des Bandes reichen würde und mir nur noch eine einzige Seite übrig bliebe, auf der ich die wunderbare Geschichte von Fougas niederschreiben könnte . Deshalb kehre ich sofort in die Stube zurück, wo bereits Kaffee serviert wird.

Leon trank kaum die Hälfte seiner Tasse. Aber lassen Sie sich daraus nicht den Schluss ziehen, dass der Kaffee zu heiß, zu kalt oder zu süß war. Nichts auf der Welt hätte ihn daran gehindert, es bis zum letzten Tropfen zu trinken, wenn nicht ein Klopfen an der Straßentür es direkt vor seinem Herzen gestoppt hätte.

Die folgende Minute erschien ihm endlos. Noch nie auf seinen Reisen hatte er eine so lange Minute erlebt. Doch schließlich erschien Clementine, voran die würdige Mademoiselle. Virginie Sambucco , ihre Tante; und die Mandarinen, die auf der Etagere lächelten , hörten das Geräusch von drei Küssen. Warum drei? Der oberflächliche Leser, der vorgibt, Dinge vorherzusehen, bevor sie geschrieben werden, hat bereits eine sehr wahrscheinliche Erklärung gefunden. „Natürlich", sagt er, „war Leon zu respektvoll, um die würdevolle Mlle. Sambucco mehr als einmal zu umarmen, aber als er zu Clementine kam, die bald seine Frau werden sollte, verdoppelte er völlig zu Recht die Dosis." Nun, Sir, das nenne ich ein voreiliges Urteil! Der erste Kuss fiel aus Leons Mund auf die Wange von Mademoiselle. Sambucco ; der zweite wurde von den Lippen von Mlle. aufgetragen. Sambucco auf der rechten Wange von Leon; Der dritte war tatsächlich ein Unfall, der zwei junge Herzen in tiefe Bestürzung versetzte.

Leon, der seine Verlobte sehr liebte, stürzte blindlings auf sie zu, unsicher, ob er sie auf die rechte oder die linke Wange küssen würde, aber er beschloss, ein Vergnügen, das er sich schon seit dem Frühjahr versprochen hatte, nicht zu lange aufzuschieben 1856. Clementine dachte nicht im Traum daran, sich zu verteidigen, sondern war bereit, ihre hübschen rosigen Lippen gleichgültig auf Leons rechte oder linke Wange zu legen. Die Überstürztheit der beiden jungen Leute führte dazu, dass weder Clementines Wangen noch Leons Wangen das für sie bestimmte Opfer erhielten. Und die Mandarinen auf der Etagere , die eigentlich erwartet hatten, zwei Küsse zu hören, hörten nur einen. Und Leon war bestürzt, und Clementine errötete bis über die Ohren, und die beiden Liebenden wichen einen Schritt zurück und betrachteten aufmerksam die Rosen des Teppichs, die für immer in ihre Erinnerung eingegraben bleiben werden.

In den Augen von Leon Renault war Clementine das schönste Geschöpf der Welt. Er liebte sie seit etwas mehr als drei Jahren, und nicht zuletzt wegen ihr hatte er die Reise nach Russland angetreten. 1856 war sie zu jung zum Heiraten und zu reich, als dass ein Ingenieur mit einem Gehalt von 2.400 Francs angemessene Ansprüche auf ihre Hand hätte erheben können. Leon, der ein guter Mathematiker war, stellte sich das folgende Problem: „Gegeben – ein junges Mädchen, fünfzehneinhalb Jahre alt, mit einem Einkommen von 8.000 Francs und mit der Erbschaft von Mlle. Sambucco in Höhe von, sagen wir, weiteren 200.000 Francs bedroht.“ :- innerhalb eines Zeitraums ein Vermögen zu erlangen, das mindestens ihrem eigenen entspricht und ihr genug Zeit gibt, erwachsen zu werden, ohne dass ihr genug Zeit bleibt, eine alte Jungfer zu werden. Die Lösung hatte er in den Ural-Minen gefunden.

Drei lange Jahre lang hatte er indirekt mit der Geliebten seines Herzens korrespondiert. Alle Briefe, die er an seinen Vater oder seine Mutter schrieb, gingen in die Hände von Mlle. über. Sambucco , der sie Clementine nicht vorenthielt. Manchmal wurden sie tatsächlich in der Familie laut vorgelesen, und Herr Renault war nie gezwungen, einen Satz auszulassen, denn Leon schrieb nie etwas, was ein junges Mädchen nicht hören sollte. Die Tante und die Nichte hatten keine andere Ablenkung; Sie lebten zurückgezogen in einem kleinen Haus am Ende eines hübschen Gartens und empfingen nur alte Freunde. Clementine verdiente daher kaum Anerkennung dafür, dass sie ihr Herz für Leon bewahrte. Mit Ausnahme eines großen Kürassierobersten, der ihr manchmal auf ihren Spaziergängen folgte, hatte noch nie ein Mann ihr gegenüber irgendwelche Demonstrationen gemacht.

Sie war übrigens sehr hübsch, und das nicht nur in den Augen ihres Geliebten, der Familie Renault oder der kleinen Stadt, in der sie lebte. Provinzstädte lassen sich leicht zufriedenstellen. Sie erwecken billig den Ruf, eine hübsche Frau oder ein großartiger Mann zu sein; vor allem, wenn sie nicht reich genug an solchen Gütern sind, um sich als besonders hervorzuheben. In Hauptstädten behauptet man jedoch, man bewundere nichts anderes als absolute Verdienste. Ich habe den Bürgermeister eines Dorfes mit einem gewissen Stolz sagen hören: „Geben Sie jetzt zu, dass meine Dienerin Katharina wirklich hübsch ist, für ein Dorf mit sechshundert Einwohnern!“ Clementine war hübsch genug, um in einer Stadt mit achthunderttausend Einwohnern bewundert zu werden. Gönnen Sie sich eine kleine blonde Creole mit schwarzen Augen, cremigem Teint und strahlenden Zähnen. Ihre Figur war rund und geschmeidig wie ein Zweig und wurde durch zierliche Hände und hübsche andalusische Füße abgerundet, die gewölbt und wunderschön gerundet waren. Alle ihre Blicke waren Lächeln und alle ihre Bewegungen waren Liebkosungen. Hinzu kommt, dass sie weder dumm noch prüde war, noch nicht einmal eine Ignorantin wie Mädchen, die in Klöstern aufwuchsen. Ihre Ausbildung, die ihre Mutter begonnen hatte, wurde von zwei oder drei angesehenen alten Professoren abgeschlossen, die von Herrn Renault, ihrem Vormund, ausgewählt worden waren. Sie hatte ein gesundes Herz und einen schnellen Verstand. Aber ich frage mich vielleicht, warum ich so viel über sie zu sagen habe, denn sie lebt noch; und Gott sei Dank! nicht eine ihrer Vollkommenheiten ist verschwunden

KAPITEL II.

AUSPACKEN BEI KERZENLICHT.

Gegen zehn Uhr abends, Mlle. Virginie Sambucco sagte, es sei an der Zeit, darüber nachzudenken, nach Hause zu gehen: Die Damen lebten in klösterlicher Regelmäßigkeit. Leon protestierte; aber Clementine gehorchte, allerdings nicht ohne ein wenig zu schmollen. Die Salontür war bereits offen und die alte Dame hatte ihre Kapuze in den Flur getragen, als der Ingenieur, plötzlich von einer Idee überrascht, ausrief:

„Sie werden sicher nicht gehen, ohne mir beim Öffnen meiner Koffer zu helfen! Das verlange ich von Ihnen als Gefallen, meine gute Mademoiselle Sambucco !"

Die ehrbare Dame hielt inne: Der Brauch drängte sie zu gehen; Freundlichkeit veranlasste sie, zu bleiben; ein Fünkchen Neugier brachte die Waage ins Wanken.

"Ich bin so froh!" rief Clementine und legte die Kapuze ihrer Tante wieder auf den Ständer.

Frau. Renault wusste noch nicht, wo Leons Gepäck untergebracht war. Gothon kam, um zu sagen, dass alles durcheinander in die Höhle des Zauberers geworfen worden sei, um dort zu bleiben, bis Monsieur ihm sagen würde, was er in sein eigenes Zimmer bringen wollte. Die ganze Gesellschaft begab sich, bewaffnet mit Lampen und Kerzen, in einen großen Raum im Erdgeschoss, wo Öfen, Retorten, philosophische Instrumente, Kisten, Truhen, Kleidersäcke, Hutschachteln und die berühmte Dampfmaschine ein verwirrtes und unterhaltsames Ambiente bildeten Schauspiel. Das Licht umspielte diesen Innenraum, wie es auf bestimmten Bildern der niederländischen Schule zu sehen ist. Es blickte auf die großen gelben Zylinder der elektrischen Maschine, traf auf die langen Glasflaschen, prallte von zwei silbernen Reflektoren ab und ruhte im Vorbeigehen auf einem prächtigen Fortin-Barometer. Die Renaults und ihre Freunde, die in der Mitte der Kisten gruppiert waren – einige saßen, andere standen, einer hielt eine Lampe, ein anderer eine Kerze –, trübten den malerischen Anblick nicht.

Leon öffnete mit einem Bündel kleiner Schlüssel die Kisten nacheinander. Clementine saß ihm gegenüber auf einer großen länglichen Kiste und beobachtete ihn mit all ihren Augen, mehr aus Zuneigung als aus Neugier. Sie begannen damit, zwei riesige quadratische Kisten beiseite zu stellen, die ausschließlich mineralogische Proben enthielten. Danach betrachteten sie die Reichtümer aller Art, die der Ingenieur unter seine Wäsche und Kleidung gepackt hatte.

Ein angenehmer Geruch von russischem Leder, Karawanentee, Levante-Tabak und Rosenöl erfüllte bald das Labor. Leon brachte nach und nach ein wenig zur Welt, wie es bei allen reichen Reisenden Brauch ist, die beim Verlassen ihres Zuhauses eine Familie und einen guten Freundeskreis zurückließen. Er stellte der Reihe nach Stoffe asiatischer Webstühle aus, Narghiles aus geprägtem Silber aus Persien, Teedosen, mit Rosen aromatisierte Sorbets, kostbare Extrakte, goldene Netze aus Tarjok , antike Rüstungen, ein Service aus mattiertem Silber aus Toula und montierten Schmuck im russischen Stil, kaukasische Armbänder, Halsketten aus milchigem Bernstein und ein Ledersack voller Türkise, wie sie auf der Messe von Nischni Nowgorod verkauft werden. Jeder Gegenstand ging unter Fragen, Erklärungen und Einwürfen aller Art von Hand zu Hand. Alle anwesenden Freunde erhielten die für sie bestimmten Geschenke. Es gab ein Konzert aus höflichen Ablehnungen, freundlichen Bitten und „Dankeschön " in allen möglichen Stimmen. Es erübrigt sich zu erwähnen, dass der weitaus größere Anteil Clementine zufiel; aber sie wartete nicht darauf, dass man sie dazu drängte, sie anzunehmen, denn unter den gegebenen Umständen wären all diese hübschen Dinge nur ein Teil der Hochzeitsgeschenke und würden nicht aus der Familie verschwinden.

Leon hatte seinem Vater einen überaus hübschen Morgenmantel aus goldbesticktem Stoff, einige in Moskau gefundene antiquarische Bücher und ein hübsches Bild von Greuze mitgebracht, das durch einen glücklichen Zufall in einem schäbigen Laden in der Stadt versteckt worden war Gastinitvor ; zwei prächtige Bergkristallexemplare und ein Stock, der Humboldt gehört hatte. „Sehen Sie", sagte er zu Herrn Renault, als er ihm diesen historischen Stab überreichte, „dass das Nachwort Ihres letzten Briefes nicht über Bord gegangen ist." Der alte Professor nahm das Geschenk mit sichtbarer Ergriffenheit entgegen.

„Ich werde es nie benutzen", sagte er zu seinem Sohn. „Der Napoleon der Wissenschaft hat es in der Hand gehalten: Was würde man denken, wenn ein alter Sergeant wie ich sich erlauben würde, es bei seinen Spaziergängen im Wald zu tragen? Und die Sammlungen? Konnten Sie nichts von ihnen kaufen? Hatten." sie verkaufen sehr teuer?"

„Sie wurden nicht verkauft", antwortete Leon. „Alle wurden im Nationalmuseum in Berlin untergebracht. Aber in meinem Eifer, Sie zufrieden zu stellen, habe ich mich auf seltsame Weise zum Dieb gemacht. Noch am Tag meiner Ankunft erzählte ich einem Führer, der mir den Ort zeigte, Ihren Wunsch . Er erzählte mir, dass ein Freund von ihm, ein kleiner jüdischer Makler namens Ritter, ein sehr schönes anatomisches Präparat verkaufen wollte, das zum Nachlass gehört hatte. Ich lief zum Juden, untersuchte die Mumie, denn eine solche war es. und zahlte ohne Feilschen den von ihm geforderten Preis. Doch am nächsten Tag erzählte mir ein

Freund Humboldts, Professor Hirtz, die Geschichte dieses Fetzens eines Mannes, der seit mehr als zehn Jahren im Laden herumlag, und gehörte nie Humboldt. Wo zum Teufel hat Gothon es verstaut? Ah! Mlle. Clementine sitzt darauf."

Clementine versuchte aufzustehen, aber Leon zwang sie, sitzen zu bleiben.

„Wir haben Zeit genug", sagte er, „um uns das alte Gepäck anzusehen; inzwischen können Sie sich gut vorstellen, dass es kein sehr erfreulicher Anblick ist. Das ist die Geschichte, die mir der gute alte Hirtz erzählt hat; er hat versprochen, sie mir zu schicken." Ich habe außerdem eine Kopie einer sehr merkwürdigen Abhandlung über dasselbe Thema. Gehen Sie noch nicht, meine liebe Mademoiselle Sambucco ; ich habe eine kleine militärische und wissenschaftliche Liebesgeschichte für Sie. Wir werden uns die Mumie ansehen, sobald ich sie habe hat dich über sein Unglück informiert.

"Aha!" rief M. Audret , der Architekt des Schlosses, „es ist die Romanze der Mumie, nicht wahr, die Sie uns erzählen werden? Zu spät, mein armer Leon! Theophile Gautier ist Ihnen in der Beilage zum ... vorausgegangen *Moniteur* , und die ganze Welt kennt Ihre ägyptische Geschichte.

„Meine Geschichte", sagte Leon, „ist nicht ägyptischer als die von Manon Lescault. Unser ausgezeichneter Arzt Martout hier sollte den Namen von Professor John Meiser von Dantzic kennen ; er lebte zu Beginn dieses Jahrhunderts, und das glaube ich." sein letztes Werk erschien 1824 oder 1825."

„Im Jahr 1823", antwortete M. Martout . „Meiser ist einer der Wissenschaftler, die Deutschland die größte Ehre erwiesen haben. Inmitten schrecklicher Kriege, die sein Land in Blut tränkten, verfolgte er die Forschungen von Leeuwenkoeck , Baker, Needham, Fontana und Spallanzani über die Wiederbelebung von Tieren." . Unser Beruf ehrt ihn, einen der Väter der modernen Biologie."

„Himmel! Was für hässliche große Worte!" rief Mademoiselle. Sambucco . „Ist es anständig, die Leute bis zu dieser Zeit in der Nacht festzuhalten, damit sie Niederländisch hören?"

„Hör nicht auf die großen Worte, liebe kleine Tante . Spar dir die Romantik, denn es gibt eine."

„Ein Schreckliches!" sagte Leon. „Mlle. Clementine sitzt über einem menschlichen Opfer, das Professor Meiser der Wissenschaft geopfert hat."

Clementine stand sofort auf. Ihr Verlobter reichte ihr einen Stuhl und setzte sich an den Platz, den sie gerade verlassen hatte. Die Zuhörer, die befürchteten, dass Leons Romanze in mehreren Bänden erscheinen könnte, nahmen ihre Plätze um ihn herum ein, einige auf Kisten, andere auf Stühlen.

KAPITEL III.

Das Verbrechen des gelehrten Professors Meiser.

„Meine Damen", sagte Leon, „Professor Meiser war kein vulgärer Übeltäter, sondern ein der Wissenschaft und der Menschlichkeit ergebener Mann. Wenn er den französischen Oberst tötete, der in diesem Moment unter meinen Rockschößen ruht, dann nur, um sein Leben zu retten. sowie Licht auf eine Frage zu werfen, die für jeden von Ihnen von größtem Interesse ist.

„Die Dauer unserer Existenz ist viel zu kurz. Das ist eine Tatsache, der kein Mensch widersprechen kann. Wir wissen, dass in hundert Jahren keiner der neun oder zehn Personen, die in diesem Haus versammelt sind, auf der Oberfläche des Planeten leben wird Erde. Ist das nicht eine bedauerliche Tatsache?"

Mlle. Sambucco seufzte schwer und Leon fuhr fort:

„Leider! Mademoiselle, wie Sie habe ich oft geseufzt, als ich über diese schreckliche Notwendigkeit nachgedacht habe. Sie haben eine Nichte, die schönste und bezauberndste aller Nichten, und der Anblick ihres bezaubernden Gesichts erfreut Ihr Herz. Aber Sie sehne dich nach etwas mehr; du wirst nicht zufrieden sein, bis du deine kleinen Großneffen herumlaufen gesehen hast. Du wirst sie sehen, das glaube ich ernsthaft. Aber wirst du ihre Kinder sehen? Das ist zweifelhaft. Ihre Enkel? Unmöglich! Was den zehnten betrifft , zwanzigste, dreißigste Generation, es ist sinnlos, auch nur zu träumen.

wird man davon träumen, und vielleicht gibt es keinen Menschen, der sich nicht mindestens einmal in seinem Leben gesagt hat: ‚Wenn ich doch in ein paar Jahrhunderten wieder zum Leben erwachen könnte!' Der eine möchte auf die Erde zurückkehren, um Neuigkeiten über seine Familie zu erfahren, der andere über seine Dynastie. Ein Philosoph möchte wissen, ob die Ideen, die er gepflanzt hat, Früchte getragen haben; ein Politiker möchte wissen, ob seine Partei die Oberhand gewonnen hat ; ein Geizhals, wenn seine Erben das Vermögen, das er gemacht hat, nicht verschwendet haben; ein bloßer Landbesitzer, wenn die Bäume in seinem Garten hochgewachsen sind. Niemand ist gleichgültig gegenüber den zukünftigen Schicksalen dieser Welt, durch die wir galoppieren in ein paar Jahren, um nie wieder dorthin zurückzukehren. Wer hat nicht das Los von Epimenides beneidet , der in einer Höhle schlief und als er seine Augen wieder öffnete, erkannte er, dass die Welt alt geworden war? Wer hat nicht geträumt? sein eigener Bericht über das wunderbare Abenteuer der Dornröschen im Wald?

„Nun, meine Damen, Professor Meiser, einer der am wenigsten visionären Männer seiner Zeit, war davon überzeugt, dass die Wissenschaft ein Lebewesen einschläfern und nach unendlich vielen Jahren wieder aufwecken könnte – alle Funktionen des Wesens zum Stillstand bringen könnte System, das Leben selbst aussetzen, ein Individuum ein oder zwei Jahrhunderte lang vor dem Einfluss der Zeit schützen und es anschließend wiederbeleben.

„Damals war er ein Idiot!“ rief Madame Renault.

„Ich würde es nicht schwören. Aber er hatte seine eigenen Vorstellungen von der Antriebsfeder, die einen lebenden Organismus bewegt. Erinnerst du dich, meine gute Mutter, an den Eindruck, den du als kleines Mädchen hattest, als dir jemand zum ersten Mal das Innere zeigte ? einer Uhr in Bewegung? Sie waren davon überzeugt, dass sich im Gehäuse ein unruhiges kleines Tier befand, das vierundzwanzig Stunden am Tag daran arbeitete, die Zeiger zu drehen. Wenn die Zeiger stehen blieben, sagten Sie: „Das liegt daran, dass das kleine Tier ist.“ tot.' Doch möglicherweise schlief er nur.

„Mittlerweile ist Ihnen erklärt worden, dass eine Uhr aus einer Ansammlung gut zusammenpassender und gut geölter Teile besteht, von denen man annehmen kann, dass sie sich beim Aufziehen spontan und in perfekter Übereinstimmung bewegen. Wenn eine Feder bricht, wenn a Wenn ein Teil des Radwerks beschädigt wird oder sich ein Sandkorn zwischen zwei Teile einschleicht, bleibt die Uhr stehen und die Kinder sagen zu Recht: „Das Tierchen ist tot.“ Aber stellen Sie sich eine einwandfreie Uhr vor, gut gemacht, in allen Einzelheiten in Ordnung und stehengeblieben, weil die Maschine wegen Ölmangels nicht laufen wollte; das kleine Tier ist nicht tot; es bedarf nur einer kleinen Menge Öl, um es aufzuwecken.

„Hier ist ein erstklassiger Chronometer, hergestellt in London. Er läuft fünfzehn Tage, ohne aufgezogen zu werden. Ich habe ihm gestern den Schlüssel umgedreht: Er hat also noch dreizehn Tage zu laufen. Wenn ich ihn auf den Boden werfe, oder Wenn ich die Hauptfeder zerbreche, ist alles vorbei. Ich habe das kleine Tier getötet. Aber nehmen wir an, dass ich, ohne etwas zu beschädigen, ein Mittel finde, das feine Öl herauszuziehen oder auszutrocknen, das es nun ermöglicht, dass die Teile aufeinander gleiten: Wird das kleine Tier tot sein? Nein! Es wird schlafen. Und der Beweis ist, dass ich meine Uhr in eine Schublade legen und sie dort fünfundzwanzig Jahre lang aufbewahren kann, und wenn ich nach einem Vierteljahrhundert einen Tropfen hineingebe Wenn man Öl darauf gibt, beginnen sich die Teile wieder zu bewegen. Die ganze Zeit wäre vergangen, ohne das kleine schlafende Tier aufzuwecken. Nach dem Zeitpunkt, an dem es wieder anfängt, bleiben ihm noch dreizehn Tage.

„Alle Lebewesen sind nach der Meinung von Professor Meiser Uhren oder Organismen, die sich bewegen, atmen, sich ernähren und reproduzieren, solange ihre Organe intakt und richtig geölt sind. Das Öl der Uhr wird im Tier dargestellt." durch eine enorme Menge Wasser. Beim Menschen zum Beispiel macht Wasser etwa vier Fünftel des Gesamtgewichts aus. Wenn ein Oberst 150 Pfund wiegt, sind es 30 Pfund Oberst und 120 Pfund, oder etwa 60 Liter Wasser. Dies ist eine Tatsache, die durch zahlreiche Experimente bewiesen wurde. Ich sage einen Oberst, genauso wie ich einen König sagen würde; alle Menschen sind gleich, wenn sie einer Analyse unterzogen werden.

„Professor Meiser war, wie alle Physiologen, davon überzeugt, dass es bedeutet, das kleine Tier zu töten, wenn man einem Oberst den Kopf bricht, ein Loch in sein Herz macht oder seine Wirbelsäule in zwei Teile schneidet; denn das Gehirn, das Herz, das Rückenmark sind die unentbehrlichen Quellen, ohne die die Maschine nicht funktionieren kann. Aber er dachte auch, dass man, wenn man einem lebenden Menschen sechzig Liter Wasser entzieht, das kleine Tier lediglich einschläfert, ohne es zu töten – dass ein Oberst sorgfältig trockengelegt wurde , kann hundert Jahre lang erhalten bleiben und dann wieder zum Leben erwachen, wenn jemand den Tropfen Öl oder vielmehr die sechzig Liter Wasser in sich ersetzt, ohne die die menschliche Maschine nicht wieder in Bewegung kommen kann.

„Diese Meinung, die Ihnen und auch mir unzulässig erscheinen mag, die aber von unserem Freund Doktor Martout nicht völlig abgelehnt wird , beruht auf einer Reihe zuverlässiger Beobachtungen, die selbst der einfachste Tyrann heute überprüfen kann. Es gibt *Tiere* , die das können ." wiederbelebt: Nichts ist sicherer oder besser bewiesen. Herr Meiser sammelte wie der Abbé Spallanzani und viele andere aus der Dachrinne seines Daches einige kleine getrocknete Würmer, die spröde wie Glas waren, und gab ihnen durch Einweichen in Wasser das Leben zurück. Die Die Fähigkeit, auf diese Weise zum Leben zurückzukehren, ist nicht das Privileg einer einzelnen Art: Ihre Existenz wurde bei zahlreichen und unterschiedlichen Tieren zufriedenstellend nachgewiesen. Die Gattung Volvox – die kleinen Würmer oder Würmer in Essig, Schlamm, verdorbener Paste oder Getreidebrand; die Rotifera – eine Art kleiner Schalentiere, die durch einen Panzer geschützt sind, mit einem guten Verdauungsapparat ausgestattet sind, unterschiedlichen Geschlechts angehören, ein Nervensystem mit einem ausgeprägten Gehirn haben, entweder ein oder zwei Augen haben, je nach Gattung, eine Augenlinse und ein Sehnerv; die Bärtierchen – das sind kleine Spinnen mit sechs oder acht Beinen, unterschiedlichen Geschlechtern, einem regelmäßigen Verdauungsapparat, einem Mund, zwei Augen, einem sehr gut ausgeprägten Nervensystem und einem sehr gut entwickelten Muskelsystem – sie alle sterben und beleben zehn oder fünfzehn wieder Mal hintereinander, nach dem Willen des Naturforschers. Einer trocknet ein Rädertier aus: gute Nacht; Jemand tränkt ihn ein wenig und er wacht auf, um dir einen guten Tag zu wünschen. Alles hängt davon ab, dass man beim Trocknen große

Vorsicht walten lässt. Du verstehst, dass, wenn sich jemand nur den Kopf brechen sollte, kein Tropfen Wasser, kein Fluss, kein Ozean ihn wiederbeleben könnte.

„Das Wunderbare ist, dass ein Tier, das nicht länger als ein Jahr leben kann, wie der winzige Wurm im Getreidebrand, vierundzwanzig Jahre lang liegen kann, ohne zu sterben, wenn man die Vorsichtsmaßnahme getroffen hat, es auszutrocknen.

„Needham sammelte 1743 viele davon; er schenkte sie Martin Folkes, der sie Baker schenkte, und diese interessanten Kreaturen wurden 1771 im Wasser wiederbelebt. Sie genossen eine seltene Befriedigung, ihre eigene achtundzwanzigste Generation mit dem Ellbogen zu besiegen. Würden sie nicht.“ ein Mann, der seine eigene achtundzwanzigste Generation als glücklichen Großvater sehen sollte?

„Eine weitere, nicht weniger interessante Tatsache ist, dass ausgetrocknete Tiere eine weitaus höhere Lebenserwartung haben als andere. Wenn die Temperatur in diesem Labor plötzlich um dreißig Grad sinken würde, würden wir alle eine Lungenentzündung bekommen. Wenn sie so stark ansteigen würde, dort.“ Es besteht die Gefahr einer Gehirnverstopfung. Nun ja, ein ausgetrocknetes Tier, das nicht völlig tot ist und morgen wieder zum Leben erwachen wird, wenn ich es einweiche, erträgt ungestraft Schwankungen von fünfundneunzig Grad und sechs Zehnteln. M. Meiser und viele andere haben es bewiesen.

„Es bleibt also zu fragen, ob ein überlegenes Tier, zum Beispiel ein Mensch, ohne katastrophalere Folgen ausgetrocknet werden kann als ein kleiner Wurm oder ein Bärtierchen. M. Meiser war überzeugt, dass dies praktikabel ist; er schrieb in diesem Sinne in alle seine Bücher, obwohl er es nicht durch Experimente demonstrierte.

„Was soll denn nun daran schaden, meine Damen? Alle Männer, die neugierig auf die Zukunft sind, mit dem Leben unzufrieden oder mit ihren Zeitgenossen unzufrieden sind, könnten sich für ein besseres Alter zurückhalten, und mehr sollten wir nicht haben Selbstmorde aufgrund von Menschenfeindlichkeit. Valetudinier, die die unwissende Wissenschaft des 19. Jahrhunderts für unheilbar erklärt, müssen sich nicht mehr das Gehirn ausblasen; sie können sich austrocknen lassen und friedlich in einer Kiste warten, bis die Medizin ein Heilmittel für sie gefunden hat Störungen. Abgelehnte Liebende müssen sich nicht länger in den Fluss werfen; sie können sich unter den Empfänger einer Luftpumpe begeben und dreißig Jahre später jung, gutaussehend und triumphierend auftauchen, das Alter ihrer grausamen Charmeure persiflieren und sie bezahlen Verachtung um Verachtung zurückweisen. Die Regierungen werden den unnatürlichen und barbarischen Brauch aufgeben, gefährliche Menschen zu guillotieren. Sie werden sie nicht länger in engen Zellen in Mazas einsperren, um ihre Brutalität zu vervollständigen; sie werden sie nicht auf die Schule von Toulon schicken, um ihre kriminelle Ausbildung abzuschließen ; Sie werden sie lediglich schubweise trocknen lassen – einen für zehn Jahre, einen anderen für vierzig, je nach der Schwere ihrer Verdienste. Ein einfaches Lagerhaus wird die Gefängnisse, Polizeigefängnisse und Gefängnisse ersetzen. Es wird keine Flucht mehr geben, vor der man Angst haben muss, und keine Gefangenen mehr, die man ernähren muss. Eine enorme Menge getrockneter Bohnen und schimmeliger Kartoffeln wird für den Verbrauch des Landes gespart.

„Sie haben, meine Damen, eine schwache Beschreibung der Vorteile gegeben, die Doktor Meiser Europa durch die Einführung der Austrocknung des Menschen bringen wollte. Er machte sein großes Experiment im Jahr 1813 an einem französischen Oberst – einem Gefangenen, wie mir gesagt wurde und der als solcher verurteilt wurde als Spion vor ein Kriegsgericht gestellt. Leider hatte er keinen Erfolg; denn ich kaufte den Oberst und seine Loge für den Preis eines gewöhnlichen Kavalleriepferdes im schmutzigsten Laden Berlins.“

KAPITEL IV.

DAS OPFER.

„Mein lieber Leon", sagte Herr Renault, „Sie erinnern mich an einen Studienabschluss. Wir haben Ihre Dissertation genauso gehört, wie sie die lateinische Rede des Rhetorikprofessors hören; im Publikum gibt es immer eine Mehrheit, die lernt." nichts davon und eine Minderheit, die nichts davon versteht. Aber alle hören geduldig zu, wegen der Empfindungen, die nach und nach kommen werden. M. Martout und ich sind mit Meisers Werken und denen seines angesehenen Schülers vertraut, Herr Pouchet ; Sie haben also zu viel gesagt, was darin steht, wenn Sie zu unserem Vorteil sprechen wollten; und Sie haben nicht genug gesagt, was für diese Damen und Herren steht, die nichts von den laufenden Diskussionen darüber wissen vitale und organische Prinzipien.

„Ist das Leben ein Handlungsprinzip, das die Organe belebt und ins Spiel bringt? Ist es nicht im Gegenteil lediglich das Ergebnis der Organisation – das Spiel verschiedener Funktionen der organisierten Materie? Dies ist ein Problem von höchster Bedeutung, das würde die Damen selbst interessieren, wenn man es ihnen klar vor Augen führen würde. Es würde genügen zu sagen: „Wir fragen, ob es ein Lebensprinzip gibt – die Quelle aller Funktionen des Körpers, oder ob das Leben nicht nur das Ergebnis ist." des regelmäßigen Spiels der Organe? Das Lebensprinzip existiert in den Augen von Meiser und seinem Schüler nicht; wenn es wirklich existierte, sagen sie, könnte man nicht verstehen, wie es einen Menschen und ein Bärtierchen verlassen kann, wenn sie ausgetrocknet sind und kehre zu ihnen zurück, wenn sie durchnässt sind.' Wenn es nun kein lebenswichtiges Prinzip gibt, müssen alle metaphysischen und moralischen Theorien, die über seine Existenz aufgestellt wurden, rekonstruiert werden. Diese Damen haben Ihnen geduldig zugehört, es ist ihnen nur gerecht, das zuzugeben; aber alles, was sie waren Ich kann aus Ihrem leicht lateinischen Diskurs schließen, dass Sie ihnen eine Dissertation statt der versprochenen Romantik gegeben haben. Aber wir alle verzeihen Ihnen um der Mumie willen, die Sie uns zeigen werden. Öffnen Sie die Loge des Obersten."

„Wir haben uns den Anblick verdient !" rief Clementine lachend.

„Aber was wäre, wenn du Angst bekommen würdest?"

„Ich möchte Sie wissen lassen, Sir, dass ich vor niemandem Angst habe, nicht einmal vor lebenden Obersten!"

Leon nahm seinen Schlüsselbund und öffnete die lange Eichenkiste, auf der er gesessen hatte. Als sie den Deckel öffneten, sahen sie einen großen bleiernen Sarg, der eine prächtige Walnusskiste umschloss, die außen sorgfältig poliert und innen mit weißer Seide ausgekleidet und gepolstert war. Die anderen brachten ihre Lampen und Kerzen herbei, und der Oberst des 23. Regiments erschien, als befände er sich in einer beleuchteten Kapelle für seine Aufbahrung .

Man hätte sagen können, dass der Mann schlief. Die perfekte Erhaltung des Leichnams zeugte von der väterlichen Fürsorge des Mörders. Es war wirklich ein bemerkenswertes Präparat und hätte einem Vergleich mit den schönsten europäischen Mumien standgehalten, die Vicq d'Azyr 1779 und der jüngere Puymaurin 1787 beschrieben haben.

Der am besten erhaltene Teil war, wie immer, das Gesicht. Alle Gesichtszüge hatten einen stolzen und männlichen Ausdruck bewahrt. Wenn irgendein alter Freund des Obersts bei der Öffnung der dritten Loge anwesend gewesen wäre, hätte er ihn auf den ersten Blick erkannt.

Zweifellos war die Nasenspitze etwas schärfer, die Nasenlöcher weniger erweitert und dünner und der Nasenrücken etwas ausgeprägter als im Jahr 1813. Die Augenlider waren dünner, die Lippen zusammengekniffen, die Mundwinkel nach unten gezogen, die Wange Die Knochen waren zu stark ausgeprägt und der Hals war sichtbar geschrumpft, wodurch Kinn und Kehlkopf übertrieben hervortraten. Aber die Augenlider waren geschlossen, ohne sich zusammenzuziehen, und die Augenhöhlen waren viel weniger hohl, als man hätte erwarten können; der Mund war überhaupt nicht verzerrt wie der Mund einer Leiche; die Haut war leicht faltig, hatte aber ihre Farbe nicht verändert; es war nur ein wenig durchsichtiger geworden und zeigte gewissermaßen die Farbe der Sehnen, des Fetts und der Muskeln, wo immer es direkt auf ihnen ruhte. Es hatte auch eine rosige Tönung, die bei einbalsamierten Leichen normalerweise nicht zu sehen ist. Doktor Martout erklärte diese Anomalie damit, dass, wenn der Colonel tatsächlich bei lebendigem Leibe getrocknet worden wäre, die Blutkügelchen nicht zersetzt worden seien, sondern sich lediglich in den Kapillargefäßen der Haut und des darunter liegenden Gewebes gesammelt hätten, wo sie noch ihre richtige Farbe behalten hätten und dies auch bleiben könnten Aufgrund der Halbtransparenz der Haut ist es leichter zu erkennen als sonst.

Die Uniform war, wie leicht zu verstehen ist, viel zu groß geworden; obwohl es auf den ersten Blick nicht so aussah, als ob die Mitglieder deformiert worden wären. Die Hände waren trocken und kantig, aber die Nägel hatten, obwohl sie zur Wurzel hin etwas nach innen gebogen waren, ihre ganze Frische bewahrt. Die einzige sehr auffällige Veränderung war das übermäßige Absinken der Bauchwände, die nach unten hin zur hinteren Seite zusammengedrängt zu sein schienen; rechts deutete eine leichte Erhebung auf die Stelle der Leber hin. Ein Fingertipp auf die verschiedenen Körperteile erzeugte ein Geräusch, das dem von trockenem Leder ähnelte. Während Leon sein Publikum auf diese Einzelheiten aufmerksam machte und seiner Mama die Ehre erwies , brach er unbeholfen den unteren Teil des rechten Ohrs ab, und ein kleines Stück des Colonels blieb in seiner Hand.

Dieser unbedeutende Zufall wäre vielleicht unbemerkt geblieben, wenn nicht Clementine, die mit sichtbarer Rührung alle Bewegungen ihres Geliebten verfolgte, ihre Kerze fallen ließ und einen erschrockenen Schrei ausstieß. Alle versammelten sich um sie. Leon nahm sie in die Arme und trug sie zu einem Stuhl. M. Renault rannte den Salzen hinterher. Sie war totenbleich und schien kurz vor der Ohnmacht zu stehen.

Sie erholte sich jedoch bald und beruhigte sie alle mit einem bezaubernden Lächeln.

„Verzeihen Sie mir“, sagte sie, „diese lächerliche Darstellung des Schreckens; aber was Monsieur Leon zu uns sagte ... und dann ... diese Gestalt, die zu schlafen schien ... schien mir, dass der arme Mann es war.“ Ich würde seinen Mund öffnen und schreien, wenn er verletzt war.

Leon beeilte sich, die Walnussschachtel zu schließen, während Herr Martout das Ohrstück aufhob und es in die Tasche steckte. Doch während Clementine weiterhin lächelte und sich entschuldigte, überkam sie eine neue Emotion und brach in Tränen aus. Der Ingenieur warf sich ihr zu Füßen, schüttete Entschuldigungen und zärtliche Phrasen aus und tat alles, was er konnte, um ihren unerklärlichen Kummer zu trösten. Clementine trocknete ihre Augen, sah hübscher denn je aus und seufzte so heftig, dass ihr das Herz brach, ohne zu wissen warum.

„Das Biest, das ich bin!“ murmelte Leon und raufte sich die Haare. „An dem Tag, an dem ich sie nach dreijähriger Abwesenheit wiedersehe, kann ich mir nichts Ergreifenderes vorstellen, als ihre Mumien zu zeigen!“ Er versetzte dem dreifachen Sarg des Colonels einen Fußtritt und sagte: „Ich wünschte, der Teufel hätte den verdammten Colonel!“

"NEIN!" rief Clementine mit doppelter Energie und Emotion. „Verfluchen Sie ihn nicht, Monsieur Leon! Er hat so viel gelitten! Ach! armer, armer, unglücklicher Mann!“

Mlle. Sambucco schämte sich ein wenig. Sie entschuldigte sich für ihre Nichte und erklärte, dass sie seit ihrer zartesten Kindheit noch nie eine so extreme Sensibilität gezeigt habe. M. und Frau. Renault, der sie aufwachsen sah; Doktor Martout , der ihr die Pfründe des Arztes übertragen hatte; der Architekt, der Notar, mit einem Wort, alle Anwesenden waren in einen Zustand völliger Verblüffung versunken. Clementine war keine empfindliche Pflanze. Sie war nicht einmal ein romantisches Schulmädchen. Ihre Jugend war nicht von Anne Radcliffe genährt worden, sie kümmerte sich nicht um

Geister und ging um zehn Uhr nachts ganz ruhig und ohne Kerze durch das Haus. Als ihre Mutter einige Monate vor Leons Abreise starb, wollte sie nicht, dass jemand mit ihr die traurige Befriedigung teilte, in der Sterbekammer zuzusehen und zu beten.

„Das wird uns zeigen", sagte die Tante, „wie man nach zehn Uhr aufbleibt. Was! Es ist Mitternacht, eine ganze Viertelstunde! Bett."

Clementine erhob sich unterwürfig, aber als sie das Laboratorium verließ, machte sie wieder kehrt, und mit einer Laune, die unerklärlicher war als ihr Kummer, wünschte sie sich unbedingt, die Mumie des Obersten wiederzusehen. Ihre Tante schimpfte vergebens; trotz der Bemerkungen von Mlle. Sambucco und alle Anwesenden öffneten die Walnussschachtel erneut, knieten neben der Mumie nieder und küssten sie auf die Stirn.

"Armer Mann!" sagte sie und stand auf. „Wie kalt ist er! Monsieur Leon, versprechen Sie mir, dass Sie ihn, wenn er tot ist, in geweihter Erde begraben lassen werden!"

„Wie Sie wollen, Mademoiselle. Ich hatte vorgehabt, ihn mit der Erlaubnis meines Vaters ins anthropologische Museum zu schicken; aber Sie wissen, dass wir Ihnen nichts verweigern können."

Sie trennten sich nicht so fröhlich, wie sie sich kennengelernt hatten. M. Renault und sein Sohn begleiteten Mlle. Sambucco und ihre Nichte gingen zu ihrer Tür und trafen den großen Oberst der Kürassiere, der Clementine mit seinen Aufmerksamkeiten geehrt hatte. Das junge Mädchen drückte zärtlich den Arm ihrer Verlobten und sagte: „Hier ist ein Mann, der mich nie sieht, ohne zu seufzen. Und was für Seufzer! Gnädiger Himmel! Es bräuchte nicht mehr als zwei, um die Segel eines Schiffes zu füllen . " Die Rasse der Obersten ist seit 1813 stark degeneriert. Man sieht nicht mehr so gut aussehende Leute wie unseren unglücklichen Freund.

Leon stimmte allem zu, was sie sagte. Aber er sah nicht genau, wie er zum Freund einer Mumie geworden war, für die er gerade fünfundzwanzig Louis bezahlt hatte. Um das Gespräch abzulenken, sagte er zu Clementine: „Ich habe dir noch nicht all die schönen Dinge gezeigt, die ich mitgebracht habe. Seine Majestät, der Kaiser von ganz Russland , schenkte mir einen kleinen emaillierten goldenen Stern, der am Ende einer Kette hing." Band. Mögen Sie Knopflochbänder?"

"Oh ja!" antwortete sie: „Das rote Band der Ehrenlegion. Hast du es bemerkt? Der arme Oberst hat noch ein Stück davon an seiner Uniform, aber das Kreuz ist nicht mehr da. Diese bösen Deutschen haben es ihm weggerissen, als sie ihn gefangen genommen haben." Häftling!"

„Das ist sehr gut möglich", sagte Leon.

Als sie Mlle erreichten. Sambuccos Haus, es war Zeit, sich zu trennen. Clementine reichte Leon ihre Hand, der sich über ihre Wange mehr gefreut hätte.

Vater und Sohn kehrten Arm in Arm mit langsamen Schritten nach Hause zurück und gaben sich endlosen Vermutungen über die skurrilen Gefühle von Clementine hin.

Frau. Renault wartete darauf, ihren Sohn ins Bett zu bringen; eine altehrwürdige und rührende Angewohnheit, die Mütter nicht so schnell aufgeben. Sie zeigte ihm die hübsche Wohnung über dem Salon und das Laboratorium von Herrn Renault, das für seinen zukünftigen Wohnsitz hergerichtet worden war.

„Du wirst es hier so gemütlich haben wie ein kleiner Schwanz in einer Torte", sagte sie und zeigte ihm ein Schlafzimmer, das in seiner Behaglichkeit ganz wunderbar war . „Alle Möbel sind weich und abgerundet, ohne einen einzigen Winkel. Ein Blinder könnte hier gehen, ohne Angst haben zu müssen, sich zu verletzen. Sehen Sie, wie ich häuslichen Komfort verstehe! Jeder Sessel kann ein Freund sein! Das wird Sie kosten Kleinigkeit. Penon Brothers kamen ausdrücklich aus Paris. Aber ein Mann sollte sich zu Hause wohl fühlen, damit er nicht in Versuchung kommt, ins Ausland zu gehen.

Dieses süße mütterliche Geplapper erstreckte sich über zwei gute Stunden und ein Großteil davon bezog sich, wie Sie leicht annehmen können, auf Clementine. Leon hatte sie hübscher gefunden, als er es sich in seinen süßesten Visionen vorgestellt hatte, aber weniger liebevoll. „Der Teufel holt mich!" sagte er und blies seine Kerze aus; „Man könnte meinen, dass dieser verdammte, ausgestopfte Colonel gekommen sei, um sich zwischen uns zu drängen."

KAPITEL V.

TRÄUME DER LIEBE UND ANDERE TRÄUME.

Leon musste auf seine Kosten lernen, dass ein gutes Gewissen und ein gutes Bett nicht ausreichen, um einen guten Schlaf zu gewährleisten. Er war gebettet wie ein Sybarit, unschuldig wie ein arkadischer Hirte und außerdem müde wie ein Soldat nach einem Gewaltmarsch; dennoch lastete bis zum Morgen eine dumpfe Schlaflosigkeit auf ihm. Vergebens warf er sich in alle möglichen Positionen, als wollte er die Last von einer Schulter auf die andere verlagern. Er schloss die Augen nicht, bis er den ersten Schimmer der Morgendämmerung in den Ritzen seiner Fensterläden sah.

Er wiegte sich beim Gedanken an Clementine in den Schlaf; Ein zuvorkommender Traum zeigte ihm bald das Bild von ihr, das er liebte. Er sah sie im Brautkostüm in der Kapelle des Kaiserschlosses. Sie stützte sich auf den Arm des älteren Herrn Renault, der zu Ehren der Zeremonie Sporen angelegt hatte. Leon folgte ihm, nachdem er Mademoiselle seinen Arm gegeben hatte. Sambucco ; Die alte Jungfrau wurde mit den Insignien der Ehrenlegion geschmückt. Als der Bräutigam sich dem Altar näherte, bemerkte er, dass die Beine seines Vaters so dünn waren wie Besenstiele, und als er gerade dabei war, seinem Erstaunen Ausdruck zu verleihen, drehte sich Herr Renault um und sagte zu ihm: „Sie sind dünn, weil sie ausgetrocknet sind; aber sie sind es." nicht verformt." Während er diese Erklärung gab, veränderten sich sein Gesicht, seine Gesichtszüge, er ließ einen schwarzen Schnurrbart wachsen und wuchs dem Oberst schrecklich ähnlich. Die Zeremonie begann. Der Chor war voller Bärtierchen und Rädertierchen, so groß wie Männer und gekleidet wie Chorsänger: Sie stimmten feierlich eine Hymne des deutschen Komponisten Meiser an, die so begann:

Das Lebensprinzip ist eine unbegründete Hypothese!

Die Poesie und die Musik erschienen Leon bewundernswert; Er versuchte, sie sich in sein Gedächtnis einzuprägen, als der amtierende Priester mit zwei goldenen Ringen auf einem silbernen Tablett auf ihn zukam. Dieser Priester war ein Oberst der Kürassiere in voller Uniform. Leon fragte sich, wann und wo er ihn getroffen hatte. Es war am Abend zuvor vor Clementines Tür. Der Kürassier murmelte die Worte: „Die Rasse der Obersten ist seit 1813 stark degeneriert." Er stieß einen tiefen Seufzer aus, und das Kirchenschiff der Kapelle, ein Linienschiff, wurde mit einer Geschwindigkeit von vierzig Knoten über das Wasser getrieben. Leon nahm ruhig den kleinen goldenen Ring und bereitete sich darauf vor, ihn an Clementines Finger zu stecken, aber er bemerkte, dass die Hand seiner Verlobten ausgetrocknet war; Allein die Nägel hatten ihre natürliche Frische behalten. Er hatte Angst und floh quer durch die Kirche, die voller Obersten jeden Alters und jeder Art war. Die Menschenmenge war so dicht, dass auch die unerhörtesten Anstrengungen nicht gelang, sie zu durchdringen. Er entkommt schließlich, hört aber hinter sich die eiligen Schritte eines Mannes, der versucht, ihn zu fangen. Er verdoppelt seine Geschwindigkeit, er wirft sich auf alle Viere, er galoppiert, er wiehert, die Bäume auf dem Weg scheinen hinter ihm herzufliegen, er berührt die Erde nicht mehr. Aber der Feind kommt schneller als der Wind; Leon hört das Geräusch seiner Schritte, seine Sporen klingeln; Er holt Leon ein, packt ihn an der Mähne, wirft sich mit einem Satz auf seinen Rücken und spornt ihn mit der Sporen an. Leon erhebt sich; Der Reiter beugt sich zu seinem Ohr und sagt, indem er ihn mit der Peitsche streichelt: „Ich bin nicht schwer zu tragen: – dreißig Pfund Oberst." Der unglückliche Liebhaber von Mlle. Clementine macht einen heftigen Versuch und springt zur Seite; Der Oberst fällt und zieht sein Schwert. Leon verliert keine Zeit; Er begibt sich auf die Hut und kämpft, spürt aber fast augenblicklich, wie das Schwert des Colonels bis zum Heft in sein Herz eindringt. Die Kälte der Klinge breitet sich immer weiter aus und erstarrt Leon schließlich von Kopf bis Fuß. Der Oberst kommt näher und sagt lächelnd: „Die Triebfeder ist gebrochen; das kleine Tier ist tot." Er legt den Körper in die Walnusskiste, die zu kurz und zu schmal ist. Leon ist auf allen Seiten verkrampft, kämpft, überanstrengt sich und wacht auf, erschöpft vor Müdigkeit und halb erstickt zwischen Bett und Wand.

Er schlüpfte schnell in seine Pantoffeln und öffnete eifrig die Fenster und die Fensterläden. „Er machte Licht und sah, dass es gut war", wie an anderer Stelle geschrieben steht. * * * * * * * * * * * * * Brrroum ! Er schüttelte die Erinnerungen an seinen Traum ab, wie ein nasser Hund Wassertropfen abschüttelt. Der berühmte Londoner Chronometer zeigte ihm, dass es neun Uhr war. Eine Tasse Schokolade, serviert von Gothon , half nicht wenig dabei, seine Ideen zu entwirren. Als er in einem sehr hellen, fröhlichen und bequemen Ankleidezimmer zur Toilette ging, versöhnte er sich mit der Realität des Lebens. „Alles in allem", sagte er zu sich selbst und kämmte seinen gelben Bart, „nichts als Glück ist zu mir gekommen. Hier bin ich in meinem Heimatland, mit meiner Familie und in einem hübschen Haus, das uns gehört. Mein Vater und meine Mutter." Beiden geht es gut, und ich selbst schwelge in bester Gesundheit. Unser Vermögen ist mäßig, aber unser Geschmack ist es auch, und wir werden nie den Mangel an irgendetwas verspüren. Unsere Freunde haben mich gestern mit offenen Armen empfangen; und was das betrifft Feinde haben wir keine. Das hübscheste Mädchen in Fontainebleau ist bereit, meine Frau zu werden; ich kann sie in weniger als drei Wochen heiraten, wenn ich es für angebracht halte, die Dinge etwas zu beeilen. Clementine begegnete mir nicht, als wäre ich für sie uninteressant ; weit gefehlt. Ihre schönen Augen lächelten mich letzte Nacht mit der zärtlichsten Achtung an. Es ist wahr, dass sie am Ende geweint hat, das ist zu sicher. Das ist mein einziger Ärger, meine einzige Angst, die einzige Ursache für diesen törichten Traum Ich hatte letzte Nacht. Sie hat geweint, aber warum? Weil ich tierisch genug war, sie mit einem Vortrag zu erfreuen, und zwar auch über eine Mumie. In Ordnung! Ich werde die Mumie begraben lassen; Ich werde meine Dissertationen zurückhalten, und nichts anderes auf der Welt wird unser Glück stören.

Er ging die Treppe hinunter und summte dabei ein Lied aus der *Nozze*. M. und Frau. Renault, der es nicht gewohnt war, nach Mitternacht zu Bett zu gehen, schlief noch. Als er das Labor betrat, sah er, dass die Dreifachbox des Obersts verschlossen war. Gothon hatte ein kleines Holzkreuz und einen Zweig einer geweihten Schachtel auf den Deckel gelegt. „Wir können genauso gut mit Messen für seine Seele beginnen", murmelte er zwischen den Zähnen, mit einem Lächeln, das ein wenig skeptisch hätte sein können . Gleichzeitig bemerkte er, dass Clementine in ihrer Aufregung die Geschenke vergessen hatte, die er ihr mitgebracht hatte. Er bündelte sie, schaute auf die Uhr und kam zu dem Schluss, dass es keine Indiskretion wäre, sich zu Mlle. zu begeben. Sambuccos .

Die hochgeschätzte Tante war eine Frühaufsteherin, wie es in den ländlichen Gebieten üblich ist, und war tatsächlich bereits in die Kirche gegangen, und Clementine arbeitete in der Nähe des Hauses im Garten. Sie rannte zu ihrem Geliebten, ohne daran zu denken, den kleinen Rechen, den sie in der Hand hielt, wegzuwerfen, und hielt mit dem süßesten Lächeln der Welt ihre hübschen rosigen Wangen hoch, die von der angenehmen Wärme des Vergnügens und der Bewegung ein wenig feucht und gerötet waren.

„Bist du nicht verärgert über mich?" sagte sie. „Ich habe mich letzte Nacht sehr lächerlich gemacht. Meine Tante hat mich obendrein ausgeschimpft. Und ich habe vergessen, die schönen Dinge mitzunehmen, die du mir von den Wilden mitgebracht hast! Aber es lag nicht an mangelnder Wertschätzung. Ich bin so glücklich, dich zu sehen Ich habe immer an mich gedacht, wie ich an Sie gedacht habe! Ich hätte sie heute holen können, aber ich werde mit Freude erwartet. Mein Herz sagte mir, dass Sie selbst kommen würden.

„Dein Herz kannte mich, liebe Clementine."

„Es wäre sehr bedauerlich, wenn es seinen Besitzer nicht kennen würde."

„Wie gut du bist und wie sehr ich dich liebe!"

„Oh! Ich auch, lieber Leon, ich liebe dich sehr."

Sie stellte den Rechen an einen Baum und hing mit jener geschmeidigen und schmachtenden Anmut, deren Geheimnis die Kreolen besitzen, am Arm ihres künftigen Mannes.

„Kommen Sie hier entlang", sagte sie, „damit ich Ihnen alle Verbesserungen zeigen kann, die wir im Garten vorgenommen haben."

Leon bewunderte alles, was sie von ihm wollte. Tatsache ist, dass er nur für sie ein Auge hatte. Die Grotte des Polyphem und die Höhle des Cæcus wären ihm angenehmer vorgekommen als die Gärten von Armida, wenn Clementines kleines rotes Jäckchen darin spazieren gegangen wäre.

Er fragte sie, ob sie es nicht bereue, einen so bezaubernden Rückzugsort zu verlassen, den sie mit so viel Sorgfalt verschönert hatte.

"Warum?" fragte sie, ohne daran zu denken, rot zu werden. „Wir werden nicht weit weggehen und außerdem nicht jeden Tag hierher kommen?"

Die kommende Heirat war eine so geklärte Sache, dass am Abend zuvor noch nicht einmal darüber gesprochen worden war. Es blieb uns nichts anderes übrig, als die Verbote zu veröffentlichen und das Datum festzulegen. Clementine, ein einfaches und ehrliches Herz, äußerte sich ohne falsche Bescheidenheit über ein so völlig erwartetes, so natürliches und so angenehmes Ereignis. Sie hatte Frau gegenüber ihre Vorlieben geäußert. Renault beteiligte sich an der Gestaltung der neuen Wohnungen und wählte selbst die Vorhänge aus; und sie machte keine Zeremonie mehr, als sie mit ihrer Verlobten über das glückliche gemeinsame Leben sprach, das für sie beginnen sollte, über die Menschen, die sie zur Trauungszeremonie einladen würden, über die Hochzeitsanrufe, die danach stattfinden sollten, über den Tag, der stattfinden sollte für Empfänge und die Zeit, die sie der Gesellschaft des anderen und der Arbeit widmen würden. Sie erkundigte sich nach der Beschäftigung, die Leon zu machen gedenke, und nach den Stunden, die er vorzugsweise zum Lernen aufwenden würde. Diese ausgezeichnete kleine Frau hätte sich geschämt, den Namen eines Faultiers zu tragen, und wäre unglücklich gewesen, wenn sie ihre Tage mit einem Müßiggänger verbracht hätte. Sie versprach Leon im Voraus, seine Arbeit als heilige Sache zu respektieren. Ihrerseits hatte sie durchaus die Absicht, ihre Zeit auch sinnvoll zu nutzen und nicht mit verschränkten Armen zu leben. Zu Beginn übernahm sie die Hauswirtschaft unter der Leitung von Madame Renault, die es allmählich als etwas lästig empfand. Und würde sie dann nicht bald Kinder haben, die sie betreuen, erziehen und erziehen muss? Dies war ein edles und nützliches Vergnügen, das sie mit niemandem teilen wollte . Dennoch schickte sie ihre Söhne aufs College, um sie für das Leben in der Welt zu rüsten und ihnen schon früh die Grundsätze der Gerechtigkeit und Gleichheit beizubringen, die die Grundlage jedes guten männlichen Charakters sind. Leon ließ sie weiterreden und unterbrach sie nur, um ihr zuzustimmen: Denn diese beiden jungen Menschen, die mit den gleichen Ideen erzogen und erzogen worden waren, sahen alles mit den gleichen Augen. Bildung hatte eher diese angenehme Harmonie geschaffen als Liebe.

„Wissen Sie", sagte Clementine, „dass ich ein schreckliches Herzklopfen verspürte, als ich das Zimmer betrat, in dem Sie gestern waren?"

„Wenn Sie denken, dass mein Herz weniger heftig schlägt als Ihres –"

„Oh! Aber bei mir war es etwas anderes: Ich hatte Angst."

„Wovon?"

„Ich hatte Angst, dass ich dich nicht so wiederfinden würde, wie ich dich in meinen Gedanken gesehen hatte. Denken Sie daran, dass es drei Jahre her war, seit wir uns voneinander verabschiedet hatten. Ich erinnerte mich genau daran, was Sie waren, als Sie weggingen, und mit „Wenn die Vorstellungskraft dem Gedächtnis ein wenig hilft, hatte ich meinen Leon vollständig rekonstruiert. Aber wenn du ihm nicht mehr ähnlich gewesen wärest! Was wäre aus mir geworden in der Gegenwart eines neuen Leon, wenn ich mir die angenehme Angewohnheit angeeignet hätte, den anderen zu lieben?"

„Du bringst mich zum Zittern. Aber deine erste Begrüßung hat mich schon im Vorfeld beruhigt."

„Tut, Sir! Sprechen Sie nicht von dieser ersten Begrüßung, sonst werde ich ein zweites Mal erröten. Reden wir lieber von dem armen Oberst, der mich so viele Tränen vergießen ließ. Wie kommt er heute Morgen zurecht?"

„Ich habe vergessen, mich nach seinem Gesundheitszustand zu erkundigen, aber wenn du möchtest –"

„Es ist sinnlos. Sie können ihm heute einen Besuch von mir ankündigen. Es ist unbedingt notwendig, dass ich ihn heute Mittag sehe."

„Es wäre sehr vernünftig, wenn Sie diese Fantasie aufgeben würden. Warum sollten Sie sich noch einmal solch schmerzhaften Gefühlen aussetzen?"

„Die Fantasie ist stärker als ich. Im Ernst, lieber Leon, der alte Kerl zieht mich an."

„Warum ‚alter Kerl'? Er sieht aus wie ein Mann, der im Alter von 25 bis 30 Jahren starb."

„Bist du ganz sicher, dass er tot ist? Ich sagte ‚alter Kerl' wegen eines Traums, den ich letzte Nacht hatte."

„Ha! Du auch?"

„Ja. Du erinnerst dich, wie aufgeregt ich war, als ich dich verließ, und außerdem war ich von meiner Tante ausgeschimpft worden. Und auch ich hatte an schreckliche Anblicke gedacht – meine arme Mutter, die auf ihrem Sterbebett lag. Tatsächlich Meine Stimmung war völlig am Boden.

„Armes liebes kleines Herz!“

mehr denken wollte , ging ich schnell zu Bett und schloss mit aller Kraft die Augen, so fest, dass ich mich einschlief. Es dauerte nicht lange, bis ich das sah Oberst. Er lag, als ich ihn in seinem dreifachen Sarg sah, aber er hatte langes weißes Haar und ein äußerst gütiges und ehrwürdiges Aussehen. Er bat uns, ihn in geweihten Boden zu legen, und wir trugen ihn, Sie und ich, nach Fontainebleau Friedhof. Als wir das Grab meiner Mutter erreichten, sahen wir, dass der Stein verschoben war. Meine Mutter, in einem weißen Gewand, wurde bewegt, um einen Platz neben ihr zu schaffen, und sie schien auf den Oberst zu warten. Aber jedes Mal versuchten wir, ihn zu bestatten Der Sarg ließ sich nieder, verließ unsere Hände und schwebte in der Luft, als hätte er kein Gewicht. Ich konnte die Gesichtszüge des armen alten Mannes erkennen, denn sein dreifacher Sarg war so durchsichtig geworden wie die Alabasterlampe, die an der Decke meiner Kammer brannte. Er war traurig und sein gebrochenes Ohr blutete stark. Plötzlich entkam er unseren Händen, der Sarg verschwand, und ich sah nichts außer ihm, bleich wie eine Statue und groß wie die höchsten Eichen des *Bas-Breau* . Seine goldenen Schulterklappen breiteten sich aus und wurden zu Flügeln, und er erhob sich zum Himmel und hielt beide Hände wie zum Segen über uns. Ich bin unter Tränen aufgewacht, aber ich habe meiner Tante meinen Traum nicht erzählt, denn sie hätte mich noch einmal ausgeschimpft.

„Niemand sollte gescholten werden außer mir, liebe Clementine. Es ist meine Schuld, dass dein sanfter Schlaf durch Visionen der anderen Welt gestört wird. Aber all dem wird bald ein Ende gesetzt: Heute werde ich einen definitiven Behälter dafür suchen.“ der Oberst."

KAPITEL VI.

Die Caprice eines jungen Mädchens.

Clementine hatte ein frisches junges Herz. Bevor sie Leon kennenlernte, hatte sie nur eine Person geliebt – ihre Mutter. Kein Cousin beiderlei Geschlechts, kein Onkel, keine Tante, kein Großvater, noch keine Großmutter hatte diesen kleinen Schatz an Zuneigung, den wohlgeborene Kinder in die Welt bringen, dadurch verschwendet, dass er ihn unter sich aufteilte. Die Großmutter, Clementine Pichon, heiratete im Januar 1814 in Nancy und starb drei Monate später während ihrer ersten Entbindung in einem Vorort von Toulon. Der Großvater, M. Langevin, ein Unterkommissar erster Klasse, der als Witwer zurückblieb und eine Tochter in der Wiege hatte, widmete sich der Erziehung seines Kindes. Er schenkte sie 1835 M. Sambucco , einem geschätzten und angenehmen Mann italienischer Abstammung, geboren in Frankreich und Berater des Königs am Hof von Marseille. Im Jahr 1838 erregte M. Sambucco , der ein Mann von beträchtlicher Unabhängigkeit war, weil er über eigene Mittel verfügte und sich in gewisser Weise höchst ehrenhaft fühlte, den Unwillen des Siegelhüters. Er wurde daher zum Generalanwalt für Martinique ernannt und akzeptierte nach einigen Tagen des Zögerns die Versetzung in diese abgelegene Position. Aber der alte M. Langevin tröstete sich nicht so leicht mit dem Weggang seiner Tochter: Er starb zwei Jahre später, ohne die kleine Clementine umarmt zu haben, für die er der Pate sein sollte. M. Sambucco , sein Schwiegersohn, kam 1843 bei einem Erdbeben ums Leben. Die Papiere der Kolonie und der Metropole berichteten damals, wie er seiner Hingabe an andere zum Opfer gefallen war. Nach diesem schrecklichen Unglück beeilte sich die junge Witwe, mit ihrer Tochter das Meer erneut zu überqueren. Sie ließ sich in Fontainebleau nieder, damit das Kind in einer gesunden Atmosphäre leben konnte. Fontainebleau ist einer der gesündesten Orte Frankreichs. Wenn Frau. Sambucco war eine ebenso gute Managerin wie ihre Mutter, sie hätte Clementine ein respektables Vermögen hinterlassen, aber sie regelte ihre Angelegenheiten schlecht und geriet in große Schwierigkeiten. Ein benachbarter Notar erlöste ihr eine runde Summe; und zwei Höfe, die sie teuer bezahlt hatte, brachten ihr fast nichts. Kurz gesagt, sie wusste nicht mehr, wie ihre Situation war, und begann die Kontrolle darüber zu verlieren, als eine Schwester ihres Mannes, eine alte Jungfer, verkniffen und fromm, den Wunsch äußerte, mit ihr zusammenzuleben und ihre Ressourcen gemeinsam zu nutzen. Die Ankunft dieser langzahnigen Jungfrau erschreckte die kleine Clementine auf seltsame Weise, die sich unter den Möbeln versteckte und zwischen den Röcken ihrer Mutter schmiegte. aber es war die Rettung des Hauses. Mlle. Sambucco war weder eine der spirituellsten noch eine der romantischsten Frauen, aber sie war die

Inkarnation des Ordens. Sie reduzierte die Ausgaben, verwaltete die Ressourcen selbst, verkaufte 1847 die beiden Farmen und kaufte etwa drei Prozent. im Jahr 1848 und stellte ein stabiles Gleichgewicht im Haushalt wieder her. Dank der Talente und der Aktivität dieser Verwalterin blieb der sanften und unvorsichtigen Witwe nichts anderes übrig, als ihr Kind zu streicheln. Clementine lernte, die Tugenden ihrer Tante zu würdigen, aber sie vergötterte ihre Mutter. Als sie das Leid hatte, sie zu verlieren, war sie allein auf der Welt und stützte sich auf Mlle. Sambucco , wie eine junge Pflanze auf einer Stütze aus trockenem Holz. In diesem Moment strahlte ihre Freundschaft zu Leon mit einem vagen Strahl der Liebe auf; und der junge Renault profitierte von der Notwendigkeit der Expansion, die diese jugendliche Seele erfüllte.

Während der drei langen Jahre, die Leon von ihr getrennt verbrachte, wusste Clementine kaum, dass sie allein war. Sie liebte und fühlte, dass sie auch geliebt wurde; sie hatte Vertrauen in die Zukunft und ein Innenleben voller Zärtlichkeit und schüchterner Hoffnung; und dieses edle und sanfte Herz brauchte nichts weiter.

Aber was ihre Verlobte, ihre Tante und sie selbst völlig in Erstaunen versetzte und auf seltsame Weise alle anerkannten Theorien über das weibliche Herz unterwanderte – was die Vernunft tatsächlich abgelehnt hätte, wenn es nicht durch Tatsachen bestätigt worden wäre –, war der Tag, an dem sie Als sie den Ehemann ihrer Wahl wieder traf, eine Stunde, nachdem sie sich mit einer so vertrauensvollen Anmut in Leons Arme geworfen hatte, wurde Clementine so plötzlich von einem neuen Gefühl überfallen, das weder Liebe noch Freundschaft noch Angst war, sondern über sie alle hinausging und sprach mit Meistertönen in ihrem Herzen.

Von dem Moment an, als Leon ihr die Figur des Obersten gezeigt hatte, war sie von einer echten Leidenschaft für diese namenlose Mumie erfasst worden. Es war nicht vergleichbar mit dem, was sie gegenüber dem jungen Renault empfand, aber es war eine Kombination aus Interesse, Mitgefühl und respektvollem Mitgefühl.

Wenn jemand eine berühmte Waffentat oder eine romantische Geschichte erzählt hätte, deren Held der Oberst gewesen war, wäre dieser Eindruck natürlich oder zumindest erklärbar gewesen. Aber sie wusste nichts von ihm, außer dass er von einem Kriegsrat als Spion verurteilt worden war, und doch träumte sie in der Nacht nach Leons Rückkehr von ihm.

Diese unerklärliche Voreingenommenheit manifestierte sich zunächst in religiöser Form. Sie ließ eine Messe zur Seelenruhe des Obersten lesen und forderte Leon auf, Vorbereitungen für die Beerdigung zu treffen, wobei sie selbst den Ort auswählte, an dem er beerdigt werden sollte. Diese verschiedenen Sorgen veranlassten sie nie, ihren täglichen Besuch bei der

Walnusskiste, das respektvolle Beugen des Knies vor dem Körper oder den schwesterlichen oder kindlichen Kuss, den sie ihm regelmäßig auf die Stirn drückte, zu unterlassen. Die Familie Renault wurde wegen der seltsamen Symptome bald unruhig und beschleunigte die Beisetzung des attraktiven Unbekannten, um sich so schnell wie möglich von ihm zu befreien. Doch am Tag vor der für die Zeremonie angesetzten Zeremonie änderte Clementine ihre Meinung.

„Mit welchem Recht konnten sie einen Mann in das Grab einschließen, der möglicherweise nicht tot war? Die Theorien des gelehrten Doktors Meiser waren nicht so, dass man sie ohne Prüfung zurückweisen konnte. Die Angelegenheit war es zumindest wert, ein paar Tage darüber nachzudenken War es nicht möglich, die Leiche des Obersts einigen Experimenten zu unterziehen? Professor Hirtz aus Berlin hatte versprochen, einige wertvolle Dokumente über das Leben und den Tod dieses unglücklichen Offiziers zu senden: Es sollte nichts unternommen werden, bevor sie eintrafen; irgendjemand sollte es tun nach Berlin zu schreiben, um den Versand dieser Papiere zu beschleunigen.“

Leon seufzte, gab aber dieser neuen Laune klaglos nach und schrieb an Herrn Hirtz.

Martout einen Verbündeten . Obwohl er nur ein durchschnittlicher Praktiker war und den Erwerb von Praxis viel zu sehr verachtete, mangelte es Herrn Martout nicht an Wissen. Er beschäftigte sich seit langem mit fünf oder sechs großen Fragen der Physiologie, etwa der Wiederbelebung, der Spontanzeugung und den damit verbundenen Themen. Ein regelmäßiger Briefwechsel hielt ihn über alle neueren Entdeckungen auf dem Laufenden; er war der Freund von M. Pouchet aus Rouen; und kannte auch den berühmten Karl Nibor, der den Gebrauch des Mikroskops in so umfangreiche und tiefgründige Forschungen eingebracht hat. M. Martout hatte Tausende kleiner Würmer, Rädertiere und Bärtierchen ausgetrocknet und wiederbelebt; Er vertrat die Auffassung, dass das Leben nichts anderes als Organisation in Aktion sei und dass die Idee, einen ausgetrockneten Menschen wiederzubeleben, nichts Absurdes sei. Er gab sich langen Überlegungen hin, als Professor Hirtz aus Berlin das folgende Dokument schickte, dessen Original in den Manuskripten der Humboldt-Sammlung aufbewahrt wird.

Kapitel VII.

Testament von Professor Meiser zugunsten des ausgetrockneten Obersts.

An diesem 20. Januar 1824 werde ich von einer grausamen Krankheit zermürbt und spüre, dass die Zeit naht, in der meine Person im Großen Ganzen aufgehen wird;

Ich habe dieses Testament, das den Ausdruck meines letzten Willens darstellt, mit meiner eigenen Hand geschrieben.

Ich ernenne meinen Neffen Nicholas Meiser, einen wohlhabenden Brauer in der Stadt Dantzic, zum Testamentsvollstrecker .

Ich vermache meine Bücher, Papiere und wissenschaftlichen Sammlungen aller Art, mit Ausnahme von Artikel 3712, meinem sehr geschätzten und gelehrten Freund, Herrn von Humboldt.

Den gesamten Rest meiner Besitztümer, real und persönlich, im Wert von 100.000 preußischen Talern oder 375.000 Francs, vermache ich dem Oberst Pierre Victor Fougas , der derzeit vertrocknet, aber am Leben ist und in meinem Katalog neben Nr. 3712 (Zoologie) eingetragen ist.

Ich vertraue darauf, dass er diese schwache Entschädigung für die Strapazen, die er in meinem Labor durchgemacht hat, und die Dienste, die er der Wissenschaft geleistet hat, akzeptieren wird.

Damit mein Neffe Nicholas Meiser die Aufgaben, die ich ihm überlasse, genau verstehen kann, habe ich beschlossen, hier einen detaillierten Bericht über den Tod von Colonel Fougas , meinem Alleinerben, zu verfassen.

Es war am 11. November dieses unglücklichen Jahres 1813, als meine Beziehung zu diesem tapferen jungen Mann begann. Ich hatte Danzig , wo der Kanonendonner und die Gefahr durch Bomben jede Arbeit unmöglich gemacht hatten, längst verlassen und zog mich mit meinen Instrumenten und Büchern unter dem Schutz der alliierten Armeen in die befestigte Stadt Liebenfeld zurück . Die französischen Garnisonen von Danzig , Stettin, Custrin , Glogau , Hamburg und mehreren anderen deutschen Städten konnten weder untereinander noch mit ihrem Heimatland kommunizieren; Unterdessen verteidigte sich General Rapp hartnäckig gegen die englische Flotte und die russische Armee. Oberst Fougas wurde von einer Abteilung des Korps Barclay de Tolly gefangen genommen, als er auf dem Weg nach Dantzic versuchte, die Weichsel auf dem Eis zu passieren . Sie brachten ihn am 11. November, gerade zur Zeit meines Abendessens, gefangen nach

Liebenfeld , und Sergeant Garok, der im Dorf kommandierte, zwang mich, bei der Vernehmung anwesend zu sein und als Dolmetscher zu fungieren.

Das offene Gesicht, die männliche Stimme, die stolze Festigkeit und die schöne Haltung des unglücklichen jungen Mannes eroberten mein Herz. Er hatte das Opfer seines Lebens gebracht. Sein einziges Bedauern, sagte er, sei es gewesen, so nahe am Hafen gestrandet zu sein, nachdem er vier Armeen durchquert hatte; und nicht in der Lage zu sein, die Befehle des Kaisers auszuführen . Er schien von jenem französischen Fanatismus beseelt zu sein, der unserem geliebten Deutschland so viel Schaden zugefügt hat. Dennoch konnte ich nicht anders, als ihn zu verteidigen; und ich übersetzte seine Worte weniger als Dolmetscher denn als Anwalt. Bedauerlicherweise fanden sie bei ihm einen Brief Napoleons an General Rapp, von dem ich eine Kopie aufbewahrte:

> „Gib Dantzic auf, breche die Blockade, vereinige dich mit den Garnisonen von Stettin, Custrin und Glogau , marschiere entlang der Elbe, verabrede dich mit St. Cyr und Davoust , um die in Dresden, Forgau , Wittenberg, Magdeburg und Hamburg verstreuten Kräfte zu konzentrieren ; rolle zusammen Armee wie ein Schneeball; durchquere das offene Westfalen und verteidige die Rheinlinie mit einer Armee von 170.000 Franzosen, die du gerettet hast!
>
> „ NAPOLEON. “

Dieser Brief wurde an das Hauptquartier der russischen Armee geschickt, während ein halbes Dutzend ungebildete Soldaten, betrunken vor Freude und schlechtem Brandy, den tapferen Oberst der 23. Linie zum Tod eines Spions und Verräters verurteilten. Die Hinrichtung wurde für den nächsten Tag, den 12., anberaumt, und M. Pierre Victor Fougas (er ist Ehemann und Vater) wurde, nachdem er sich bei mir bedankt und mich mit der rührendsten Sensibilität umarmt hatte, in dem kleinen, mit Zinnen versehenen Turm von eingesperrt Liebenfeld , wo der Wind fürchterlich durch alle Schießscharten pfeift.

Die Nacht vom 11. auf den 12. November war eine der strengsten dieses schrecklichen Winters. Mein selbstregistrierendes Thermometer, das mit Südostausrichtung vor meinem Fenster hing, zeigte neunzehn Grad unter Null an. Ich ging frühmorgens los, um dem Oberst ein letztes Mal Lebewohl zu sagen, und traf Sergeant Garok, der in schlechtem Deutsch zu mir sagte:

„Wir müssen den Frantzouski nicht töten , er ist erfroren.“

Ich rannte zum Gefängnis. Der Oberst lag steif auf dem Rücken. Aber nach ein paar Minuten Untersuchung stellte ich fest, dass die Starrheit des Körpers nicht der des Todes entsprach. Die Gelenke besaßen zwar nicht die übliche Geschmeidigkeit, ließen sich aber ohne große Anstrengung beugen und strecken. Die Gliedmaßen, das Gesicht und die Brust gaben meinen Händen ein Kältegefühl, aber ganz anders als das, was ich oft durch den Kontakt mit Leichen erlebt hatte.

Da ich wusste, dass er mehrere Nächte ohne Schlaf verbracht und außerordentliche Strapazen ertragen hatte, zweifelte ich nicht daran, dass er in jenen tiefen und lethargischen Schlaf gefallen war, der durch starke Kälte verstärkt wird und der, wenn er zu lange andauert, die Atmung und den Kreislauf bis zu einem Punkt erlahmt, in dem er schläft Um den Fortbestand des Lebens festzustellen, sind die schwierigsten physiologischen Tests erforderlich. Der Puls war gefühllos; Zumindest konnten meine vor Kälte erstarrten Finger es nicht spüren. Meine Schwerhörigkeit (ich war damals in meinem neunundsechzigsten Lebensjahr) verhinderte, dass ich durch Auskultation feststellen konnte, ob die Herzschläge immer noch jene schwachen, aber anhaltenden Vibrationen hervorriefen, die das Ohr noch einige Zeit lang hört, nachdem die Hand sie nicht mehr wahrgenommen hat.

Der Oberst hatte den Punkt der Kältestarre erreicht, an dem die Wiederbelebung eines Menschen, ohne dass er stirbt, zahlreiche und sorgfältige Aufmerksamkeiten erfordert. Einige Stunden später kam es zur Erstarrung und damit zur Unmöglichkeit einer Wiederherstellung des Lebens.

Ich war in größter Ratlosigkeit. Einerseits wusste ich, dass er durch Erstarren an meinen Händen starb; Andererseits konnte ich ihm allein nicht die unentbehrliche Aufmerksamkeit schenken. Wenn ich ihm Reizmittel verabreichen würde, ohne ihn gleichzeitig von drei oder vier kräftigen Helfern am Rumpf und an den Gliedmaßen reiben zu lassen, würde ich ihn wiederbeleben, nur um ihn sterben zu sehen. Ich hatte noch immer das Schauspiel vor Augen, wie dieses hübsche junge Mädchen in einem Feuer erstickte, das ich wiederbeleben konnte, indem ich brennende Kohlen unter die Schlüsselbeine legte, das aber nur ihre Mutter nennen konnte und trotz der Gabe fast sofort starb innere Stimulanzien und Elektrizität zur Auslösung von Kontraktionen des Zwerchfells und des Herzens.

Und selbst wenn es mir gelingen sollte, ihn wieder gesund und stark zu machen, wurde er dann nicht vor ein Kriegsgericht gestellt? Hat mir die Menschheit nicht verboten, ihn aus dieser todesähnlichen Ruhe aufzuwecken, um ihn den Schrecken der Hinrichtung zu überlassen?

Ich muss gestehen, dass meine Ideen zur Wiederbelebung in der Gegenwart dieses Organismus, in dem das Leben ausgesetzt war, sozusagen neuen Einfluss auf mich hatten. Ich hatte schon so oft Lebewesen ganz höherer Tierskala ausgetrocknet und wiederbelebt, dass ich selbst bei einem

Menschen nicht an dem Erfolg der Operation zweifelte. Alleine allein konnte ich den Colonel nicht wiederbeleben und retten; aber ich hatte in meinem Labor alle notwendigen Instrumente, um ihn ohne Hilfe auszutrocknen.

Zusammenfassend boten sich mir drei Alternativen an. I. Den Oberst im Zinnenturm zurückzulassen, wo er noch am selben Tag an Kälte gestorben wäre. II. Ihn durch Stimulanzien wiederzubeleben, auf die Gefahr hin, ihn zu töten. Und wofür? Ihn im Erfolgsfall der unvermeidlichen Hinrichtung zu überlassen. III. Ihn in meinem Labor auszutrocknen mit der quasi Gewissheit, ihn nach der Wiederherstellung des Friedens wiederzubeleben. Alle Freunde der Menschheit werden zweifellos verstehen, dass ich nicht lange zögern konnte.

Ich ließ Sergeant Garok rufen und bat ihn, mir die Leiche des Colonels zu verkaufen. Es war nicht das erste Mal, dass ich eine Leiche zum Sezieren gekauft hatte, daher erregte meine Bitte keinen Verdacht. Als der Handel abgeschlossen war, gab ich ihm vier Flaschen Kirschwasser , und bald brachten mir zwei russische Soldaten Oberst Fougas auf einer Trage.

Sobald ich mit ihm allein war, stach ich in einen seiner Finger: Der Druck drückte einen Tropfen Blut heraus. Es unter einem Mikroskop zwischen zwei Glasplatten zu platzieren, war die Arbeit einer Minute. Oh Freude! Das Fibrin war nicht koaguliert. Die roten Kügelchen erschienen sauber kreisförmig, abgeflacht, bikonkav und ohne Kerben, Vertiefungen oder kugelförmige Schwellungen. Die weißen Kügelchen veränderten ihre Form, nahmen von Zeit zu Zeit die Kugelform an und veränderten ihre Form durch zarte Ausdehnungen wieder. Ich habe mich damals nicht getäuscht, es war ein träger Mann, den ich vor Augen hatte, und kein toter!

Ich habe ihn auf eine Waage gelegt. Er wog einhundertvierzig Pfund, einschließlich Kleidung. Ich hatte keine Lust, ihn auszuziehen, denn mir war aufgefallen, dass Tiere, die direkt in Kontakt mit der Luft kamen, während der Tortur der Austrocknung häufiger starben als solche, die mit Moos und anderen weichen Materialien bedeckt blieben.

Meine große Luftpumpe mit ihrer riesigen Plattform, ihrem riesigen ovalen schmiedeeisernen Empfänger, den ein Seil, das an einer fest in der Decke befestigten Rolle läuft, mittels einer Ankerwinde leicht anheben und absenken kann – all diese tausend und eine Vorrichtung, die ich hatte Die Dokumente, die so mühsam vorbereitet worden waren, trotz der Spötteleien derer, die mich beneideten, und die ich angesichts der Arbeitslosigkeit verzweifelt sah, sollten ihre Verwendung finden! Unerwartete Umstände waren schließlich eingetreten, um mir einen solchen Versuchsgegenstand zu beschaffen, wie ich ihn vergeblich zu beschaffen versucht hatte, als ich versuchte, Hunde, Kaninchen, Schafe und andere Säugetiere mit Hilfe von Gefriermischungen bis zur Erstarrung zu bringen. Ohne Zweifel wären diese

Ergebnisse schon vor langer Zeit erreicht worden, wenn ich von denen, die mich umgaben, unterstützt worden wäre, anstatt zum Ziel ihrer Spott gemacht zu werden; wenn unsere Behörden mich mit ihrem Einfluss unterstützt hätten, anstatt mich als subversiven Geist zu behandeln.

Ich schloß mich *im Zwiegespräch* mit dem Oberst ein und sorgte dafür, dass selbst der alte Getchen , meine inzwischen verstorbene Haushälterin, mich bei meiner Arbeit nicht belästigte. Ich hatte den mühsamen Hebel der altmodischen Luftpumpen durch ein mit einem Exzenter angeordnetes Rad ersetzt, das die kreisförmige Bewegung der Achse in die geradlinige Bewegung umwandelte, die von den Kolben benötigt wurde: dem Rad, dem Exzenter, der Pleuelstange und dem Alle Gelenke des Geräts funktionierten hervorragend und ermöglichten es mir, alles selbst zu erledigen. Die Kälte behinderte die Funktion der Maschine nicht, und das Schmieröl war nicht verklebt: Ich hatte es selbst nach einem neuen Verfahren verfeinert, das auf den damals jüngsten Entdeckungen des französischen *Gelehrten* M. Chevreul basierte .

Nachdem ich den Körper auf der Plattform der Luftpumpe ausgefahren, den Behälter abgesenkt und die Felge befestigt hatte, unternahm ich es, ihn nach und nach dem Einfluss eines trockenen Vakuums und der Kälte auszusetzen. Mit Kalziumchlorid gefüllte Kapseln wurden um den Colonel gelegt, um das Wasser, das aus dem Körper verdunsten sollte, aufzusaugen und die Austrocknung zu fördern.

Ich befand mich sicherlich in der bestmöglichen Situation, den menschlichen Körper einem Prozess der allmählichen Austrocknung zu unterziehen, ohne plötzliche Funktionsunterbrechungen oder Desorganisation der Gewebe oder Flüssigkeiten. Selten hatten meine Experimente mit Rädertierchen und Bärtierchen die gleichen Erfolgsaussichten, und doch waren sie immer erfolgreich. Aber die besondere Natur des Themas und die besonderen Bedenken, die meinem Gewissen auferlegt wurden, zwangen mich, eine Reihe neuer Bedingungen anzuwenden, deren Zweckmäßigkeit ich in anderen Zusammenhängen schon lange vorhergesehen hatte. Ich hatte mir die Mühe gemacht, an jedem Ende meines ovalen Empfängers eine Öffnung anzuordnen und ein schweres Glas hineinzupassen, das es mir ermöglichte, mit meinem Auge die Auswirkungen des Vakuums auf den Colonel zu verfolgen. Es wurde mir gänzlich verwehrt, die Fenster meines Laboratoriums zu schließen, aus Angst, eine zu hohe Temperatur könnte der Lethargie des Probanden ein Ende setzen oder eine Veränderung in den Flüssigkeiten herbeiführen. Wäre es zu Tauwetter gekommen, wäre mein Experiment vorbei gewesen. Aber das Thermometer blieb mehrere Tage lang zwischen sechs und acht Grad unter Null, und ich war sehr froh, den trägen Schlaf anhalten zu sehen, ohne eine Verhärtung des Gewebes befürchten zu müssen.

Ich begann mit äußerster Langsamkeit, das Vakuum zu erzeugen, aus Angst, dass die im Blut verteilten Gase, die aufgrund des Spannungsunterschieds zu verdünnter Luft frei werden, in die Gefäße entweichen und so den sofortigen Tod herbeiführen könnten. Darüber hinaus beobachtete ich jeden Moment die Auswirkungen des Vakuums auf die Darmgase, denn wenn sie sich im Inneren im Verhältnis zur Verringerung des Luftdrucks außerhalb des Körpers ausdehnten, hätten sie ernsthafte Störungen verursachen können. Möglicherweise wurde das Gewebe dadurch nicht vollständig zerstört, aber eine innere Läsion hätte ausgereicht, um wenige Stunden nach der Wiederbelebung zum Tod zu führen. Dies beobachtet man recht häufig bei achtlos ausgetrockneten Tieren.

Mehrmals machte mich ein zu schnelles Vorstehen des Bauches auf die Gefahr aufmerksam, die ich fürchtete, und ich musste etwas Luft unter den Hörer einlassen. Das Aufhören aller Phänomene dieser Art überzeugte mich schließlich davon, dass die Gase durch Exosmose verschwunden waren oder durch die spontane Kontraktion der Eingeweide ausgestoßen worden waren. Erst am Ende des ersten Tages konnte ich diese winzigen Vorsichtsmaßnahmen aufgeben und das Vakuum ein wenig weiter ausbauen.

Am nächsten Tag, dem 13., steigerte ich das Vakuum so weit, dass das Barometer auf fünf Millimeter fiel . Da keine Veränderung in der Stellung des Körpers oder der Gliedmaßen eingetreten war, war ich sicher, dass keine Krämpfe ausgelöst worden waren. Der Oberst war ausgetrocknet, bewegungsunfähig geworden, hatte die Fähigkeit verloren, die Funktionen des Lebens zu erfüllen, ohne dass der Tod eingetreten wäre und ohne dass die Möglichkeit bestand, wieder aktiv zu werden. Sein Leben wurde ausgesetzt, nicht ausgelöscht.

Jedes Mal, wenn ein Überschuss an Wasserdampf das Barometer steigen ließ, pumpte ich. Am 14. wurde die Tür meines Labors vom russischen General Graf Trollohub , der vom Hauptquartier geschickt worden war, buchstäblich aufgebrochen. Dieser angesehene Offizier war in aller Eile gerannt, um die Hinrichtung des Obersten zu verhindern und ihn vor den Oberbefehlshaber zu führen. Ich gestand ihm loyal, was ich unter der Inspiration meines Gewissens getan hatte; Ich zeigte ihm die Leiche durch eines der Volltreffer der Luftpumpe; Ich sagte ihm, dass ich froh sei, einen Mann gerettet zu haben, der den Befreiern meines Landes nützliche Informationen liefern könne; und ich bot an, ihn auf eigene Kosten wiederzubeleben, wenn sie mir versprechen würden, sein Leben und seine Freiheit zu respektieren. Der General, Graf Trollohub , zweifellos ein angesehener Mann, der jedoch ausschließlich militärisch ausgebildet war, meinte, dass ich es nicht ernst meinte. Er ging hinaus, schlug mir die Tür vor der Nase zu und behandelte mich wie einen alten Idioten.

drei Monate lang auf einem Druck von drei bis fünf Millimetern . Ich wusste aus Erfahrung, dass Tiere wieder aufleben können, nachdem sie achtzig Tage lang einem trockenen Vakuum und Kälte ausgesetzt waren.

Am 12. Februar 1814, nachdem ich festgestellt hatte, dass seit einem Monat keine Veränderung in der Schrumpfung des Fleisches stattgefunden hatte, beschloss ich, den Oberst einer weiteren Reihe von Operationen zu unterziehen, um eine vollkommenere Konservierung durch völlige Austrocknung zu gewährleisten. Ich ließ die Luft durch den zu diesem Zweck vorgesehenen Absperrhahn wieder einströmen, und nachdem ich den Behälter angehoben hatte, begann ich sofort mit meinem Experiment.

Der Körper wog nicht mehr als 46 Pfund; Ich hatte es dann auf fast ein Drittel seines ursprünglichen Gewichts reduziert. Dabei ist zu berücksichtigen, dass die Kleidung nicht so viel Wasser verloren hatte wie die anderen Teile. Heutzutage enthält der menschliche Körper fast vier Fünftel seines Eigengewichts an Wasser, wie eine gründliche Trocknung in einem chemischen Trockenofen beweist.

Ich stellte den Colonel dementsprechend auf ein Tablett und erhöhte die Temperatur allmählich auf 75 Grad Celsius, nachdem ich ihn in meinen großen Ofen geschoben hatte. Ich wagte es nicht, über diese Hitze hinauszugehen, aus Angst, das Eiweiß zu verändern und unlöslich zu machen und auch den Geweben die Fähigkeit zu nehmen, das für die Wiederherstellung ihrer Funktionen notwendige Wasser wieder aufzunehmen.

Ich hatte darauf geachtet, eine praktische Vorrichtung so einzurichten, dass der Ofen ständig von einem Strom trockener Luft durchströmt wurde. Diese Luft wurde getrocknet, indem sie eine Reihe von Gefäßen durchquerte, die mit Schwefelsäure, Branntkalk und Chlorkalzium gefüllt waren .

Nachdem eine Woche im Ofen vergangen war, hatte sich das allgemeine Aussehen des Körpers nicht verändert, sein Gewicht war jedoch auf vierzig Pfund reduziert, einschließlich der Kleidung. Acht weitere Tage brachten keine neue Gewichtsabnahme. Daraus schloss ich, dass die Austrocknung ausreichend war. Ich wusste sehr gut, dass Leichen, die ein Jahrhundert oder länger in Kirchengewölben mumifiziert wurden, am Ende nicht mehr als ein halbes Dutzend Pfund wiegen, aber ohne eine materielle Veränderung ihres Gewebes werden sie nicht so leicht.

Am 27. Februar brachte ich den Oberst selbst in die Logen, die ich für seine Unterbringung hatte anfertigen lassen. Seitdem, also neun Jahre und elf Monate lang, wurden wir nie mehr getrennt. Ich nahm ihn mit nach Dantzic . Er bleibt in meinem Haus. Ich habe ihn seiner Anzahl nach nie in meine zoologische Sammlung aufgenommen; er bleibt allein in der Ehrenkammer.

Ich gewähre niemandem das Vergnügen, sein Kalziumchlorid wiederzuverwenden. Ich werde mich bis zu meinem Tod um dich kümmern, oh Colonel Fougas , lieber und unglücklicher Freund! Aber ich werde nicht die Freude haben, Zeuge deiner Auferstehung zu sein. Ich werde die entzückenden Gefühle des Kriegers, der ins Leben zurückkehrt, nicht teilen. Deine Tränendrüsen, die heute träge sind, aber eines Tages wiederbelebt werden müssen, werden den süßen Tau der Anerkennung nicht auf die Brust deines alten Wohltäters gießen. Denn du wirst dein Leben nicht wiedererlangen, bis eines Tages, an dem meines längst vergangen ist! Vielleicht werden Sie erstaunt sein, dass ich, so sehr ich Sie liebe, so lange gezögert habe, Sie aus diesem tiefen Schlaf zu erwecken. Wer weiß, ob vielleicht ein bitterer Vorwurf die Zärtlichkeit der ersten Dankbarkeitsdienste, die Sie an meinem Grab vollbringen werden, trübt! Ja! Ich habe ein Experiment von allgemeinem Interesse für andere in die Länge gezogen, ohne dass es Ihnen nützt. Ich hätte meiner ersten Absicht treu bleiben und Ihr Leben sofort nach der Friedensunterzeichnung wiederherstellen sollen. Aber was! War es richtig, Sie nach Frankreich zurückzuschicken, als die Sonne Ihres Vaterlandes von unseren Soldaten und Verbündeten verdeckt wurde? Ich habe dir dieses Spektakel erspart – eines, das für eine Seele wie deine so schmerzlich ist. Zweifellos hätten Sie im März 1815 den Trost gehabt, den tödlichen Mann wiederzusehen, dem Sie Ihre Hingabe gewidmet hatten; Aber sind Sie ganz sicher, dass Sie beim Schiffbruch von Waterloo nicht mit seinem Vermögen verschlungen worden wären?

In den vergangenen fünf oder sechs Jahren war es weder Ihr Wohlergehen noch das Wohlergehen der Wissenschaft, das mich daran gehindert hat, Sie wiederzubeleben, sondern... Verzeihen Sie mir, Oberst, es war eine feige Bindung an das Leben. Die Erkrankung, an der ich leide und die mich bald dahinraffen wird, ist ein Aneurysma des Herzens; heftige Gefühle sind mir verboten. Wenn ich selbst die große Operation durchführen würde, deren Ablauf ich in einem dieser Urkunde beigefügten Memorandum nachgezeichnet habe, würde ich ohne jeden Zweifel scheitern, bevor ich sie abgeschlossen habe; Mein Tod wäre ein unglücklicher Unfall, der meine Assistenten beunruhigen und dazu führen könnte, dass Ihre Wiederbelebung scheitert.

Sei zufrieden! Sie müssen nicht lange warten, und was verlieren Sie außerdem, wenn Sie warten? Du wirst nicht alt, du bist immer vierundzwanzig Jahre alt; Ihre Kinder werden erwachsen, Sie werden fast ihr Zeitgenosse sein, wenn Sie wieder zum Leben erwachen. Du bist arm nach Liebenfeld gekommen , du bist jetzt arm in meinem Haus, und mein Wille macht dich reich. Dass auch du glücklich sein mögest, ist mein sehnlichster Wunsch.

Ich weise an, dass mein Neffe Nicholas Meiser am Tag nach meinem Tod die zehn berühmtesten Ärzte des Königreichs Preußen per Brief zusammenruft, ihnen mein Testament und das beigefügte Memorandum vorliest und dass er Ich werde sie veranlassen, unverzüglich in meinem eigenen Labor mit der Wiederbelebung von Oberst Fougas fortzufahren . Die Kosten für Reise, Unterhalt usw. usw. werden vom Vermögen meines Nachlasses abgezogen. Die Summe von zweitausend Talern soll der Veröffentlichung der glorreichen Ergebnisse des Experiments in deutscher, französischer und lateinischer Sprache gewidmet werden. Eine Kopie dieser Broschüre soll an jede der damals in Europa bestehenden gelehrten Gesellschaften geschickt werden.

Für den völlig unerwarteten Fall, dass es den Bemühungen der Wissenschaft nicht gelingt, den Colonel wiederzubeleben, fallen alle meine Besitztümer an Nicholas Meiser, meinen einzigen überlebenden Verwandten.

JOHN MEISER , MD

KAPITEL VIII.

WIE NICHOLAS MEISER, NEFFE VON JOHN MEISER, DAS Testament SEINES ONKELS AUSFÜHRTE.

Doktor Hirtz aus Berlin, der dieses Testament selbst kopiert hatte, entschuldigte sich sehr höflich dafür, dass er es nicht früher abgeschickt hatte. Das Geschäft hatte ihn gezwungen, die Hauptstadt zu verlassen. Auf der Durchreise durch Dantzic hatte er sich das Vergnügen gegönnt, Herrn Nicholas Meiser zu besuchen, den ehemaligen Brauer, jetzt ein sehr wohlhabender Grundbesitzer und Großgrundbesitzer, sechsundsechzig Jahre alt. Dieser alte Mann erinnerte sich sehr gut an den Tod und Willen seines Onkels, des *Gelehrten* ; aber er sprach nicht ohne eine gewisse Zurückhaltung darüber. Darüber hinaus sagte er, dass er unmittelbar nach dem Tod von John Meiser zehn Ärzte von Dantzic um die Mumie des Obersten versammelt hatte ; Er legte auch eine einstimmige Aussage dieser Herren vor, in der es hieß, dass ein Mann, der in einem Ofen ausgetrocknet ist, auf keine Weise und mit keinem Mittel ins Leben zurückkehren kann. In dieser Bescheinigung, die von den beruflichen Konkurrenten und Feinden des Verstorbenen erstellt wurde, wurde das dem Testament beigefügte Papier nicht erwähnt. Nicholas Meiser schwor bei allen Göttern (aber nicht ohne sichtlich zu färben), dass dieses Dokument über die Methoden zur Wiederbelebung des Colonels weder ihm noch seiner Frau bekannt gewesen sei. Als man ihn nach den Gründen befragte, die ihn dazu hätten bewegen können, sich von einer so wertvollen Stiftung wie der Leiche von M. Fougas zu trennen , sagte er, dass er sie fünfzehn Jahre lang mit allem erdenklichen Respekt und aller Sorgfalt in seinem Haus aufbewahrt habe, aber das am Ende Da er damals von Visionen geplagt wurde und fast jede Nacht vom Geist des Obersten geweckt wurde, der zu seinen Füßen kam und ihn zerrte, beschloss er, es für zwanzig Kronen an einen Berliner Amateur zu verkaufen. Seit er diesen trostlosen Nachbarn losgeworden war, hatte er viel besser geschlafen, aber noch nicht ganz gut; denn es war ihm unmöglich gewesen, die Erscheinung des Obersten zu vergessen.

Zu diesen Enthüllungen fügte Herr Hirtz, Arzt Seiner Königlichen Hoheit des Prinzregenten von Preußen, einige eigene Bemerkungen hinzu. Er glaubte nicht, dass die Wiederbelebung eines gesunden, vorsorglich ausgetrockneten Mannes theoretisch unmöglich sei; Er war auch der Meinung, dass der vom berühmten John Meiser beschriebene Prozess der Austrocknung der beste sei, dem man folgen könne. Aber im vorliegenden Fall schien es ihm nicht wahrscheinlich, dass Oberst Fougas wieder ins Leben gerufen werden könnte; Die atmosphärischen Einflüsse und die

Temperaturschwankungen, denen er über einen Zeitraum von 46 Jahren ausgesetzt war, müssen die Flüssigkeiten und das Gewebe verändert haben.

Dies war auch die Meinung von Herrn Renault und seinem Sohn. Um Clementines Aufregung ein wenig zu beruhigen, lasen sie ihr die letzten Absätze des Briefes von Prof. Hirtz vor. Sie hielten ihr das Testament von John Meiser fern, was sie nur erregen konnte . Aber die kleine Fantasie arbeitete ununterbrochen weiter und tat, was sie wollte, um sie zum Schweigen zu bringen. Clementine suchte nun die Gesellschaft von Doktor Martout , sie führte Gespräche mit ihm und wollte Experimente zur Wiederbelebung von Rädertierchen sehen. Wenn sie wieder nach Hause kam, dachte sie ein wenig an Leon und viel an den Colonel. Das Vorhaben einer Heirat wurde weiterhin in Betracht gezogen, aber niemand wagte es, über die Veröffentlichung der Verbote zu sprechen. Auf die rührendsten Zärtlichkeiten ihrer Verlobten antwortete die junge Verlobte mit Diskussionen über das Lebensprinzip. Ihre Besuche im Haus der Renaults galten weniger den Lebenden als den Toten. Alle Argumente, die sie anführten, um sie von einer törichten Hoffnung zu befreien, führten nur dazu, sie in tiefe Melancholie zu stürzen. Ihr schöner Teint wurde blass, der Glanz ihres Blickes erstarb. Von einer verborgenen Unordnung geschwächt, verlor sie die liebenswürdige Lebhaftigkeit, die ihr als das Funkeln von Jugend und Freude erschienen war. Die Veränderung muss sehr auffällig gewesen sein, selbst für Mlle. Sambucco , der keine Mutteraugen hatte, war darüber beunruhigt.

Herr Martout , überzeugt davon, dass diese Geisteskrankheit nur einer moralischen Behandlung bedarf, kam eines Morgens zu ihr und sagte:

„Mein liebes Kind, obwohl ich mir das große Interesse, das du an dieser Mumie hegst, nicht ganz erklären kann, habe ich etwas für sie und für dich getan. Ich werde das kleine Stück Ohr, das Leon abgebrochen hat, an Herrn Karl schicken Nibor.

Clementine öffnete alle Augen.

„Verstehst du mich nicht?“ fuhr der Doktor fort. „Die Sache ist, herauszufinden, ob die Säfte und Gewebe des Obersten wesentliche Veränderungen erfahren haben. M. Nibor wird uns mit seinem Mikroskop den Stand der Dinge verraten. Auf ihn kann man sich verlassen: Er ist ein unfehlbares Genie. Sein.“ Die Antwort wird uns sagen, ob es gut ist, mit der Wiederbelebung unseres Mannes fortzufahren, oder ob nichts anderes übrig bleibt, als ihn zu begraben.“

"Was!" rief das junge Mädchen. „Man kann anhand einer Probe erkennen, ob ein Mann tot oder lebendig ist?“

„Von Doktor Nibor wird nichts mehr verlangt. Vergessen Sie also eine Woche lang Ihre Ängste. Sobald die Antwort kommt, werde ich sie Ihnen zum Lesen geben. Ich habe die Neugier des großen Physiologen geweckt: Er weiß absolut nichts davon." Das Fragment sende ich ihm. Aber wenn er uns – was für unmöglich zu halten ist – sagen sollte, dass das Ohrstück einem gesunden Wesen gehört, werde ich ihn bitten, nach Fontainebleau zu kommen und uns bei der Wiederherstellung seines Lebens zu helfen."

Dieser vage Hoffnungsschimmer zerstreute Clementines Melancholie und brachte ihre gute Gesundheit zurück. Sie fing wieder an zu singen und zu lachen und im Garten ihrer Tante und im Haus von Herrn Renault umherzuflattern. Die zärtlichen Gespräche begannen erneut, die Hochzeit wurde erneut besprochen und das erste Verbot wurde veröffentlicht.

„Endlich", sagte Leon, „habe ich sie wiedergefunden."

Aber Madame Renault, diese weise und vorsichtige Mutter, schüttelte traurig den Kopf.

„Das geht alles nur halb gut", sagte sie. „Ich mag es nicht, wenn meine Schwiegertochter so sehr in diesen hübschen, ausgetrockneten Kerl versunken ist. Was können wir erwarten, wenn sie weiß, dass es unmöglich ist, ihn wieder zum Leben zu erwecken? Dann werden es die schwarzen Schmetterlinge [1] tun . "wegfliegen? Und nehmen wir an, dass sie ihn durch ein Wunder wieder zum Leben erwecken! Sind Sie sicher, dass sie sich nicht in ihn verlieben wird? Tatsächlich muss Leon es für sehr notwendig gehalten haben, diese Mumie zu kaufen, und ich nenne es gut investiertes Geld! "

Eines Sonntagmorgens stürzte sich Herr Martout auf den alten Professor und rief ihm Sieg zu.

Hier ist die Antwort, die er aus Paris erhalten hatte :

> „Mein lieber *Mitbruder* :

> „Ich habe Ihren Brief und das kleine Gewebefragment erhalten, dessen Art Sie von mir bestimmen wollten. Es hat mich nicht viel Mühe gekostet, die betreffende Sache herauszufinden, ich habe im Verlauf von Experimenten zwanzigmal schwierigere Dinge getan." zur medizinischen Rechtsprechung. Sie hätten sich die Verwendung der etablierten Formel sparen können: „Wenn Sie Ihre mikroskopische Untersuchung gemacht haben, werde ich Ihnen sagen, was es ist." Diese kleinen Tricks bringen nichts: Mein Mikroskop weiß es besser als Sie was du mir geschickt hast. Du kennst die Form und Farbe der Dinge:

Es sieht ihr innerstes Wesen, die Gesetze ihres Seins, die Bedingungen ihres Lebens und Todes.

„Ihr Fragment ausgetrockneter Materie, halb so breit wie mein Nagel und fast so dick, wurde, nachdem es vierundzwanzig Stunden lang unter einer Glasglocke in einer mit Wasser von der Temperatur des menschlichen Körpers gesättigten Atmosphäre geblieben war, geschmeidig – und zwar so sehr Ich konnte es daher zerlegen, es wie ein Stück frisches Fleisch untersuchen und jeden seiner Teile, die sich in Konsistenz oder Farbe vom Rest unterschieden, unter die Lupe nehmen.

„Ich fand sofort in der Mitte einen kleinen Teil, der härter und elastischer als der Rest war und die Textur und Zellstruktur von Knorpel aufwies. Dies war weder der Knorpel der Nase noch der Knorpel eines Gelenks, sondern mit Sicherheit der Faserknorpel des Ohrs. Du hast mir also das Ende eines Ohrs geschickt, und es ist nicht das untere Ende – das Ohrläppchen, das Frauen durchbohren, um ihren Goldschmuck hineinzustecken, sondern das obere Ende, in das sich der Knorpel erstreckt.

„Auf der Innenseite entfernte ich eine feine Haut, in der mir das Mikroskop eine zarte, vollkommen intakte Epidermis zeigte; eine nicht weniger intakte Derma mit kleinen Papillen und darüber hinaus mit vielen feinen Menschenhaaren bedeckt. Jedes dieser kleinen Härchen hatte seine Wurzel in seinem Follikel eingebettet, und der Follikel war von zwei kleinen Drüsen begleitet. Ich sage Ihnen noch mehr: Diese Daunenhaare waren vier bis fünf Millimeter lang und drei bis fünf Hundertstel eines Millimeter im Durchmesser; das ist doppelt so groß wie der hübsche Flaum, der an einem weiblichen Ohr wächst; daraus schließe ich, dass Ihr Ohrstück einem Mann gehört.

„An der gekrümmten Kante des Knorpels fand ich zarte, gestreifte Bündel des Helixmuskels, die so vollkommen intakt waren, dass man hätte sagen können, es gäbe nichts, was ihre Kontraktion verhinderte. Unter der Haut und in der Nähe der Muskeln fand ich mehrere kleine." Nervenfäden, von denen jeder aus acht oder zehn Röhren bestand, in denen das Mark so intakt und homogen war wie bei Nerven, die einem lebenden Tier oder einem amputierten Glied entnommen wurden. Bist du zufrieden?

Schreist du um Gnade? Nun! Was mich betrifft, Ich bin noch nicht am Ende meiner Fahnenstange.

„In dem Zellgewebe zwischen Knorpel und Haut fand ich kleine Arterien und kleine Venen, deren Struktur vollkommen erkennbar war. Sie enthielten etwas Serum mit roten Blutkügelchen. Diese Kügelchen waren alle kreisförmig, bikonkav und vollkommen regelmäßig; sie zeigten weder Vertiefungen noch das himbeerartige Aussehen, das die Blutkügelchen einer Leiche charakterisiert.

„Zusammenfassend, mein lieber *Mitbruder* , habe ich in diesem Fragment fast alles gefunden, was im menschlichen Körper vorkommt – Knorpel, Muskeln, Nerven, Haut, Haare, Drüsen, Blut usw., und das alles in vollkommen gesunder und … Es handelt sich also nicht um ein Stück einer Leiche, das Sie mir geschickt haben, sondern um ein Stück eines lebenden Menschen, dessen Körpersäfte und Gewebe in keiner Weise zersetzt sind.

„Mit großer Hochachtung, Ihr

„   KARL   NIBOR.

“ PARIS , *30. Juli 1859.* „

KAPITEL IX.

ERHEBLICHE STÖRUNG IN FONTAINEBLEAU.

Es dauerte nicht lange, bis sich in der Stadt verbreitete, dass Herr Martout und die Herren Renault gemeinsam mit mehreren Pariser *Savanen die Absicht hatten* , einen Toten wiederzubeleben.

Herr Martout hatte einen detaillierten Bericht über den Fall an den berühmten Karl Nibor geschickt, der sich beeilt hatte, ihn der Biologischen Gesellschaft vorzulegen. Sofort wurde ein Komitee ernannt, das M. Nibor nach Fontainebleau begleiten sollte. Die sechs Kommissare und der Reporter einigten sich darauf, Paris am 15. August zu verlassen, [2] da sie froh waren, dem Lärm der öffentlichen Freuden zu entgehen. Herr Martout wurde beauftragt, alles für das Experiment vorzubereiten, das wahrscheinlich nicht weniger als drei Tage dauern würde.

Einige der Pariser Zeitungen kündigten dieses große Ereignis in ihren „Verschiedenen Artikeln" an, aber die Öffentlichkeit schenkte ihm kaum Beachtung. Der großartige Empfang der aus Italien zurückkehrenden Armee fesselte das Interesse aller, und außerdem haben die Franzosen nur mäßigen Glauben an die in den Zeitungen versprochenen Wunder.

Aber in Fontainebleau war das eine ganz andere Sache. Nicht nur Monsieur Martout und die Messieurs Renault, sondern auch M. Audret , der Architekt, M. Bonnivet , der Notar und ein Dutzend anderer hoher Persönlichkeiten der Stadt, hatten die Mumie des Obersten gesehen und berührt. Sie hatten mit ihren Freunden darüber gesprochen, es nach besten Kräften beschrieben und seine Geschichte erzählt. Zwei oder drei Exemplare des Testaments von Herrn Meiser kursierten von Hand zu Hand. Die Frage der Wiederbelebung war an der Tagesordnung; Sie diskutierten darüber rund um den Fischteich, wie die Akademie der Wissenschaften bei einer Vollversammlung. Sogar auf dem Marktplatz hätte man hören können, wie sie über Rädertierchen und Bärtierchen redeten.

Man muss zugeben, dass die Reanimatoren nicht in der Mehrheit waren. Einige Professoren der Hochschule, bekannt für den paradoxen Charakter ihres Geistes; ein paar Liebhaber des Wunderbaren , die ordnungsgemäß wegen Trinkgeldern verurteilt worden waren; und als Krönung ein halbes Dutzend dieser alten, weißbärtigen Nörgler , die glauben, der Tod Napoleons I. sei eine verleumderische Lüge der Engländer, bildete die gesamte Armee. Herr Martout hatte nicht nur die Skeptiker, sondern auch die unzählige Schar von Gläubigen gegen sich. Die eine Partei machte ihn lächerlich, die anderen bezeichneten ihn als revolutionär, gefährlich und als Feind der Grundideen, auf denen die Gesellschaft beruht. Der Pfarrer einer kleinen Kirche predigte in Anspielungen gegen die Prometheus , die danach strebten, die Vorrechte des Himmels an sich zu reißen. Aber der Pfarrer der Gemeinde zögerte nicht, in fünf oder sechs Häusern zu sagen, dass die Heilung eines so schwerkranken Mannes wie M. Fougas ein Beweis für die Macht und Barmherzigkeit Gottes sein würde .

Die Garnison von Fontainebleau bestand damals aus vier Kürassiergeschwadern und dem 23. Linienregiment, das sich bei Magenta hervorgetan hatte. Sobald im alten Regiment von Oberst Fougas bekannt wurde , dass dieser berühmte Offizier möglicherweise in die Welt zurückkehren würde, herrschte allgemeine Aufregung. Ein Regiment kennt seine Geschichte, und die Geschichte des 23. Regiments war die von Fougas von Februar 1811 bis November 1813. Alle Soldaten hatten bei ihren Messen die folgende Anekdote gelesen:

„Am 27. August 1813 bemerkte der Kaiser in der Schlacht bei Dresden ein französisches Regiment am Fuße einer russischen Schanze, das Wein darauf goss. Er fragte, welches Regiment es sei, und ihm wurde gesagt, dass es das 23. sei der Zeile. „Das ist unmöglich!" sagte er. „Die 23d der Linie stand nie unter Beschuss, ohne auf die Artillerie zu stürzen, die auf sie donnerte." In diesem Moment stürmte die 23. Infanteriedivision unter der Führung von Oberst Fougas mit doppelter Geschwindigkeit die Höhe hinauf, hielt die Artilleristen an ihren Geschützen fest und eroberte die Schanze.

Die Offiziere und Soldaten, die zu Recht stolz auf diese denkwürdige Aktion waren, verehrten unter dem Namen Fougas einen der Väter des Regiments. Die Vorstellung, ihn jung und lebendig in ihrer Mitte auftauchen zu sehen, schien unwahrscheinlich, aber es war schon etwas, im Besitz seines Körpers zu sein. Nachdem die Experimente von Doktor Martout abgeschlossen waren , beschlossen Offiziere und Soldaten, dass er auf ihre Kosten beigesetzt werden sollte . Und um ihm ein seiner Herrlichkeit würdiges Grab zu geben, stimmten sie für eine Festsetzung von zwei Tagesgehältern.

Jeder , der eine Schulterklappe trug, besuchte das Labor von Herrn Renault; Der Oberst der Kürassiere ging mehrmals dorthin – in der Hoffnung, Clementine zu treffen. Doch Leons Verlobte hielt sich aus dem Weg.

Sie war glücklicher als jede andere Frau jemals, diese hübsche kleine Clementine. Keine Wolke störte mehr die Ruhe ihrer schönen Stirn. Frei von allen Ängsten, mit einem der Hoffnung geöffneten Herzen, betete sie ihren lieben Leon an und verbrachte ihre Tage damit, es ihm zu sagen. Sie selbst hatte auf die Veröffentlichung der Verbote gedrängt.

„Wir werden heiraten", sagte sie, „am Tag nach der Wiederbelebung des Obersten. Ich beabsichtige, dass er mich verrät, ich möchte, dass er mich segnet. Das ist sicherlich das Mindeste, was er für mich tun kann, schließlich

ich." Ich habe es für ihn getan. Es ist sicher, dass Sie ihn ohne meinen Widerstand in das Museum des *Jardin des Plantes geschickt hätten* . Ich werde ihm das alles sagen, Sir, sobald er uns verstehen kann, und er wird es schneiden *dir* die Ohren ab, *seinerseits* ! Ich liebe dich!"

„Aber", antwortete Leon, „warum machen Sie mein Glück vom Erfolg eines Experiments abhängig? Alle üblichen Formalitäten werden erledigt, die Veröffentlichungen gemacht, die Bekanntmachungen gemacht: Niemand auf der Welt kann verhindern, dass wir morgen heiraten, und Sie freuen sich, bis zum 19. zu warten! Welche Verbindung besteht zwischen uns und diesem ausgetrockneten Herrn, der in seiner Loge schläft? Er gehört weder zu Ihrer Familie noch zu meiner. Ich habe alle Ihre Familienunterlagen bis zur sechsten Generation überprüft und Ich habe darin niemanden mit dem Namen Fougas gefunden. Wir warten also nicht darauf, dass ein Großvater bei der Zeremonie anwesend ist. Wer ist er dann? Die bösen Zungen von Fontainebleau tun so, als hätten Sie eine *Vorliebe* für diesen Fetisch von 1813; was mich betrifft, der ich Ihres Herzens sicher bin, vertraue darauf, dass Sie niemanden so sehr lieben werden wie mich. Sie nennen mich jedoch den Rivalen des schlafenden Obersten im Wald."

„Lasst die Narren plappern!" antwortete Clementine mit einem engelhaften Lächeln. „Ich mache mir nicht die Mühe, meine Zuneigung für den armen Fougas zu erklären , aber ich liebe ihn sehr, das ist sicher. Ich liebe ihn als Vater, als Bruder, wenn Sie es vorziehen, denn er ist fast so jung wie ich. Wann wir haben ihn wiederbelebt, ich werde ihn vielleicht lieben wie einen Sohn; aber du wirst dadurch nichts verlieren, lieber Leon. Du hast in meinem Herzen einen Platz für sich, auch den besten, und niemand wird ihn dir nehmen, nicht einmal *er* .

Dieser Liebesstreit, der oft mit einem Kuss begann und endete, wurde eines Tages durch den Besuch des Polizeikommissars unterbrochen.

Dieser ehrenwerte Funktionär lehnte es höflich ab, seinen Namen und sein Unternehmen preiszugeben, und bat um ein privates Interview mit dem jungen Renault.

„Monsieur", sagte er, als er ihn allein sah, „ich schätze die Rücksichtnahme, die einem Mann Ihres Charakters und Ihrer Stellung gebührt, und ich hoffe, Sie werden es für angebracht halten, ein Vorgehen, das in mir durch einen Sinn veranlasst wird, nicht unangenehm zu interpretieren." der Pflicht."

Leon öffnete die Augen und wartete auf die Fortsetzung des Diskurses.

„Sie wissen, Monsieur", fuhr der Kommissar fort, „was das Gesetz über Bestattungen vorschreibt. Es ist ausdrücklich und lässt keine Ausnahme zu. Die Behörden können die Augen schließen, aber der große Aufruhr, der entstanden ist, und Darüber hinaus verpflichtet uns der Rang des

Verstorbenen, ohne Rücksicht auf religiöse Erwägungen, weiterzumachen … in Zusammenarbeit mit Ihnen, lassen Sie es gut verstehen …“

Leon verstand es nach und nach. Der Kommissar erklärte ihm abschließend, immer im Verwaltungsstil, dass es seine Aufgabe sei, M. Fougas zum Stadtfriedhof bringen zu lassen.

„Aber Monsieur“, antwortete der Ingenieur, „wenn Sie Leute über Oberst Fougas sprechen gehört haben , hätten sie Ihnen gleich sagen sollen, dass wir ihn nicht für tot halten.“

"Unsinn!" antwortete der Kommissar mit einem leichten Lächeln. „Meinungen sind frei. Aber der Arzt, dessen Aufgabe es ist, sich um die Versorgung der Toten zu kümmern, und der das Vergnügen hatte, den Verstorbenen zu sehen, hat uns einen schlüssigen Bericht vorgelegt, der auf eine sofortige Beisetzung hinweist.“

„Sehr gut, Monsieur, wenn Fougas tot ist, hoffen wir, ihn wiederzubeleben.“

„ Das wurde uns bereits gesagt, Monsieur, aber ich für meinen Teil zögerte, es zu glauben.“

„Sie werden es glauben, wenn Sie es gesehen haben; und ich hoffe, Monsieur, dass das bald der Fall sein wird.“

„Aber haben Sie, Monsieur, alles ordnungsgemäß geregelt?“

"Mit wem?"

„Ich weiß es nicht, Monsieur, aber ich nehme an, dass Sie, bevor Sie so etwas unternehmen, über eine rechtliche Genehmigung verfügen.“

"Von wem?"

„Aber auf jeden Fall geben Sie zu, Monsieur, dass die Wiederbelebung eines Mannes eine außergewöhnliche Angelegenheit ist. Was mich betrifft, ist dies wirklich das erste Mal, dass ich jemals davon gesprochen habe. Nun ist es die Pflicht einer gut regulierten Polizei , dies zu tun verhindern, dass im Land etwas Außerordentliches passiert.“

„Lassen Sie uns sehen, Monsieur. Wenn ich Ihnen sagen würde: ‚Hier ist ein Mann, der nicht tot ist; ich habe die begründete Hoffnung, ihn in drei Tagen auf die Beine zu stellen; Ihr Arzt, der das Gegenteil behauptet, sich selbst täuscht: Würden Sie die Verantwortung für die Beerdigung von Fougas übernehmen ?“

„Sicherlich nicht! Gott bewahre, dass ich irgendeine Verantwortung auf meine Schultern trage! Aber wie auch immer, Monsieur, wenn ich M. Fougas begraben ließe, würde ich im Einklang mit Gesetz und Ordnung handeln. Nun, mit welchem Recht haben Sie das denn? Nehmen Sie an, einen Mann wiederzubeleben? In welchem Land ist Wiederbelebung üblich? Wo ist die gesetzliche Vorschrift, die Sie zur Wiederbelebung von Menschen berechtigt?"

„Kennen Sie ein Gesetz, das es verbietet? Jetzt ist alles erlaubt, was nicht verboten ist."

„In den Augen der Richter sehr wahrscheinlich. Aber die Polizei sollte Unruhen vorbeugen und eindämmen. Nun, eine Wiederbelebung, Monsieur, ist etwas so Unerhörtes, dass sie eine tatsächliche Unruhe darstellt."

„Sie werden jedoch zugeben, dass es sich um eine sehr glückliche Störung handelt."

„So etwas wie eine glückliche Unordnung gibt es nicht. Bedenken Sie außerdem, dass der Verstorbene kein normaler Mensch ist. Wenn es sich bei der Frage um einen Vagabunden ohne Haus handelte, könnte man diesbezüglich etwas Toleranz gebrauchen. Aber das ist so ein Soldat, ein Offizier von hohem Rang und auch ausgezeichnet; ein Mann, der eine hohe Position in der Armee innehatte. Die *Armee* , Monsieur! Es geht nicht, die Armee anzutasten!"

„Eh! Monsieur, ich berühre die Armee wie ein Chirurg, der ihre Wunden versorgt. Es wird vorgeschlagen, der Armee einen Oberst zurückzugeben. Und Sie, angetrieben vom Geist der Routine, möchten ihr einen Oberst rauben."

„Seien Sie nicht so aufgeregt, Monsieur, ich bitte Sie, und sprechen Sie nicht so laut: Die Leute können uns hören. Glauben Sie mir, ich werde Ihnen bei allem, was Sie für die große und glorreiche Armee von tun möchten, entgegenkommen mein Land. Aber haben Sie über die religiöse Frage nachgedacht?"

„Welche religiöse Frage?"

„Um die Wahrheit zu sagen, Monsieur (aber das ist ganz unter uns), das, worüber wir bisher gesprochen haben, ist rein nebensächlich, und wir berühren jetzt den heiklen Punkt. Leute sind zu mir gekommen und haben einige sehr vernünftige Bemerkungen gemacht Ich. Die bloße Ankündigung Ihres Projekts hat einigen Gewissen große Sorgen bereitet. Sie befürchten, dass der Erfolg eines Unternehmens dieser Art einen Schlag für den Glauben bedeuten, mit einem Wort, viele ruhige Geister empören könnte , wenn M. Fougas tot ist, dann natürlich, weil Gott es so gewollt hat. Haben Sie keine Angst, gegen den Willen Gottes zu handeln und ihn wiederzubeleben?"

„Nein, Monsieur, denn ich bin sicher, dass ich Fougas nicht wiederbeleben werde, wenn Gott es anders gewollt hat. Gott lässt zu, dass ein Mann Fieber bekommt, aber Gott erlaubt auch, dass ein Arzt ihn heilt. Gott ließ zu, dass ein tapferer Soldat des Kaisers gefangen genommen wurde von vier betrunkenen Russen, als Spion verurteilt, in einer Festung eingefroren und von einem alten Deutschen unter einer Luftpumpe ausgetrocknet. Aber Gott erlaubte mir auch, diesen unglücklichen Mann in einem Trödelladen zu finden, ihn nach Fontainebleau zu bringen, um ihn zu untersuchen Ihn mit gewissen Männern der Wissenschaft zu verhandeln und sich mit ihnen auf eine Methode zu einigen, die ihn fast sicher wieder zum Leben erwecken wird. All dies beweist eines – nämlich, dass Gott gerechter, barmherziger und eher zum Mitleid geneigt ist als diejenigen, die seinen Namen missbrauchen um dich zu begeistern.

„Ich versichere Ihnen, Monsieur, dass ich nicht im Geringsten aufgeregt bin. Ich gebe Ihren Gründen nach, weil sie gut sind und weil Sie in der Gesellschaft ein angesehener Mann sind. Ich hoffe außerdem aufrichtig, dass Sie nicht hart denken werden eines Aktes des Eifers, zu dem mir geraten wurde. Ich bin ein Funktionär, Monsieur. Was ist nun ein Funktionär? Ein Mann, der einen Posten innehat. Angenommen, Funktionäre würden sich dem Verlust ihrer Posten aussetzen, was? würde in Frankreich standhaft bleiben? Nichts, Monsieur, absolut nichts. Ich habe die Ehre, Ihnen einen guten Tag zu wünschen!"

Am Morgen des 15. August erschien M. Karl Nibor zusammen mit Doktor Martont und dem von der Biologischen Gesellschaft von Paris eingesetzten Komitee bei M. Renault. Wie so oft in ländlichen Gegenden war der erste Auftritt unseres berühmten Gelehrten eine Art Enttäuschung. Frau. Renault erwartete, wenn nicht einen Zauberer in einem mit Gold besetzten Samtgewand, so doch zumindest einen alten Mann von außergewöhnlich ernster und beeindruckender Erscheinung zu sehen. Karl Nibor ist ein Mann mittlerer Größe, sehr blond und sehr schlank. Möglicherweise bringt er gute vierzig Jahre mit sich, aber mehr als fünfunddreißig würde man ihm nicht zutrauen. Er trägt einen kaiserlichen Schnurrbart; ist lebhaft, ein guter Gesprächspartner, angenehm und weltmännisch genug, um die Damen zu amüsieren. Aber Clementine hatte nicht das Vergnügen, sich mit ihm zu unterhalten. Ihre Tante hatte sie nach Moret gebracht, um ihr sowohl die Qualen der Angst als auch den Rausch des Sieges zu ersparen.

KAPITEL X.

HALLELUJA!

Herr Nibor und seine Kollegen baten nach den üblichen Komplimenten darum, sich das Thema anzusehen. Sie hatten keine Zeit zu verlieren, da das Experiment kaum weniger als drei Tage dauern konnte. Leon beeilte sich, sie zum Labor zu führen und die drei Kisten mit dem Colonel zu öffnen.

Sie fanden heraus, dass der Patient ein recht positives Aussehen hatte. Herr Nibor zog seine Kleider aus, die wie Zunder rissen, weil sie zu stark im Ofen von Pater Meiser getrocknet worden waren. Der nackte Körper wurde als völlig frei von Makeln und in einem vollkommen gesunden Zustand befunden. Noch hätte niemand den Erfolg garantiert, aber alle waren voller Hoffnung.

Nach dieser Voruntersuchung stellte Herr Renault sein Labor seinen Gästen zur Verfügung. Er bot ihnen alles an, was er besaß, mit einer Großzügigkeit, die nicht ganz frei von Eitelkeit war. Für den Fall, dass der Einsatz von Elektrizität notwendig erscheinen sollte, verfügte er über eine starke Batterie von Leyden-Krügen und vierzig von Bunsens Elementen, die völlig neu waren. M. Nibor dankte ihm lächelnd.

„Spare deinen Reichtum", sagte er. „Mit einer Badewanne und einem Kessel mit kochendem Wasser haben wir alles, was wir brauchen. Der Oberst braucht nichts als Feuchtigkeit. Die Sache ist, ihm die Menge Wasser zu geben, die für das Spiel der Orgeln nötig ist. Wenn Sie ein kleines Zimmer haben Wo man einen Dampfstrahl einleiten kann, werden wir mehr als zufrieden sein.

M. Audret , der Architekt, hatte sehr klugerweise in der Nähe des Laboratoriums ein kleines Badezimmer gebaut, das praktisch und gut beleuchtet war. Die berühmte Dampfmaschine war nicht weit entfernt, und ihr Kessel hatte bis zu diesem Zeitpunkt keinem anderen Zweck als der Erwärmung der Bäder von M. und Mme. gedient. Renault.

Der Oberst wurde mit aller Sorgfalt, die seine Zerbrechlichkeit erforderte, in dieses Zimmer getragen. Es war nicht beabsichtigt, sich bei der Eile des Umzugs das zweite Ohr zu brechen . Leon rannte, um das Feuer unter dem Kessel anzuzünden, und M. Nibor machte ihn zum Feuerwehrmann auf dem Schlachtfeld.

Bald strömte ein lauwarmer Dampfstrahl in das Badezimmer und erzeugte um den Oberst herum eine feuchte Atmosphäre, die sich stufenweise und ohne plötzlichen Anstieg auf die Temperatur des menschlichen Körpers erhöhte. Diese Hitze- und Feuchtigkeitsbedingungen wurden vierundzwanzig Stunden lang mit größter Sorgfalt aufrechterhalten. Niemand im Haus ging schlafen. Die Mitglieder des Pariser Komitees lagerten im Labor. Leon hielt das Feuer aufrecht; M. Nibor, M. Renault und M. Martout beobachteten abwechselnd das Thermometer. Madame Renault kochte Tee und Kaffee und auch Punsch. Gothon , die am Morgen die Kommunion empfangen hatte, betete in der Ecke ihrer Küche immer wieder zu Gott, dass dieses gottlose Wunder nicht gelingen möge. In der ganzen Stadt herrschte bereits eine gewisse Aufregung, aber man wusste nicht, ob sie dem *Fest* des 15. oder dem berühmten Unternehmen der sieben Weisen von Paris zuzuschreiben war .

Am 16. um zwei Uhr wurden ermutigende Ergebnisse erzielt. Die Haut und die Muskeln waren fast wieder geschmeidig, aber die Gelenke waren immer noch schwer zu beugen. Der kollabierte Zustand der Bauchwände und der Lücke zwischen den Rippen deutete immer noch darauf hin, dass die Eingeweide bei weitem nicht die Wassermenge wieder aufgenommen hatten, die sie zuvor bei Herrn Meiser verloren hatten. Ein Bad wurde vorbereitet und auf einer Temperatur von siebenunddreißigeinhalb Grad gehalten. [3] Sie ließen den Oberst zweieinhalb Stunden darin liegen und achteten darauf, regelmäßig mit einem feinen, mit Wasser getränkten Schwamm über seinen Kopf zu fahren.

M. Nibor nahm ihn aus dem Bad, sobald die Haut, die früher als die anderen Gewebe gefüllt war, eine weißliche Färbung annahm und leichte Falten bildete. Sie behielten ihn bis zum Abend des 16. in diesem feuchten Raum, wo sie einen Apparat aufstellten, der von Zeit zu Zeit einen feinen Regen mit einer Temperatur von siebenunddreißigeinhalb Grad verursachte. Am Abend wurde ein neues Bad gegeben. Während der Nacht wurde der Körper in Flanell gehüllt, aber ständig in der gleichen dampfenden Atmosphäre gehalten.

Am Morgen des 17., nach einem dritten Bad von anderthalb Stunden, zeigten die allgemeinen Merkmale der Figur und die Proportionen des Körpers ihr natürliches Aussehen: Man hätte es einen schlafenden Mann nennen können. Fünf oder sechs Neugierige wurden zur Besichtigung zugelassen, darunter der Oberst des 23. In Anwesenheit dieser Zeugen bewegte M. Nibor nacheinander alle Gelenke und zeigte, dass sie ihre Flexibilität wiedererlangt hatten. Er knetete sanft die Gliedmaßen, den Rumpf und den Bauch. Er öffnete teilweise die Lippen und trennte die Kiefer, die ziemlich fest geschlossen waren, und sah, dass die Zunge wieder ihre normale Größe und Konsistenz angenommen hatte. Er öffnete auch teilweise die Augenlider: Die Augäpfel waren fest und hell.

„Meine Herren", sagte der Philosoph, „das sind Hinweise, die nicht täuschen; ich prophezeie einen Erfolg. In wenigen Stunden werden Sie Zeuge der ersten Manifestationen des Lebens sein."

„Aber", unterbrach einer der Umstehenden, „warum nicht sofort?"

„Weil die *Bindehaut* immer noch etwas blasser ist, als sie sein sollte. Aber die kleinen Adern, die das Weiße der Augen durchziehen, haben bereits ein sehr ermutigendes Aussehen angenommen. Das Blut ist fast vollständig wiederhergestellt. Was ist das Blut? Rote Kügelchen, die im Serum schwimmen oder eine Art Molke. Das Serum des armen Fougas war in seinen Adern ausgetrocknet; das Wasser, das wir nach und nach durch eine langsame Endosmose eingeführt haben , hat das Eiweiß und das Fibrin des Serums gesättigt, das in den flüssigen Zustand zurückgeführt wird. Das Rote Kügelchen, die durch die Austrocknung verklumpt waren, waren bewegungslos geworden wie Schiffe, die im seichten Wasser gestrandet sind. Nun sehen Sie sie wieder schwimmen: Sie verdicken sich, schwellen an, runden ihre Ränder ab, lösen sich voneinander und bereiten sich darauf vor, beim ersten Impuls in ihren richtigen Kanälen zu zirkulieren wird ihnen durch die Kontraktionen des Herzens gegeben."

„Es bleibt abzuwarten", sagte Herr Renault, „ob sich das Herz in Bewegung setzt. Bei einem lebenden Menschen bewegt sich das Herz unter dem Impuls des Gehirns, der von den Nerven übertragen wird. Das Gehirn handelt unter dem Impuls des." Herz, übertragen durch die Arterien. Das Ganze bildet einen vollkommen exakten Kreis, ohne den es kein Wohlbefinden gibt. Und wenn weder Herz noch Gehirn handeln, wie im Fall des Obersten, sehe ich nicht, wer von beiden das bestimmen kann andere in Bewegung. Erinnern Sie sich an die Szene in der „ *École des femmes* ", wo Arnolphe an seine Tür klopft? Der Kammerdiener und das Dienstmädchen, Alain und Georgette, sind beide im Haus. „Georgette!" schreit Alain. – „Na?" antwortet Georgette. – „Mach die Tür dort unten auf!" – „Geh selbst! Geh selbst!" – „Gnädig! Ich werde nicht gehen!" – „Ich werde auch nicht gehen!" – „Mach sie sofort auf!" '—'Öffne es selbst!' Und niemand öffnet es. Ich neige dazu zu glauben, Monsieur, dass wir einer Aufführung dieser Komödie beiwohnen. Das Haus ist der Körper des Obersten; Arnolphe , der hinein will, ist das Lebensprinzip. Herz und Gehirn handeln die Rollen von Alain und Georgette. „Mach die Tür auf!" sagt einer. – „Öffne es selbst!" sagt der andere. Und das Lebensprinzip wartet draußen.

„Monsieur", antwortete Doktor Nibor lächelnd, „Sie vergessen das Ende der Szene. Arnolphe wird wütend und schreit: ‚Wer von euch beiden die Tür nicht öffnet, der wird vier Tage lang nichts zu essen haben!' Und sofort beeilt sich Alain, Georgette rennt und die Tür wird geöffnet. Bedenken Sie nun, dass ich auf diese Weise nur spreche, um Ihrer eigenen Argumentation zu entsprechen, denn der Begriff „Lebensprinzip" steht im Widerspruch zu den tatsächlichen Behauptungen der Wissenschaft. Das Leben wird sich manifestieren, sobald das Gehirn oder das Herz oder eines der Organe, die die Fähigkeit haben, spontan zu arbeiten, die Menge an Wasser aufgenommen haben, die es benötigt. Organisierte Materie hat inhärente Eigenschaften, die sich außerhalb manifestieren die Hilfe eines fremden Prinzips, wann immer sie von bestimmten Bedingungen umgeben sind. Warum ziehen sich die Muskeln von M. Fougas noch nicht zusammen? Warum tritt das Gewebe des Gehirns nicht in Aktion? Weil sie noch nicht über die für sie notwendige Menge an Feuchtigkeit verfügen . In der Quelle des Lebens fehlt vielleicht ein halbes Liter Wasser. Aber ich werde es nicht eilig haben, es nachzufüllen: Ich habe zu große Angst, es zu zerbrechen. Bevor ich diesem tapferen Kerl ein letztes Bad gebe, wird es notwendig sein alle seine Organe noch einmal zu kneten, seinen Bauch regelmäßigen Kompressionen auszusetzen, damit die serösen Membranen von Magen, Brust und Herz vollkommen desagglutiniert werden und in der Lage sind, aufeinander zu gleiten. Sie wissen, dass der kleinste Riss in diesen Teilen oder der geringste Widerstand ausreichen würde, um unser Subjekt im Moment seiner Wiederbelebung zu töten.

Während er sprach, vereinte er Beispiel mit Gebot und knetete weiter den Rumpf des Obersten. Da die Zuschauer den Toilettenraum fast schon füllten und es fast unmöglich war, sich zu bewegen, bat M. Nibor sie, ins Labor zu ziehen. Aber das Laboratorium war so voll, dass es notwendig war, es in den Salon zu verlassen: Der Ausschuss der Biologischen Gesellschaft hatte kaum eine Ecke des Tisches, um seinen Bericht über die Verhandlungen zu verfassen. Sogar der Salon war voller Leute, auch das Esszimmer und so hinaus bis zum Hof des Hauses. Freunde, Fremde, Menschen, die der Familie überhaupt nicht bekannt waren, stießen sich gegenseitig mit den Ellenbogen an und warteten schweigend. Aber die Stille einer Menschenmenge ist nicht viel weniger laut als das Rauschen des Meeres. Der dicke Doktor Martout , offenbar von Verantwortung überwältigt, zeigte sich von Zeit zu Zeit und segelte wie eine mit Neuigkeiten beladene Galeone durch die Wellen der Neugierigen. Jedes einzelne seiner Worte zirkulierte von Mund zu Mund und verbreitete sich sogar auf der Straße, wo mehrere Gruppen von Soldaten und Bürgern in mehr als einer Hinsicht für Aufsehen sorgten. Noch nie hatte die kleine „Rue de la Faisanderie " so viel Gedränge gesehen. Ein erstaunter Passant blieb stehen und fragte:

„Was ist hier los? Ist es eine Beerdigung?"

„Ganz im Gegenteil, Sir."

„Eine Taufe also?"

„Mit warmem Wasser!"

"Eine Geburt?"

„Ein wiedergeborenes Wesen!“

Ein alter Richter des Zivilgerichts erzählte einem Abgeordneten die Legende von Æson aus alter Zeit, der in Medeas Kessel gekocht wurde.

„Das ist fast das gleiche Experiment“, sagte er, „und ich neige zu der Annahme, dass die Dichter die Zauberin von Kolchis verleumdet haben. Es könnte einige schöne lateinische Verse geben, die diesem Anlass angemessen sind; aber ich besitze nicht mehr meine alten Fähigkeiten.“ !

„Fabula Medeam cur crimine.“ Carpit iniquo? Ecce novus surgit redivivus Æson ab undis Fortior , arma petens , juvenili pectore Meilen ...,

„Redivivus wird im aktiven Sinne verstanden; es ist eine Lizenz oder zumindest eine kühne Konstruktion. Ah! Monsieur! Es gab eine Zeit, da war ich selbst unter denen, die die selbstbewusstesten Versuche unternahmen, *der* Mann für lateinische Verse!“

„ Corporal !“ sagte ein Wehrpflichtiger des Aufgebots von 1859.

„Was ist los, Freminot ?“

„Stimmt es, dass sie einen alten Soldaten in einem Topf kochen und ihn wieder hochholen werden, mit der Uniform des Obersten und allem?“

„Wahr oder nicht, Subalterner, ich gehe das Risiko ein, zu sagen, dass es wahr ist.“

„Bei allem gebotenen Respekt gehe ich davon aus, dass sie damit nicht viel verdienen werden.“

„Sie sollten wissen, Freminot , dass für Ihre Vorgesetzten nichts unmöglich ist! Sie wissen auch jetzt noch, dass getrocknetes Gemüse beim Kochen sein ursprüngliches und natürliches Aussehen wiedererlangt!“

„Aber, Corp'ral , wenn man sie drei Tage lang kochen würde, würden sie sich in Brühe auflösen.“

„Aber, Idiot, warum sollte man alte Soldaten nicht als schwer zu kochen betrachten?“

Gegen Mittag bahnten sich der Polizeikommissar und der *Gensd'Armes - Leutnant* einen Weg durch die Menge und betraten das Haus. Diese Herren beeilten sich, Herrn Renault zu erklären, dass ihr Besuch keinen offiziellen Charakter habe, sondern dass sie nur aus Neugier gekommen seien. Im Korridor trafen sie den Unterpräfekten, den Bürgermeister und Gothon , die sich laut darüber beklagten, dass sie zusehen sollte, wie die Regierung bei solchen Zaubereien Hand anlegte.

Gegen ein Uhr ließ M. Nibor den Oberst erneut und länger baden, und als er herauskam, wurde der Körper stärker und vollständiger als zuvor geknetet.

„Jetzt", sagte der Doktor, „können wir M. Fougas ins Labor tragen, um seiner Wiederbelebung die nötige Publizität zu verschaffen . Aber es wird gut sein, ihn anzuziehen, und seine Uniform ist in Fetzen."

„Ich glaube", antwortete der gute Herr Renault, „dass der Colonel etwa so groß ist wie ich; also kann ich ihm einige meiner Kleider leihen. Gebe Gott, dass er sie benutzen darf! Aber im Grunde hoffe ich nicht darauf." ."

Gothon brachte murrend alles herein, was nötig war, um einen völlig nackten Mann anzuziehen. Doch ihre schlechte Laune hielt der Schönheit des Colonels nicht stand:

„Armer Herr!" rief sie, „er ist jung, frisch und schön wie ein kleines Huhn. Wenn er nicht wieder auflebt, wäre das sehr schade!"

Fougas dorthin gebracht wurde, befanden sich etwa vierzig Personen im Labor . Herr Nibor, unterstützt von Herrn Martout , setzte ihn auf ein Sofa und bat ihn um einige Momente aufmerksamen Schweigens. Während dieses Verfahrens hat Frau. Renault ließ sie fragen, ob sie reinkommen könne. Sie wurde eingelassen.

„Madame und Herren", sagte Dr. Nibor, „das Leben wird sich in wenigen Minuten manifestieren. Es ist möglich, dass die Muskeln zuerst wirken und dass ihre Wirkung krampfhaft sein kann, weil sie noch nicht durch den Einfluss reguliert wird." Das Nervensystem. Ich sollte Sie über diese Tatsache informieren, damit Sie keine Angst haben, wenn so etwas passiert. Als Mutter sollte Madame darüber weniger erstaunt sein als alle anderen; sie hat es erlebt Im vierten Schwangerschaftsmonat werden sich die Auswirkungen dieser unregelmäßigen Bewegungen möglicherweise bald in größerem Maßstab zeigen. Ich bin jedoch sehr zuversichtlich, dass die ersten spontanen Kontraktionen in den Fasern des Herzens stattfinden werden. So Dies ist beim Embryo der Fall, wo die rhythmischen Bewegungen des Herzens den Nervenfunktionen vorausgehen.

Er begann erneut, den unteren Teil der Brust systematisch zu komprimieren, die Haut mit den Händen zu reiben, die Augenlider halb zu öffnen, den Puls zu untersuchen und die Herzgegend auszukultieren.

Die Aufmerksamkeit der Zuschauer wurde für einen Moment durch den Trubel draußen abgelenkt. Ein Bataillon der 23. Division zog mit Musik an der Spitze durch die Rue de la Faisanderie . Während die Saxophonhörner die Fenster erschütterten, erhellte sich plötzlich ein Blitz auf den Wangen des

Colonels. Seine Augen, die halb geöffnet gestanden hatten, leuchteten in einem helleren Glanz. Im selben Moment rief Doktor Nibor, dessen Ohr an die Brust gelegt wurde:

„Ich höre den Herzschlag!"

Kaum hatte er gesprochen, hob sich mit heftiger Inspiration die Brust, die Glieder zogen sich zusammen, der Körper richtete sich auf und ein Schrei erklang: „ *Vive.* " *l'Empereur* .

Aber als ob eine so große Anstrengung seine Kräfte überfordert hätte, ließ sich Oberst Fougas auf das Sofa zurückfallen und murmelte mit gedämpfter Stimme:

„Wo bin ich? Kellner! Bring mir eine Zeitung!"

KAPITEL XI.

Darin erfährt Oberst Fougas einige Neuigkeiten, die meinen Lesern alt erscheinen werden.

Unter allen Personen, die an diesem Unfallort anwesend waren, gab es keinen einzigen, der jemals eine Wiederbelebung erlebt hatte. Ich überlasse es Ihnen, sich die Überraschung und Freude vorzustellen, die im Labor herrschte. Dreifacher Applaus, gemischt mit Jubelrufen, begrüßte den Triumph von Doktor Nibor. Die im Salon, in den Gängen, im Hof und sogar auf der Straße zusammengedrängte Menge begriff bei diesem Zeichen, dass das Wunder geschehen war. Nichts konnte sie zurückhalten, sie brachen die Türen auf, räumten alle Hindernisse aus dem Weg, verärgerten alle Philosophen, die versuchten, sie aufzuhalten, und strömten schließlich in die Kammer der Wissenschaft .

"Herren!" rief Herr Nibor, „Willst du ihn töten?"

Aber sie ließen ihn reden. Die wildeste aller Leidenschaften, die Neugier, beherrschte schon lange die Menge: Jeder wollte etwas sehen, allerdings auf die Gefahr hin, die anderen zu vernichten. M. Nibor stürzte zu Boden, M. Renault und sein Sohn, die ihm helfen wollten, wurden auf ihn geworfen; Madame Renault wiederum wurde Fougas zu Füßen geworfen und begann aus vollem Halse zu schreien.

"Verdammnis!" sagte Fougas und richtete sich wie an einer Feder auf, „diese Schurken werden uns ersticken, wenn sie nicht jemand zum Schweigen bringt!" Seine Haltung, der Glanz seiner Augen und vor allem das Prestige des Wunderbaren machten einen Raum um ihn herum frei. Man hätte meinen können, die Wände wären gedehnt worden oder die Zuschauer wären ineinander gerutscht!

„Verschwinde von hier, jeder Sohn von dir!" rief Fougas in seinem schärfsten Befehlston. Um ihn herum entstand ein Tumult von Schreien, Erklärungen und Vorwürfen; Er glaubte, Drohungen zu hören, ergriff den ersten Stuhl in Reichweite, schwang ihn wie eine Waffe, trieb, hämmerte, verärgerte die Bürger, Soldaten, Beamten, Gelehrten, *Freunde* , Schaulustigen, Polizeikommissare – alle, und drängte den Menschen stürzte mit einem unbeschreiblichen Aufruhr auf die Straße. Als dies erledigt war, schloss er die Tür und verriegelte sie, kehrte ins Labor zurück, sah drei Männer in der Nähe von Madame Renault stehen und sagte mit milderer Stimme zu der alten Dame:

„Nun, gute Mutter, soll ich diesen drei dienen wie den anderen?"

„Nein! Nein! Nein! Seien Sie vorsichtig!" rief die gute alte Dame. „Mein Mann und mein Sohn, Monsieur, und Doktor Nibor, der Sie wieder zum Leben erweckt hat."

„In diesem Fall gebührt ihnen alle Ehre, gute Mutter! Fougas hat nie gegen die Gesetze der Dankbarkeit und Gastfreundschaft verstoßen. Was dich betrifft, mein Äskulap , gib mir deine Hand!"

Im selben Moment bemerkte er zehn oder ein Dutzend neugierige Menschen, die auf dem Bürgersteig direkt neben den Fenstern des Labors auf Zehenspitzen gingen. Sofort marschierte er los und öffnete sie mit einer Hektik, die die Zuschauer in der Menge verärgerte.

„Leute", sagte er, „ich habe hundert bettelnde Panduren niedergeschlagen , die weder Sex noch Gebrechlichkeit respektieren. Zum Nutzen derjenigen, die nicht zufrieden sind, möchte ich erklären, dass ich mich Oberst Fougas vom 23. und *Vive nenne." l'Empereur !"*

Eine verwirrte Mischung aus Lob, Schreien, Lachen und Spott antwortete auf diese beispiellose Ansprache. Leon Renault beeilte sich, sich bei allen zu entschuldigen, denen sie schuldig waren. Er lud ein paar Freunde ein, am selben Abend mit dem schrecklichen Oberst zu speisen, und vergaß natürlich nicht, Clementine einen besonderen Boten zu schicken. Nachdem Fougas mit dem Volk gesprochen hatte, kehrte er zu seinen Gastgebern zurück, schwang sich stolz hin und her, setzte sich rittlings auf einen Stuhl, ergriff die Enden seines Schnurrbartes und sagte:

„Nun! Komm, lass uns das besprechen. Ich war also krank?"

"Sehr krank."

„Das ist großartig! Mir geht es rundum gut. Ich habe Hunger, und während ich auf das Abendessen warte, probiere ich sogar ein Glas von deinem Schnickschnack ."

Frau. Renault ging los, gab einen Befehl und kam sofort zurück.

„Aber sagen Sie mir doch, wo ich bin", fuhr der Oberst fort. „An diesen Arbeitsutensilien erkenne ich einen Schüler von Urania, möglicherweise einen Freund von Monge und Berthollet. Aber die herzliche Freundlichkeit, die sich auf Ihren Gesichtern abzeichnet, beweist mir, dass Sie nicht aus diesem Land der Sauerkräuter stammen . Ja, das glaube ich." es aus den Schlägen meines Herzens. Freunde, wir haben das gleiche Vaterland. Die Freundlichkeit eures Empfangs, selbst wenn es keine anderen Anzeichen gegeben hätte, hätte mich davon überzeugt, dass ihr Franzose seid. Welche Zufälle haben euch so weit von unserem Heimatboden geführt? Kinder meines Landes, welcher Sturm hat euch an dieses unwirtliche Ufer geworfen?"

„Mein lieber Oberst", antwortete Herr Nibor, „wenn Sie sehr weise werden wollen, werden Sie nicht so viele Fragen auf einmal stellen. Gönnen Sie uns das Vergnügen, Sie ruhig und geordnet zu unterrichten, denn Sie haben sehr viel zu tun." lernen."

Der Oberst errötete vor Wut und antwortete scharf:

„Auf jeden Fall sind Sie nicht der Mann, sie mir beizubringen, mein kleiner Herr!"

Ein Blutstropfen, der auf seine Hand fiel, veränderte seinen Gedankengang:

"Festhalten!" sagte er; „Blute ich?"

„Das bringt nichts; die Durchblutung ist wiederhergestellt und Ihr gebrochenes Ohr …"

Er führte schnell seine Hand ans Ohr und sagte:

„Das ist auf jeden Fall so. Aber wenn ich mich an diesen Unfall erinnere, soll der Teufel mich holen!"

„Ich mache dir ein wenig Dressing, und in ein paar Tagen wird davon keine Spur mehr übrig sein!"

„Machen Sie sich nicht die Mühe, mein lieber Hippokrates; eine Prise Pulver ist ein souveränes Heilmittel!"

M. Nibor machte sich daran, das Ohr etwas weniger militärisch zu kleiden. Während seiner Operationen trat Leon wieder ein .

"Ah ah!" sagte er zum Doktor: „Sie reparieren den Schaden, den ich angerichtet habe."

„Donner!" rief Fougas und entkam den Händen von M. Nibor, um Leon am Kragen zu packen. „Warst du es, du Schlingel, der mein Ohr verletzt hat?"

Leon war sehr gutmütig, aber seine Geduld ließ ihn im Stich. Er stieß seinen Mann grob zur Seite.

„Ja, Herr, ich war es, der Ihr Ohr zerrissen hat, als ich daran gezogen habe, und wenn mir dieses kleine Unglück nicht passiert wäre, wären Sie heute sicher sechs Fuß unter der Erde gewesen . Ich bin es." Ich habe dir das Leben gerettet, nachdem ich dich mit meinem Geld gekauft habe, als du nicht mehr als fünfundzwanzig Louis wert warst. Ich bin es, der drei Tage und zwei Nächte damit verbracht hat, Holzkohle unter deinen Kessel zu stopfen. Es ist mein Vater, der dir die Kleidung gegeben hat Du bist jetzt dran. Du bist in unserem Haus. Trink das kleine Glas Brandy, das Gothon dir gerade gebracht hat, aber gib um Gottes willen die Gewohnheit auf, mich Schlingel zu nennen, meine Mutter „Gute Mutter" zu nennen. und unsere Freunde auf die Straße zu werfen und sie bettelnde Panduren zu nennen !"

Der Oberst war völlig verblüfft, streckte Leon, Herrn Renault und dem Arzt die Hand entgegen und küsste galant die Hand von Frau. Renault trank mit einem Schluck ein bis zum Rand mit Brandy gefülltes Rotweinglas und sagte mit gedämpfter Stimme:

„Meine besten Freunde, vergessen Sie die Launen einer impulsiven, aber großzügigen Seele. Meine Leidenschaften zu unterdrücken, wird von nun an mein Gesetz sein. Nachdem man alle Nationen im Universum erobert hat, ist es gut, sich selbst zu besiegen."

Nachdem er dies gesagt hatte, reichte er sein Ohr Herrn Nibor, der es fertig anfertigte.

„Aber", sagte er und rief seine Erinnerungen zusammen, „sie haben mich damals nicht erschossen?"

"NEIN."

„Und ich bin im Turm nicht erfroren?"

"Nicht ganz."

„Warum wurde mir die Uniform ausgezogen? Ich verstehe! Ich bin ein Gefangener!"

"Du bist frei."

„Kostenlos! *Vive l'Empereur !* Aber dann gibt es keinen Moment zu verlieren! Wie viele Meilen sind es bis Dantzic ?"

"Es ist sehr weit."

„Wie nennt man diesen Hühnerstall von einer Stadt?"

„Fontainebleau."

„Fontainebleau! In Frankreich?"

„Präfektur Seine-et-Marne. Wir stellen Ihnen den Unterpräfekten vor, den Sie gerade auf die Straße gesetzt haben."

„Was zum Teufel sind Ihre Unterpräfekten für mich? Ich habe eine Nachricht vom Kaiser für General Rapp, und ich muss noch heute für Dantzic aufbrechen . Gott weiß, ob ich rechtzeitig dort sein werde!"

„Mein armer Oberst, Sie werden zu spät kommen. Dantzic ist aufgegeben."

„Das ist unmöglich! Seit wann?"

„Vor etwa sechsundvierzig Jahren."

„Donner! Ich habe nicht verstanden, dass du ... mich verspottest!“

Liebenfeld schlafen gegangen ; es gab also welche.“ , sechsundvierzig Jahre, allesamt drei Monate, in denen sich die Welt ohne dich weiterbewegt hat.“

„Vierundzwanzig und sechsundvierzig; aber dann wäre ich nach Ihrer Aussage siebzig Jahre alt!“

„Ihre Vitalität zeigt deutlich, dass Sie noch vierundzwanzig sind.“

Er zuckte mit den Schultern, zerriss den Kalender und sagte, mit dem Fuß auf den Boden stampfend: „Dein Almanach ist ein Humbug!“

M. Renault rannte in seine Bibliothek, nahm wahllos ein halbes Dutzend Bücher und ließ ihn am Fuß der Titelseiten die Jahreszahlen 1826, 1833, 1847, 1858 vorlesen.

"Entschuldigung!" sagte Fougas und vergrub seinen Kopf in seinen Händen. „Was mir widerfahren ist, ist so neu! Ich glaube nicht, dass jemals ein anderer Mensch einer solchen Prüfung unterzogen wurde. Ich bin siebzig Jahre alt!“

Die gute Madame Renault holte einen Spiegel aus dem Badezimmer und gab ihn ihm mit den Worten:

"Sehen!"

Er nahm das Glas in beide Hände und war schweigend damit beschäftigt, die Bekanntschaft mit sich selbst wieder aufzunehmen, als eine Handorgel in den Hof kam und „ Partant pour la Syrie!“ zu spielen begann.

Fougas warf den Spiegel zu Boden und rief:

„Was hast du mir gesagt? Ich höre das kleine Lied von Königin Hortense!“
|4|

M. Renault erklärte ihm geduldig, während er die Spiegelstücke aufhob, dass das hübsche kleine Lied der Königin Hortense zu einem Nationalgesang und sogar zu einem offiziellen Lied geworden sei, da die Regimentskapellen diese sanfte Melodie an die Stelle der wilden Marsellaise gesetzt hätten , und dass unsere Soldaten, seltsamerweise, dafür nicht schlechter gekämpft haben. Aber der Oberst hatte bereits das Fenster geöffnet und rief dem Savoyer zu:

„Eh! Freund! Ein Napoleon für dich, wenn du mir verraten würdest, in welchem Jahr ich den Atem des Lebens schöpfe!“

Der Künstler begann so leicht wie möglich zu tanzen und spielte auf seinem Musikinstrument.

„Auf Befehl vorgehen!“ rief der Oberst, „und halten Sie diese teuflische Maschine still!“

„Ein kleiner Penny, mein guter Monsieur!“

„Es ist kein Penny, den ich dir gebe, sondern ein Napoleon, wenn du mir sagst, welches Jahr wir haben.“

„ Oh, aber das ist lustig! Hi-hi-hi!“

„Und wenn du es mir nicht schneller sagst, schneide ich dir die Ohren ab!“

Der Savoyer lief weg, kam aber bald zurück, nachdem er während seiner Flucht über die Maxime nachgedacht hatte: „Nichts riskieren, nichts gewinnen .“

„Monsieur“, sagte er mit schmeichelnder Stimme, „dies ist das Jahr achtzehnhundertneunundfünfzig.“

"Gut!" rief Fougas . Er suchte in seinen Taschen nach Geld und fand dort nichts. Leon erkannte seine missliche Lage und warf zwanzig Francs vor Gericht. Bevor er das Fenster schloss, zeigte er rechts auf die Fassade eines hübschen kleinen neuen Gebäudes, wo der Colonel deutlich lesen konnte

AUDRET ARCHITECTE.

MDCCCLIX.

Ein vollkommen zufriedenstellendes Beweisstück, das keine zwanzig Franken kostete.

Etwas verwirrt drückte Fougas Leons Hand und sagte zu ihm:

„Mein Freund, ich vergesse nicht, dass Vertrauen die erste Pflicht von Dankbarkeit gegenüber Wohltätigkeit ist. Aber erzähl mir von unserem Land! Ich betrete den heiligen Boden, auf dem ich mein Sein empfangen habe, und ich weiß nichts über die Karriere meines Heimatlandes. Frankreich ist immer noch die Königin der Welt, nicht wahr?“

„Sicherlich“, sagte Leon.

„Wie geht es dem Kaiser ?“

"Also."

„Und die Kaiserin?“

"Sehr gut."

„Und der König von Rom?“

„Der Prinz Imperial? Er ist ein sehr schönes Kind.“

„Wie? Ein schönes Kind! Und du hast das Gesicht zu sagen, dass wir das Jahr 1859 schreiben!“

Herr Nibor nahm das Gespräch auf und erklärte in wenigen Worten, dass der regierende Herrscher Frankreichs nicht Napoleon I., sondern Napoleon III. sei.

„Aber dann", rief Fougas , „ist mein Kaiser tot!"

"Ja."

„Unmöglich! Sag mir alles, was du willst, aber das! Mein Kaiser ist unsterblich."

M. Nibor und die Renaults, die keine ganz professionellen Historiker waren, mussten ihm einen Überblick über die Geschichte unseres Jahrhunderts geben. Jemand suchte nach einem großen Buch von M. de Norvins , das mit feinen Stichen von Raffet illustriert war . Er glaubte nur an die Gegenwart der Wahrheit, als er sie mit seiner Hand berühren konnte, und schrie dennoch fast jeden Augenblick: „Das ist unmöglich! Das ist keine Geschichte, die du mir vorliest: Es ist ein Roman, der geschrieben wurde, um Soldaten zum Weinen zu bringen!" "

Dieser junge Mann muss tatsächlich eine starke und wohltemperierte Seele gehabt haben, denn er erfuhr in vierzig Minuten von all den traurigen Ereignissen, die das Schicksal über achtzehn Jahre verteilt hatte, von der ersten Abdankung bis zum Tod des Königs von Rom. Er war weniger glücklich als seine alten Waffengefährten und hatte keine Ruhepause zwischen diesen schrecklichen und wiederholten Schocks, die alle gleichzeitig auf sein Herz einschlugen. Man hätte befürchten können, dass der Schlag tödlich sein könnte und der arme Fougas in der ersten Stunde seines erholten Lebens sterben würde. Aber der Kobold von einem Kerl gab nach und erholte sich in schneller Folge wie eine Feder. Er schrie vor Bewunderung auf, als er von den fünf Schlachten des Feldzugs in Frankreich hörte; er errötete vor Kummer über den Abschied von Fontainebleau. Die Rückkehr von der Insel Elba verklärte sein schönes und edles Gesicht; Bei Waterloo stürzte sich sein Herz in die letzte Armee des Imperiums und zerbrach dort. Dann ballte er die Fäuste und sagte zwischen den Zähnen: „Wenn ich an der Spitze der 23. gewesen wäre, hätten Blücher und Wellington ein anderes Schicksal erlebt!" Die Invasion, der Waffenstillstand, der Märtyrer von St. Helena, der schreckliche Terror Europas, die Ermordung von Murat – dem Idol der Kavallerie, der Tod von Ney, Bruno, Mouton Duvernet und so vielen anderen Männern mit ganzer Seele, die er Das, was er gekannt, bewundert und geliebt hatte, versetzte ihn in eine Reihe von Wutanfällen, aber nichts brachte ihn aus der Fassung. Als er vom Tod Napoleons hörte, schwor er, das Herz Englands zu verschlingen; Der langsame Todeskampf des blassen und interessanten Erben des Imperiums inspirierte ihn mit der Leidenschaft, Österreich das Leben zu entreißen. Als das Drama zu Ende war und der Vorhang über Schönbrunn fiel , wischte er seine Tränen weg und sagte: „Es ist gut. Ich habe in einem Moment das ganze Leben eines Mannes verbracht. Jetzt zeig mir die Karte von Frankreich!"

Leon begann, die Blätter eines Atlas umzublättern, während M. Renault versuchte, dem Oberst weiterhin die Geschichte der Restauration und der Monarchie von 1830 zu erzählen. Aber Fougas interessierte sich für andere Dinge.

„Was kümmert es mich", sagte er, „wenn ein paar hundert Abgeordnetenschwätzer einen König an die Stelle eines anderen setzen? Könige! Ich habe genug von ihnen im Dreck gesehen. Wenn das Imperium zehn Jahre länger gedauert hätte, ich hätte einen König für einen Stiefelputzer haben können.

Als ihm der Atlas vorgelegt wurde, rief er sofort mit tiefer Verachtung: „Das, Frankreich!" Doch schon bald strömten zwei Tränen mitleidiger Zuneigung aus seinen Augen und ließen die Flüsse Ardèche und Gironde anschwellen. Er küsste die Karte und sagte mit einer Emotion, die sich fast allen Anwesenden mitteilte:

„Vergib mir, arme alte Liebe, dass ich dein Unglück beleidige. Diese Schurken, die wir immer ausgepeitscht haben, haben meinen Schlaf ausgenutzt, um deine Grenzen einzugrenzen; aber klein oder groß, reich oder arm, du bist meine Mutter, und ich liebe dich als …" Treuer Sohn! Hier ist Korsika, wo der Riese unserer Zeit geboren wurde; hier ist Toulouse, wo ich zum ersten Mal das Licht sah; hier ist Nancy, wo mein Herz erwachte, wo vielleicht sie, die ich mein Ægle nenne , auf mich wartet immer noch! Frankreich! Du hast einen Tempel in meiner Seele; dieser Arm gehört dir; du wirst mich immer bereit finden, mein Blut bis zum letzten Tropfen zu vergießen, um dich zu verteidigen oder zu rächen!"

KAPITEL XII.

Die erste Mahlzeit des Genesenden.

Der Bote, den Leon nach Moret geschickt hatte, konnte dort erst um sieben Uhr eintreffen. Angenommen, er würde die Damen bei ihren Gastgebern am Tisch antreffen, die gute Nachricht würde das Abendessen abbrechen und es wäre eine Kutsche verfügbar, dann würden Clementine und ihre Tante wahrscheinlich zwischen zehn und elf Uhr in Fontainebleau sein. Der junge Renault freute sich schon im Vorfeld über das Glück seiner *Verlobten* . Was für eine Freude würde es für sie und für ihn sein, wenn er ihr den wundersamen Mann präsentieren würde, den sie vor den Schrecken des Grabes beschützt hatte und den er als Antwort auf ihre Bitte wieder zum Leben erweckt hatte!

Währenddessen deckte Gothon , genauso stolz und glücklich wie zuvor empört und verärgert, den Tisch für ein Dutzend Personen. Ihr Jochgenosse, ein junger, halbflüchtiger Bauernjunge von achtzehn Jahren aus der Gemeinde Sablons, half ihr mit aller Kraft und unterhielt sie mit seinen Gesprächen.

„Nun gut, Ma'm'selle Gothon ", sagte er und stellte einen Stapel leerer Teller ab, „so könnte man einen Geist nennen, der aus seiner Kiste kommt, um den Kommissar und den Unterpräfekten zu verärgern!"

„Geist, wenn du so willst, Célestin; es ist sicher, dass er aus guten Verhältnissen kommt , armer junger Mann! Aber vielleicht ist ‚Geist' kein passendes Wort, um von unseren Herren zu sprechen."

„Stimmt es also, dass er auch unser Herr geworden ist? Zu viele von *ihnen* kommen jeden Tag. Mir würde es lieber sein, wenn mehr Diener und Hilfe kämen!"

„Halt die Klappe, du Eidechse der Faulheit! Wenn die Herren uns Tipps zum Ausgehen hinterlassen , beschweren Sie sich nicht, weil es nur zwei gibt, die sie aufteilen können ."

„Soweit ist das alles in Ordnung! Ich habe mehr als fünfzig Eimer Wasser für ihn zum Kochen gebracht, Ihr Colonel, und ich weiß ganz genau, dass er mir keinen Cent geben wird, denn das hat er Er hat keinen Pfennig in der Tasche. Wir müssen davon ausgehen, dass es in dem Land, aus dem er gerade kam, nicht genug Geld gibt!"

„Sie sagen, dass es in Straßburg Testamente zu seinen Gunsten gibt; ein Gentleman, der sein Vermögen geschädigt hätte –"

„Erzähl es mir jetzt, Ma'm'selle Gothon – Sie, der jeden Sonntag ein kleines Buch liest – wo er hätte sein können, unser Oberst, als er nicht auf dieser Welt war.

„Eh! Im Fegefeuer natürlich!"

„Warum fragst du ihn dann nicht nach dem berühmten Baptiste, deinem Liebsten im Jahr 1837, der sich von einem Dach stürzen ließ und für den du so viele Messen gelesen hast? Sie hätten sich dort unten treffen sollen!"

„Das ist sehr gut möglich."

„Es sei denn, Baptiste ist dort weggegangen, seitdem Sie so viel Geld bezahlt haben, um ihn rauszuholen."

„Sehr gut. Ich werde noch heute Abend in das Gemach des Obersten gehen, und da er nicht stolz ist, wird er mir alles erzählen, was er darüber weiß. – Aber , Célestin, wirst du dich nie anders verhalten? Hier Du hast meine silbernen Gurkenmesser schon wieder am Schleifstein gerieben!"

Die Gäste kamen in den Salon, wo die Familie Renault mit M. Nibor und dem Oberst bereits versammelt war. Nacheinander wurden M. Fougas, der Bürgermeister der Stadt, Doktor Martout , Meister Bonnivet , der Notar, M. Audret und drei Mitglieder des Pariser Komitees vorgestellt ; Die anderen drei mussten vor dem Abendessen zurückkehren. Die Gäste fühlten sich nicht ganz wohl; Ihre durch die ersten Bewegungen von Fougas verletzten Seiten ließen Raum für die Vermutung, dass sie möglicherweise mit einem Wahnsinnigen speisten. Aber die Neugier war stärker als die Angst. Der Oberst beruhigte sie bald durch einen äußerst herzlichen Empfang. Er entschuldigte sich dafür, die Rolle eines Mannes gespielt zu haben, der gerade aus der anderen Welt zurückgekehrt war. Er redete viel – vielleicht ein bisschen zu viel; aber es gefiel ihnen so gut, ihm zuzuhören, und seine Worte verliehen der Einzigartigkeit der jüngsten Ereignisse eine solche Bedeutung, dass er einen uneingeschränkten Erfolg hatte. Ihm wurde gesagt, dass Dr. Martout einer der Hauptakteure bei seiner Wiederbelebung gewesen sei, zusammen mit einer anderen Person, die sie ihm bald vorstellen wollten. Er bedankte sich herzlich bei Herrn Martout und fragte, wie schnell er der anderen Person seine Dankbarkeit zum Ausdruck bringen könne.

„Ich hoffe", sagte Leon, „dass du sie heute Abend sehen wirst."

Niemand kam später als der Oberst der 23. Linie, M. Rollon. Ohne große Schwierigkeiten bahnte er sich seinen Weg durch die Menschenmassen, die die Rue de la Faisanderie füllten . Er war ein Mann von fünfundvierzig Jahren, mit einer lebhaften Stimme und einer vollen Figur. Sein Haar war ein wenig ergraut, aber sein brauner Schnurrbart, voll und an den Enden gedreht, sah so jung aus wie eh und je. Er sagte wenig, sprach auf den Punkt, wusste viel und prahlte nicht – alles in allem war er ein hervorragendes Exemplar eines Obersten. Er kam direkt auf Fougas zu und streckte ihm wie ein alter Bekannter die Hand entgegen.

„Mein lieber Kamerad", sagte er, „ich habe großes Interesse an Ihrer Auferstehung gehabt, sowohl aus eigener Sache als auch wegen des Regiments. Die 23. Armee, deren Befehlshaber ich die Ehre habe, hat Sie gestern als Vorfahren verehrt. Von." Heute wird es Sie als Freund schätzen." – Nicht die geringste Anspielung auf die Angelegenheit vom Vormittag, bei der Herr Rollon seine Prügel mit den anderen erlitten hatte.

Fougas antwortete höflich, aber mit einem Anflug von Kälte:

„Mein lieber Kamerad, ich danke Ihnen für Ihre freundlichen Gefühle. Es ist einzigartig, dass das Schicksal mich genau an dem Tag, an dem ich meine Augen wieder für das Licht öffne, in die Gegenwart meines Nachfolgers stellt; denn schließlich bin ich weder tot noch tot General; ich wurde weder versetzt noch in den Ruhestand versetzt; dennoch sehe ich einen anderen Offizier, zweifellos würdiger, an der Spitze meiner edlen 23d. Aber wenn Ihr Motto „Ehre und Mut" lautet, wie es mir gut geht Ich bin zufrieden, ich habe kein Recht, mich zu beschweren, und das Regiment ist in guten Händen.

Das Abendessen war fertig. Frau. Renault nahm Fougas ' Arm. Sie ließ ihn zu ihrer Rechten sitzen und Herrn Nibor zu ihrer Linken. Der Oberst und der Bürgermeister nahmen an der Seite von Herrn Renault Platz; Der Rest der Gesellschaft verteilte sich, wie es geschah, ohne Rücksicht auf die Etikette.

Fougas schluckte die Suppe und *die Hauptgerichte hinunter* , bediente sich an jedem Gericht und trank entsprechend. Ein Appetit auf eine andere Welt! „Wertvoller Amphitryon", sagte er zu Herrn Renault, „erschrecken Sie nicht, wenn Sie sehen, wie ich auf die Rationen stoße. Ich habe immer genau so gegessen, außer während der Exerzitien in Russland. Bedenken Sie auch, dass ich letzte Nacht schlafen gegangen bin." , in Liebenfeld , ohne Abendessen."

Er bat Herrn Nibor, ihm zu erklären, unter welchen Umständen er von Liebenfeld nach Fontainebleau gekommen sei.

„Erinnern Sie sich", sagte der Arzt, „an einen alten Deutschen, der vor dem Kriegsgericht als Dolmetscher für Sie fungierte?"

„Perfekt. Ein ausgezeichneter Mann mit einer violetten Perücke. Ich werde mich mein Leben lang an ihn erinnern, denn es gibt nicht zwei Perücken dieser Farbe."

„Sehr gut, es war der Mann mit der violetten Perücke, auch bekannt als der berühmte Doktor Meiser, der Ihnen das Leben gerettet hat."

„Wo ist er? Ich möchte ihn sehen, in seine Arme fallen, ihm sagen –"

„Er war achtundsechzig Jahre alt, als er Ihnen diesen kleinen Dienst erwies; er wäre heute in seinem hundertfünfzehnten Jahr, wenn er auf Ihre Danksagungen gewartet hätte."

„Und dann ist er nicht mehr! Der Tod hat ihn meiner Dankbarkeit beraubt!"

„Sie wissen noch nicht alles, was Sie ihm schulden. Er vermachte Ihnen im Jahr 1824 ein Vermögen von fünfundsiebzigtausend Francs, dessen rechtmäßiger Eigentümer Sie sind. Jetzt, da sich eine zu fünf Prozent angelegte Summe verdoppelt In vierzehn Jahren waren Sie – dank des Zinseszinses – im Jahr 1838 nur eine Kleinigkeit von siebenhundertfünfzigtausend Francs wert und im Jahr 1852 eineinhalb Millionen. Gut, wenn Sie zufrieden sind, Ihr Eigentum in den Händen zu lassen von Herrn Nicholas Meiser, von Dantzic , dieser würdige Mann wird Ihnen zu Beginn des Jahres 1866, also in sieben Jahren, drei Millionen schulden. Wir werden Ihnen heute Abend eine Kopie des Testaments Ihres Wohltäters geben; es ist ein sehr lehrreiches Dokument, und Sie können es beim Schlafengehen berücksichtigen.

„Ich werde es gerne lesen", sagte Oberst Fougas . „Aber Gold hat für meine Augen keine Anziehungskraft. Reichtum erzeugt Schwäche. Ich, im trägen Nichtstun von Sybaris zu schmachten! – meine Sinne auf einem Bett aus Rosen zu schwächen! Niemals! Der Geruch von Pulver ist mir lieber als alle Parfüme von Arabien. Das Leben hätte weder Reiz noch Lebensfreude für mich, wenn ich auf den inspirierenden Waffenkampf verzichten müsste. An dem Tag, an dem Ihnen gesagt wird, dass Fougas nicht mehr in den Kolonnen der Armee marschiert, können Sie getrost antworten: „ Das liegt daran, dass Fougas nicht mehr existiert!'"

Er wandte sich an den neuen Oberst des 23. Regiments und sagte:

„Oh! Sagen Sie ihnen, mein lieber Kamerad, dass der stolze Prunk des Reichtums tausendmal weniger süß ist als die strenge Einfachheit des Soldaten – eines Obersten, mehr als alles andere. Oberste sind die Könige der Armee. Ein Oberst." ist weniger als ein General, aber dennoch hat er etwas mehr. Er lebt mehr mit dem Soldaten zusammen, er dringt tiefer in die Intimität seines Kommandos ein. Er ist der Vater, der Richter, der Freund seines Regiments. Das Wohl jedes Einzelnen seine Männer sind in seinen Händen; die Flagge wird unter seinem Zelt oder in seiner Kammer angebracht. Der Oberst und die Flagge sind keine zwei getrennten Existenzen; das eine ist die Seele, das andere ist der Körper."

Er bat Herrn Rollon um die Erlaubnis, die Flagge des 23. zu sehen und zu umarmen.

„Sie werden es morgen früh sehen", sagte der neue Oberst, „wenn Sie mir die Ehre erweisen würden, mit mir in Gesellschaft einiger meiner Offiziere zu frühstücken."

Er nahm die Einladung mit Begeisterung an und stürzte sich in die Mitte tausender Fragen über die Bezahlung, den Betrag, der für Kleidung, Beförderung, Dienstplan, Reserve, Uniform, Voll- und Dienstkleidung, Bewaffnung und Taktik einbehalten wurde. Er verstand ohne Schwierigkeiten die Vorteile des Perkussionsgewehrs, aber der Versuch, ihm die gezogene Kanone zu erklären, war vergeblich. Artillerie war nicht seine Stärke; aber er gab dennoch zu, dass Napoleon mehr als einen Sieg seiner hervorragenden Artillerie zu verdanken hatte.

Während die unzähligen Braten von Mme. Renault einander auf dem Tisch ablöste, fragte Fougas – ohne jedoch jemals einen Bissen zu verlieren –, welche Hauptkriege im Gange seien, wie viele Nationen Frankreich im Griff habe und ob es letztlich nicht die Absicht sei, die Eroberung der Welt erneut zu beginnen ? Die Antworten, die er erhielt, ohne ihn völlig zu befriedigen, raubten ihm nicht ganz die Hoffnung.

„Ich habe gut daran getan, zu kommen", sagte er; „Es gibt viel zu tun."

Die Afrikakriege interessierten ihn nicht sonderlich, obwohl die 23. Armee in ihnen einen guten Teil des Ruhmes errungen hatte.

„Als Schule ist es sehr gut", sagte er. „Der Soldat sollte sich anders ausbilden als in den Tivoli-Gärten, hinter den Unterröcken der Krankenschwestern. Aber warum zum Teufel werden nicht fünfhunderttausend Männer auf den Rücken Englands geworfen? England ist die Seele der Koalition, das kann ich Ihnen sagen." Das."

Wie viele Erklärungen waren nötig, um ihm den Krimkrieg verständlich zu machen, in dem die Engländer an unserer Seite gekämpft hatten!

„Ich kann verstehen", sagte er, „warum wir uns gegen die Russen gewehrt haben – sie haben mich gezwungen, mein bestes Pferd zu fressen. Aber die Engländer sind tausendmal schlimmer. Wenn dieser junge Mann" (der Kaiser Napoleon III.) „das nicht tut Ich weiß es nicht, ich werde es ihm sagen. Nach dem, was sie auf St. Helena getan haben, gibt es keine Gnade mehr! Wenn ich Oberbefehlshaber auf der Krim gewesen wäre, hätte ich damit begonnen, die Russen ordentlich zu unterdrücken, und dann hätte ich es geschafft Ich hätte mich gegen die Engländer gewandt und sie ins Meer geschleudert. Es ist sowieso ihr Element.

Sie teilten ihm einige Einzelheiten des italienischen Feldzugs mit und er war entzückt, als er erfuhr, dass das 23. Heer unter den Augen des Marschalls, des Herzogs von Solferino, eine Schanze eingenommen hatte.

„Das ist die Gewohnheit des Regiments", sagte er und vergoss Tränen in seiner Serviette. „Dieser Räuber von 23d wird niemals anders handeln. Die Siegesgöttin hat ihn mit ihrem Flügel berührt."

Eines der Dinge, die ihn zum Beispiel sehr erstaunten, war, dass ein Krieg von so großer Bedeutung in so kurzer Zeit beendet werden konnte. Er musste erst noch erfahren, dass die Welt innerhalb weniger Jahre das Geheimnis erfahren hatte, wie man in vier Tagen hunderttausend Männer von einem Ende Europas zum anderen transportieren kann.

"Gut!" sagte er; „Ich gebe zu, dass es praktikabel ist. Aber was mich erstaunt, ist, dass der Kaiser diese Angelegenheit nicht im Jahr 1810 erfunden hat; denn er hatte ein Genie für den Transport, ein Genie für die Verwaltung, ein Genie für Bürodetails, ein Genie für alles. Aber (Um Ihre Geschichte zusammenzufassen) Die Österreicher sind endlich befestigt, und Sie können unmöglich in weniger als drei Monaten nach Wien gelangen.

„Eigentlich sind wir nicht so weit gegangen."

„Sie sind nicht nach Wien vorgedrungen?"

"NEIN."

„Na, wo haben Sie dann den Friedensvertrag unterzeichnet?"

„In Villafranca."

„In Villafranca? Das ist also die Hauptstadt Österreichs?"

„Nein, es ist ein Dorf in Italien."

„Monsieur, ich gebe nicht zu, dass Friedensverträge irgendwo anders als in den Hauptstädten unterzeichnet werden. Das war unser Prinzip, unser ABC, der erste Absatz unserer Theorie. Es scheint, als hätte sich die Welt erheblich verändert, während ich es nicht war." drin. Aber Geduld!"

Und jetzt zwingt mich die Wahrheit zu dem Geständnis, dass Fougas sich beim Nachtisch betrunken hat. Er hatte getrunken und gegessen wie ein homerischer Held und sprach in seinen besten Tagen flüssiger als Cicero. Die Dämpfe von Wein, Gewürzen und Beredsamkeit stiegen in sein Gehirn. Er wurde vertraut, sprach mit manchen liebevoll, mit anderen unhöflich und schüttete einen Schwall von Absurditäten aus, der groß genug war, um vierzig Mühlen in Bewegung zu setzen. Seine Trunkenheit hatte jedoch nichts Brutales oder gar Unedles an sich; es war nur das Überströmen eines jungen, liebevollen, eitel-herrlichen und unausgeglichenen Geistes. Er schlug fünf oder sechs Trinksprüche aus – auf Glory, auf die Erweiterung unserer Grenzen, auf die Vernichtung der letzten Engländer, auf Mlle. Mars – die Hoffnung der französischen Bühne, zur Zuneigung – das zarte, aber teure

Band, das den Liebhaber mit seiner Geliebten, den Vater mit seinem Sohn, den Oberst mit seinem Regiment verbindet!

Sein Stil, eine einzigartige Mischung aus Vertrautheit und Eindringlichkeit, löste beim Publikum mehr als ein Lächeln aus. Er bemerkte es und ein Funke des Trotzes blitzte tief in seinem Herzen auf. Von Zeit zu Zeit fragte er lautstark, ob „diese Leute dort" nicht seine Naivität missbrauchten.

"Verwirrung!" rief er: „Verwirrung für diejenigen, die wollen, dass ich Blasen als Laternen nehme! Die Laterne könnte wie eine Bombe explodieren und Bestürzung auf ihren Weg bringen!"

Nach einer Reihe solcher Bemerkungen blieb ihm nichts anderes übrig, als unter den Tisch zu gehen, und diese *Auflösung* wurde allgemein erwartet. Aber der Colonel gehörte einer robusten Generation an, die an mehr als nur eine Art Exzess gewöhnt war und stark darin war, Freuden ebenso zu widerstehen wie Gefahren, Entbehrungen und Strapazen. Als Madame Renault ihren Stuhl zurückschob, um zu signalisieren, dass die Mahlzeit beendet war, stand Fougas ohne Schwierigkeiten auf, reichte anmutig seinen Arm und führte seine Partnerin in den Salon. Sein Gang war etwas steif und bedrückend gleichmäßig, aber er ging geradeaus und schwankte nicht im Geringsten. Er trank ein paar Tassen Kaffee und Alkohol in Maßen und begann dann auf die vernünftigste Art und Weise der Welt zu reden. Gegen zehn Uhr äußerte Herr Martout den Wunsch, seine Geschichte zu hören, setzte sich auf einen Hocker, sammelte einen Moment lang seine Gedanken und bat um ein Glas Wasser und Zucker. Die Gesellschaft stellte sich im Kreis um ihn herum auf, und er begann mit der folgenden Erzählung, deren leicht antiquierter Stil Ihre Nachsicht verlangt.

KAPITEL XIII.

GESCHICHTE VON COLONEL FOUGAS, VON IHM SELBST ERZÄHLT.

„Erwarten Sie nicht, dass ich meine Geschichte mit diesen eher angenehmen als substanziellen Blumen ausschmücken werde, mit denen die Einbildungskraft oft die Wahrheit beschönigt. Als Franzose und Soldat ignoriere ich Täuschungen doppelt. Freundschaft verhört mich, Offenheit wird antworten."

„Ich wurde als Sohn armer, aber ehrlicher Eltern zu Beginn des Jahres geboren, das das *Jeu de Paume* [5] mit einem Polarlicht der Freiheit erhellte. Der Süden war mein Heimatklima; die Sprache, die den Troubadours am Herzen lag, war die, die ich in meinem Mund lispelte Wiege. Meine Geburt kostete das Leben meiner Mutter. Der Autor von mir war der bescheidene Besitzer einer kleinen Farm und befeuchtete sein Brot im Schweiß der Arbeit. Meine ersten Sportarten waren nicht die des Reichtums. Die vielfarbigen Kieselsteine, die man findet Die Bäche und das wohlbekannte Insekt, das die Kindheit am Ende eines Fadens gleichzeitig frei und gefangen hält, dienten mir als Ersatz für andere Spielzeuge.

„Ein alter Geistlicher am Altar der Hingabe, befreit von der schattenhaften Knechtschaft des Fanatismus und versöhnt mit den neuen Institutionen Frankreichs, war mein Chiron und Mentor. Er ernährte mich mit dem starken Löwenmark von Rom und Athen; seine Lippen drangen in meine Ohren der einbalsamierte Honig der Weisheit. Ehre sei dir, gelehrter und ehrwürdiger Mann, der mir die ersten Gebote der Weisheit und die ersten Beispiele der Tugend gegeben hat !

„Aber bereits erfüllte diese Atmosphäre des Ruhms, die das Genie eines einzelnen Mannes und die Tapferkeit einer Nation über das Land gelegt hatten, alle meine Sinne und ließ mein junges Herz pochen. Frankreich, am Rande des Vulkans des Bürgerkriegs, hatte all ihre Kräfte zu einem Donnerkeil gesammelt, um ihn auf Europa abzufeuern, und die Welt, erstaunt, wenn nicht sogar überwältigt, schreckte vor der Woge des entfesselten Stroms zurück. Welcher Mann, welcher Franzose hätte mit Gleichgültigkeit das Echo des Sieges hören können, das durch Millionen widerhallte von Herzen?

„Kaum hatte ich die Kindheit hinter mir gelassen, spürte ich, dass Ehre wertvoller ist als das Leben. Die kriegerische Musik der Trommeln trieb mir tapfere und männliche Tränen in die Augen. ‚Und ich auch', sagte ich und folgte der Musik der Regimenter durch die Straßen von Toulouse, „wird Lorbeeren pflücken, auch wenn ich sie mit meinem Blut besprenge." Die blasse Olive des Friedens hatte von mir nichts als Verachtung. Die friedlichen Triumphe des Gesetzes, die ruhigen Freuden des Handels und der Finanzen wurden vergeblich gepriesen. Zur Toga unseres Ciceros , zum Gewand unserer Beamten, zum Kurulenstuhl Von unseren Gesetzgebern bis zur Opulenz unserer Mondors zog ich das Schwert vor. Man hätte sagen können, ich hätte die Milch von Bellona ausgesaugt. „Sieg oder Tod!" war schon mein Motto, und ich war noch keine sechzehn Jahre alt.

„Mit welcher edlen Verachtung hörte ich die Geschichte unserer Proteusse der Politik erzählen! Mit welchen verächtlichen Blicken betrachtete ich die Turcarets der Finanzwelt, die auf den Kissen einer prächtigen Kutsche lümmelten und von einem geschnürten Automaten in das Boudoir einer Aspasia geführt wurden. Aber wenn ich die gewaltigen Taten der Ritter der Tafelrunde oder die Tapferkeit der Kreuzfahrer, die in fließenden Versen gefeiert werden, hören würde; wenn der Zufall mir die großen Taten unserer modernen Rolands in die Hand legen würde, die in einem Heeresbulletin vom Nachfolger Karls des Großen beschrieben werden In meinen jungen Augen stieg eine Flamme auf, die das Feuer der Schlachten ankündigte.

„Ah, die Untätigkeit war zu viel, und meine von der Ungeduld bereits abgenutzten Fäden wären vielleicht gerissen, wenn nicht die Weisheit eines Vaters sie gelöst hätte.

„,Wahrlich', sagte er zu mir und versuchte vergeblich, seine Tränen zurückzuhalten, ,es war kein Tyrann, der dich gezeugt hat, und ich werde das Leben, das ich dir selbst gegeben habe, nicht vergiften. Ich hatte gehofft, dass deine Hand Ich würde in unserer Hütte bleiben, um meine Augen zu schließen; aber wenn der Patriotismus gesprochen hat, muss der Egoismus still sein. Meine Gebete werden dir immer auf das Feld folgen, wo der Mars Helden erntet. Mögest du die Guerdon der Tapferkeit verdienen und dich als guter Bürger erweisen, denn du warst ein guter Sohn!'

„Mit diesen Worten öffnete er mir seine Arme. Ich warf mich hinein; wir vermischten unsere Tränen, und ich versprach, zu unserem Ruhestein zurückzukehren, sobald ich den Ehrenstern bringen konnte, der an meiner Brust hing. Aber leider! mein Unglücklicher Vater war dazu bestimmt, mich nicht mehr zu sehen. Das Schicksal, das bereits den Faden meiner Tage vergoldete, durchtrennte erbarmungslos den seinen. Die Hand eines Fremden schloss seine Augen, während ich in der Schlacht bei Jena meine erste Epaulette gewann.

„Leutnant in Eylau , Hauptmann in Wagram und dort von der Hand des Kaisers auf dem Schlachtfeld ausgezeichnet, Major vor Almieda , Oberstleutnant in Badajoz, Oberst in Moskau, ich habe den Kelch des Sieges bis zum Rand ausgetrunken. Aber ich Ich habe auch den Kelch des Unglücks gekostet. Die gefrorenen Ebenen Russlands sahen mich allein mit einem Zug

Tapferer, dem letzten Überrest meines Regiments, gezwungen, die sterblichen Überreste dieses treuen Freundes zu verschlingen, der mich so oft ins Herz von Russland getragen hatte Die Bataillone des Feindes. Treuer und liebevoller Begleiter meiner Gefahren, als er durch einen Unfall in Smolensk nutzlos gemacht wurde, widmete er seine ganze *Mähne* der Sicherheit seines Herrn und machte aus seiner Haut einen Schutz für meine gefrorenen und zerrissenen Füße.

„Meine Zunge weigert sich, die Geschichte unserer Gefahren in diesem schrecklichen Feldzug zu wiederholen. Vielleicht werde ich sie eines Tages mit einem Stift schreiben, der in Tränen getaucht ist – Tränen, der Tribut an die schwache Menschheit. Überrascht von der Frostsaison in einer Eiszone, ohne Feuer, ohne Brot, ohne Schuhe, ohne Fortbewegungsmittel, der Äskulapkunst den Beistand verweigert , von den Kosaken bedrängt, von den Bauern ausgeraubt – echte Vampire, wir sahen unsere stummen Donnerer , die dem Feind in die Hände gefallen waren, rülpsen den Tod über uns selbst bringen. Was kann ich euch noch sagen? Der Durchgang der Beresina , der Widerstand bei Wilna – Oh ihr Götter des Donners! – Aber ich spüre, dass Kummer mich überkommt und dass meine Sprache von Bitterkeit gefärbt wird dieser Erinnerungen.

„Natur und Liebe hielten für mich kurze, aber kostbare Tröstungen bereit. Von meinen Strapazen befreit, verbrachte ich ein paar glückliche Tage in meinem Heimatland in den friedlichen Tälern von Nancy. Während unsere Phalanxen sich auf neue Kämpfe vorbereiteten, während ich es war Als ich dreitausend junge, aber tapfere Krieger um meine Flagge versammelte, alle entschlossen, der Nachwelt den Weg der Ehre zu eröffnen, schlich sich ein neues Gefühl, das mir zuvor fremd gewesen war, heimlich in meine Seele.

„Verschönert durch alle Gaben der Natur, bereichert durch die Früchte einer hervorragenden Ausbildung, war die junge und interessante Clementine kaum aus den unsicheren Schatten der Kindheit in die süßen Illusionen der Jugend gelangt. Achtzehn Quellen prägten ihr Leben. Ihre Eltern erstreckten sich auf einige davon Armeeoffiziere empfingen die Gastfreundschaft, die zwar nicht umsonst war, es ihr aber keineswegs an Herzlichkeit mangelte. Ihr Kind zu sehen und es zu lieben, war für mich die Angelegenheit eines Tages. Ihr jungfräuliches Herz lächelte über meine Liebe. Bei den ersten Geständnissen, die es ihr diktierten Durch meine Leidenschaft sah ich, wie sich ihre Stirn in lieblicher Bescheidenheit errötete. An einem schönen Abend im Juni tauschten wir unsere Gelübde unter einer Laube, wo ihr glücklicher Vater manchmal den durstigen Offizieren den braunen Schnaps des Nordens ausschenkte. Ich schwor, dass sie es tun sollte sei meine Frau, und sie versprach, mir zu gehören; sie gab noch mehr nach. Unser Glück, ungeachtet aller äußeren Umstände, hatte die Ruhe eines Baches, dessen reine Welle niemals vom Sturm gestört wird und der sanft zwischen blumigen Ufern dahinrollt und seine Kraft ausbreitet eigene Frische durch den Hain, der seinen bescheidenen Verlauf schützt.

„Ein Blitzschlag trennte uns in dem Moment, als Gesetz und Religion unserer süßen Gemeinschaft ihre Sanktion hinzufügen wollten. Ich ging, bevor ich der Frau, die mir ihr Herz geschenkt hatte, meinen Namen nennen konnte. Ich versprach, zurückzukehren; Sie versprach, auf mich zu warten, und ganz in Tränen gebadet riss ich mich von ihren Armen los, um zu den Lorbeerbäumen Dresdens und den Zypressen Leipzigs zu eilen . Einige Zeilen aus ihrer Hand erreichten mich in der Zeit zwischen den beiden Schlachten . „Du sollst Vater werden“, sagte sie zu mir. Bin ich einer? Gott weiß! Hat sie auf mich gewartet? Ich glaube, sie hat es getan. Das Warten muss seit der Geburt dieses Kindes lange gedauert haben ist heute sechsundvierzig Jahre alt und könnte seinerseits mein Vater sein.

„Verzeihen Sie, dass ich Sie so lange mit Unglücken geplagt habe. Ich wollte diese traurige Geschichte schnell übergehen, aber das Unglück der Tugend hat etwas Süßes in sich, um die Bitterkeit des Kummers zu mildern.

„Einige Tage nach der Katastrophe von Leipzig ließ mich der Riese unserer Zeit in sein Zelt rufen und sagte zu mir:

„'Oberst, sind Sie ein Mann, der sich durch vier Armeen durchschlagen kann?'

"'Ja mein Herr.'

„„Allein und ohne Begleitung?‘

"'Ja mein Herr.'

„„Da muss ein Brief an Dantzic sein .‘

"'Ja mein Herr.'

„„Sie werden es in die Hände von General Rapp übergeben?‘

"'Ja mein Herr.'

„„Es ist wahrscheinlich, dass Sie entführt oder getötet werden.‘

"'Ja mein Herr.'

„„Aus diesem Grund schicke ich zwei weitere Offiziere mit Kopien derselben Depesche . Sie sind zu dritt; der Feind wird zwei töten, der dritte wird dort ankommen, und Frankreich wird gerettet.‘

"'Ja mein Herr.'

„„Derjenige, der zurückkehrt, soll Brigadegeneral sein.‘

"'Ja mein Herr.'

„Jedes Detail dieses Interviews, jedes Wort des Kaisers , jede Antwort, die ich an ihn richten durfte, ist mir noch in Erinnerung. Wir machten uns alle drei getrennt auf den Weg. Leider erreichte keiner von uns das angestrebte Ziel." Ich bin von seiner Tapferkeit überzeugt, und ich habe heute erfahren, dass Frankreich nicht gerettet wurde. Aber wenn ich sehe, wie diese Dummköpfe von Historikern behaupten, der Kaiser habe vergessen, Befehle an General Rapp zu senden, verspüre ich ein schreckliches Verlangen, ihre Geschichte kurz zu kürzen , mindestens.

„„Als Gefangener in den Händen der Russen in einem deutschen Dorf hatte ich den Trost, einen alten Philosophen zu finden, der mir die seltensten Freundschaftsbeweise gab. Wer hätte es mir gesagt, als ich der Taubheit der Kälte erlag im Turm von Liebenfeld , dass dieser Schlaf nicht der letzte sein würde? Gott ist mein Zeuge, dass ich, als ich damals aus tiefstem Herzen Abschied von Clementine nahm, nicht einmal gehofft hatte, sie wiederzusehen. Das werde ich Dann sehen wir uns wieder, oh süße und zutrauliche Clementine – beste aller Ehegatten und wahrscheinlich auch aller Mütter! Was soll ich sagen? Ich sehe sie jetzt! Meine Augen täuschen mich nicht! Das ist sie ganz sicher! Da ist sie, einfach als ich sie verlassen habe! Clementine! In meinen Armen! Auf meinem Herzen! Schaut her! Was habt ihr mir und dem Rest von euch gejammert? Napoleon ist nicht tot, und die Welt ist nicht sechsundvierzig Jahre älter geworden, denn Clementine ist immer noch dieselbe!"

Die Verlobte von Leon Renault wollte gerade das Zimmer betreten und blieb erstarrt stehen, als sie feststellte, dass sie vom Oberst so überwältigend empfangen wurde.

KAPITEL XIV.

DAS SPIEL DER LIEBE UND DES KRIEGES.

Da sie offenbar im Rückstand war, in seine Arme zu fallen, ahmte Fougas Mohammed nach und rannte zum Berg.

„Oh, Clementine!" sagte er und bedeckte sie mit Küssen, „die freundlichen Schicksale geben dir meine Hingabe zurück. Ich umarme noch einmal die Partnerin meines Lebens und die Mutter meines Kindes!"

Die junge Dame war so erstaunt, dass sie nicht einmal im Traum daran dachte, sich zu verteidigen. Glücklich befreite Leon Renault sie aus den Händen des Obersten und stellte sich zwischen sie, entschlossen, seine eigenen zu verteidigen.

„Monsieur", rief er und ballte die Fäuste, „Sie täuschen sich völlig, wenn Sie glauben, *Mademoiselle zu kennen* . Sie ist keine Person Ihrer Zeit, sondern unserer; sie ist nicht Ihre *Verlobte* , sondern meine; das war sie nie." die Mutter deines Kindes, und ich vertraue darauf, dass sie auch meine Mutter sein wird!"

Fougas war Eisen. Er packte seinen Rivalen am Arm, ließ ihn wie einen Kreisel herumwirbeln und stellte sich dem jungen Mädchen gegenüber.

„Sind Sie Clementine?" er verlangte von ihr.

„Ja, Monsieur."

„Ich rufe euch alle auf, zu bezeugen, dass sie meine Clementine ist!"

Leon ging wieder zum Angriff über und packte den Colonel am Kragen, auf die Gefahr hin, gegen die Mauern geschleudert zu werden.

„Wir haben genug gescherzt!" sagte er. „Möglicherweise geben Sie nicht vor, alle Clementinen der Welt zu monopolisieren? Mademoiselle heißt Clementine Sambucco ; sie wurde auf Martinique geboren, wohin Sie nie Ihren Fuß gesetzt haben, wenn ich glauben darf, was Sie innerhalb einer Stunde gesagt haben. Das ist sie 18 Jahre alt--"

„Das war auch der andere!"

„Eh! Die andere ist heute vierundsechzig, seit sie 1813 achtzehn wurde. Mlle. Sambucco stammt aus einer ehrenwerten und bekannten Familie. Ihr Vater, M. Sambucco , war Richter; ihr Großvater war Beamter von Das Kriegsministerium. Sehen Sie, sie steht in keiner Verbindung zu Ihnen, weder annähernd noch im Entferntesten; und gesunder Menschenverstand und Höflichkeit, ganz zu schweigen von Dankbarkeit, machen es zu Ihrer Pflicht, sie in Ruhe zu lassen."

Er gab seinerseits dem Colonel einen Stoß und ließ ihn zwischen den Armlehnen eines Sofas hin- und hertaumeln.

Fougas sprang hoch, als wäre er auf eine Million Federn geschleudert worden. Doch Clementine stoppte ihn mit einer Geste und einem Lächeln.

„Monsieur", sagte sie mit ihrer zärtlichsten Stimme, „seien Sie nicht böse auf ihn; er liebt mich."

„Umso mehr Grund, warum ich das tun sollte! Verdammt!"

Dennoch kühlte er ab, ließ die junge Dame sich neben ihn setzen und betrachtete sie von Kopf bis Fuß mit höchster Aufmerksamkeit.

„Das ist sie sicherlich", sagte er. „Mein Gedächtnis, meine Augen, mein Herz, alles in mir erkennt sie und sagt mir, dass sie es ist. Und dennoch scheint mir das Zeugnis der Menschheit, die Berechnung von Zeiten und Entfernungen, mit einem Wort, die eigentliche Seele des Beweises." Es war mir ein besonderes Anliegen, mich des Irrtums zu überführen.

„Ist es dann möglich, dass zwei Frauen einander so ähnlich sind? Bin ich das Opfer einer Sinnestäuschung? Habe ich das Leben wiedererlangt, nur um dann den Verstand zu verlieren? Nein, ich kenne mich selbst , ich finde mich gleich; mein Urteil ist fest und genau und kann sich seinen Weg in dieser so neuen und auf den Kopf gestellten Welt bahnen. Nur in einem Punkt schwankt meine Vernunft – Clementine! – Ich scheine dich wiederzusehen, und du bist nicht du! Nun, was ist Der Unterschied liegt schließlich darin? Wenn das Schicksal, das mich aus dem Grab gerissen hat, dafür gesorgt hat, meinem erwachenden Sinn das Bild von ihr zu präsentieren , die ich liebte, dann muss es daran liegen, dass es beschlossen hatte, mir einen nach dem anderen alle Segnungen zurückzugeben die ich verloren hatte. In ein paar Tagen meine Schulterklappen; morgen die Flagge des 23. der Linie; heute diese entzückende Präsenz, die mein Herz zum ersten Mal schlagen ließ! Lebendiges Abbild von allem, was am süßesten und süßesten ist am klarsten in der Vergangenheit, ich werfe mich dir zu Füßen! Sei meine Frau!"

Der Teufel von einem Kerl verband die Tat mit dem Wort, und die Zeugen der unerwarteten Szene öffneten ihre Augen weit. Aber Clementines Tante, die strenge Mlle. Sambucco dachte, es sei an der Zeit, ihre Autorität zu zeigen. Sie streckte ihre großen, faltigen Hände aus, packte Fougas , riss ihn abrupt auf die Füße und rief mit ihrer schrillsten Stimme:

„Genug, Sir; es ist Zeit, dieser skandalösen Farce ein Ende zu setzen! Meine Nichte ist nicht für Sie; ich habe sie versprochen und weggegeben. Wissen

Sie, dass übermorgen, am 19. dieses Monats, um zehn Uhr morgens wird sie Herrn Leon Renault, Ihren Wohltäter, heiraten!"

„Und ich verbiete es – verstehen Sie, Madame Tante? Und wenn sie vorgibt, diesen Jungen zu heiraten –"

"Was werden Sie tun?"

„Ich werde sie verfluchen!"

Leon konnte sich ein Lachen nicht verkneifen. Der Fluch dieses fünfundzwanzigjährigen Colonels wirkte eher komisch als schrecklich. Aber Clementine wurde blass, brach in Tränen aus und fiel ihrerseits Fougas zu Füßen .

„Monsieur", rief sie und küsste seine Hände, „überfordern Sie nicht ein armes Mädchen, das Sie verehrt, das Sie liebt, das sein Glück opfern wird, wenn Sie es verlangen! Bei all den Zeichen der Zärtlichkeit, mit denen ich Sie seit einem Jahr überhäuft habe Monat, bei den Tränen, die ich über deinen Sarg gegossen habe, bei dem respektvollen Eifer, mit dem ich auf deine Wiederbelebung gedrängt habe, beschwöre ich dich, unsere Vergehen zu verzeihen. Ich werde Leon nicht heiraten, wenn du es mir verbietest; ich werde alles tun, um dir zu gefallen ; Ich werde dir in allem gehorchen; aber um Gottes willen, schütte deine Verwünschungen nicht über mich aus!"

„Umarme mich", sagte Fougas . „Du gibst nach; ich verzeihe."

Clementine richtete sich strahlend vor Freude auf und hielt ihre schöne Stirn hoch. Die Verblüffung der Zuschauer, insbesondere der am meisten Interessierten, kann man sich besser vorstellen als beschreiben. Eine alte Mumie, die Gesetze diktiert, Ehen bricht und dem ganzen Haus seine Wünsche aufdrängt! Die hübsche kleine Clementine, so vernünftig, so gehorsam, so glücklich über die Aussicht, Leon Renault zu heiraten, und die auf einmal ihre Zuneigung, ihr Glück und fast ihre Pflicht der Laune eines Eindringlings opfert. M. Nibor erklärte, es sei Wahnsinn. Und Leon wäre mit dem Kopf gegen alle Wände gestoßen, wenn seine Mutter ihn nicht zurückgehalten hätte.

„Ah, mein armes Kind!" sagte sie, „warum hast du das Ding aus Berlin mitgebracht?"

"Es ist meine Schuld!" rief der alte Monsieur Renault.

„Nein", unterbrach Dr. Martout , „es gehört mir."

Die Mitglieder des Pariser Komitees diskutierten mit M. Rollon den neuen Aspekt des Falles. „Hatten sie einen Verrückten wiederbelebt? Hatte die Wiederbelebung zu einer Störung des Nervensystems geführt? Hatte der Missbrauch von Wein und anderen Getränken während der ersten Mahlzeit ein Delirium verursacht? Was für eine interessante Autopsie wäre es, wenn sie M. Fougas sezieren könnten . " das nächste reguläre Treffen!"

„Sie würden, soweit Sie wollten, sehr gut abschneiden, meine Herren", sagte der Oberst vom 23. „Die Autopsie könnte das Delirium unseres unglücklichen Freundes erklären, aber sie würde nicht den Eindruck erklären, den sie auf die junge Dame gemacht hat. Ist es Faszination, Anziehungskraft oder was?"

Während die Freunde und Verwandten weinten, sich berieten und um ihn herum summten, blickte Fougas gelassen und lächelnd in Clementines Augen, während auch sie ihn zärtlich betrachteten.

„Das muss ein Ende haben!" rief Mademoiselle. Sambucco der Strenge. „Komm, Clementine!"

Fougas schien überrascht zu sein.

„Sie lebt also nicht hier?"

„Nein, Sir; sie wohnt bei mir."

„Dann werde ich sie nach Hause begleiten. Angel! nimmst du meinen Arm?"

„Oh ja, Monsieur, mit großer Freude!"

Leon knirschte mit den Zähnen.

„Das ist bewundernswert! Er geht von einer solchen Vertrautheit aus, und sie nimmt das alles als selbstverständlich hin!"

Er ging seinen Hut holen, um wenigstens mit der Tante nach Hause zu gehen, aber sein Hut war nicht an seinem Platz; Fougas , der noch kein eigenes hatte, hatte sich ohne Umschweife daran bedient. Der arme Liebhaber steckte den Kopf in eine Mütze und folgte Fougas und Clementine mit der respektablen Virginie, deren Arm wie eine Sense schnitt.

Durch einen Unfall, der sich fast täglich ereignete, traf der Oberst der Kürassiere Clementine auf dem Heimweg. Die junge Dame lenkte die Aufmerksamkeit von Fougas auf ihn.

„Das ist Herr du Marnet ", sagte sie. „Sein Restaurant liegt am Ende unserer Straße und sein Zimmer am Rand des Parks. Ich glaube, er ist von meinem kleinen Ich sehr angetan, aber er hat sich noch nie vor mir verbeugt. Der einzige Mann, für den mein Herz so ist." jemals geschlagen wurde Leon Renault.

„Ah, tatsächlich! Und ich?" sagte Fougas .

„Oh! Was dich betrifft, das ist eine andere Sache. Ich respektiere dich und habe Ehrfurcht vor dir. Es kommt mir vor, als wärst du ein guter und respektabler Elternteil."

"Danke schön!"

„Ich sage Ihnen die Wahrheit, soweit ich sie in meinem Herzen lesen kann. Das alles ist nicht ganz klar, das gestehe ich, aber ich verstehe mich selbst nicht."

„Azurblaue Blume der Unschuld, ich verehre deine süße Verwirrung! Lass die Liebe für sich selbst sorgen; sie wird in Meistertönen zu dir sprechen."

„Ich weiß nichts darüber; es ist möglich! Hier sind wir zu Hause. Guten Abend, Monsieur, umarmen Sie mich. – Gute Nacht, Leon, streiten Sie nicht mit Herrn Fougas . Ich liebe ihn von ganzem Herzen, aber ich liebe dich auf eine andere Art!"

Die Tante Virginie reagierte nicht auf das „Guten Abend" von Fougas . Als die beiden Männer allein auf der Straße waren, marschierte Leon wortlos weiter , bis sie den nächsten Laternenpfahl erreichten. Dort stellte er sich dem Oberst entschlossen gegenüber und sagte:

„Nun, Sir, jetzt, wo wir allein sind, sollten wir uns besser eine Erklärung geben. Ich weiß nicht, durch welches Zaubermittel oder welche Beschwörungsformel Sie solch einen erstaunlichen Einfluss auf meine Verlobte erlangt haben; aber ich weiß, dass ich sie liebe, dass ich es gewesen bin." Ich liebe sie seit mehr als vier Jahren und ich werde vor keiner Möglichkeit zurückschrecken, sie zu behalten und zu beschützen.

„Freund", antwortete Fougas , „du kannst mir ungestraft trotzen; mein Arm ist aus Dankbarkeit gefesselt. Es wird nie in die Geschichte geschrieben werden, dass Pierre Fougas ein Undankbarer war!"

„Wäre es von dir undankbarer gewesen, mir die Kehle durchzuschneiden, als mir meine Frau zu rauben?"

„Oh, mein Wohltäter! Lerne zu verstehen und zu verzeihen! Gott bewahre, dass ich Clementine trotz dir, trotz ihrer selbst heirate. Durch ihre und deine Zustimmung hoffe ich, sie zu gewinnen. Erkenne, dass sie mir lieb war Für mich nicht für vier Jahre, wie für dich, sondern für fast ein halbes Jahrhundert. Denke darüber nach, dass ich allein auf der Erde bin und dass ihr süßes Gesicht mein einziger Trost ist. Willst du, der du mir das Leben gegeben hast, verhindern, dass ich es vergebe? glücklich? Hast du mich in die Welt zurückgerufen, nur um mich der Verzweiflung zu überlassen? – Tiger! Nimm dir also das Leben zurück, das du mir gegeben hast, wenn du mir nicht erlaubst, es der entzückenden Clementine zu weihen!"

„Bei meiner Seele, mein Lieber, du bist großartig! Die Angewohnheit des Sieges muss deinen Verstand völlig verdreht haben. Mein Hut ist auf deinem Kopf: – Behalte ihn; soweit so gut. Aber weil meine Verlobte dich zufällig vage daran erinnert ein Mädchen in Nancy, muss ich sie dir überlassen? Ich kann es nicht sehen!“

„Freund, ich werde dir deinen Hut zurückgeben, sobald du mir einen neuen gekauft hast; aber fordere mich nicht auf, Clementine aufzugeben. Erstens, weißt du, dass sie mich ablehnen wird?“

"Ich bin mir sicher."

"Sie liebt mich."

"Du bist verrückt!"

„Du hast sie zu meinen Füßen gesehen.“

„Was ist damit? Es geschah aus Angst, aus Respekt, aus Aberglauben, aus allem, was du im Namen des Teufels nennst; aber es geschah nicht aus Liebe.“

„Das werden wir nach sechs Monaten Ehe ziemlich deutlich sehen.“

„Aber“, rief Leon Renault, „haben Sie das Recht, über sich selbst zu verfügen? Es gibt noch eine andere Clementine, die Wahre; sie hat alles für Sie geopfert; Sie sind zu Ehren mit ihr verlobt. Ist Colonel Fougas dem gegenüber taub?“ Stimme der Ehre?“

„Verspotten Sie mich? Was! Ich heirate eine vierundsechzigjährige Frau?“

„Das solltest du tun; wenn nicht um ihretwillen, so doch um deinetwillen.“

„Mein Kind ist ein ziemlich großer Junge. Er ist 46 Jahre alt; er braucht meine Fürsorge nicht mehr.“

„Er braucht allerdings deinen Namen.“

„Ich werde ihn adoptieren.“

„Das Gesetz ist dagegen. Du bist nicht fünfzig Jahre alt, und er ist nicht fünfzehn Jahre jünger als du; ganz im Gegenteil!“

„Sehr gut. Ich werde ihn legitimieren, indem ich die junge Clementine heirate.“

„Wie kann man von ihr erwarten, dass sie ein Kind anerkennt, das doppelt so alt ist wie sie selbst?“

„Aber dann kann ich ihn nicht besser anerkennen; es ist also nicht nötig, dass ich die alte Frau heirate. Außerdem wäre ich übermäßig entgegenkommend, wenn ich mir den Kopf zerbrechen würde für ein Kind, das sehr wahrscheinlich tot ist. Was soll ich sagen? Es Es ist möglich, dass er nie das Licht gesehen hat. Ich liebe und werde geliebt – so viel ist substanziell und sicher; und du sollst mein Trauzeuge sein."

„Noch nicht lange. Mlle. Sambucco ist minderjährig und ihr Vormund ist mein Vater."

„Dein Vater ist ein ehrenhafter Mann; und er wird nicht die Niedrigkeit haben, sie mir zu verweigern."

„Zumindest wird er Sie fragen, ob Sie seinem Mündel eine Position, einen Rang oder ein Vermögen anbieten können."

„Meine Position? Oberst; mein Rang? Oberst; mein Vermögen? der Sold eines Obersten. Und die Millionen bei Dantzic – ich darf sie nicht vergessen! – Hier sind wir zu Hause; lassen Sie mich den Willen dieses guten alten Herrn haben." der die lila Perücke trug. Geben Sie mir auch ein paar Geschichtsbücher – einen großen Stapel davon – alle, die etwas über Napoleon zu sagen haben.

Der junge Renault gehorchte traurig dem Herrn, den er sich selbst gegeben hatte. Er führte Fougas in ein schönes Zimmer, brachte ihm Herrn Meisers Testament und ein ganzes Regal voller Bücher und wünschte seinem Todfeind „Gute Nacht". Der Oberst umarmte ihn ungestüm und sagte zu ihm:

„Ich werde nie vergessen, dass ich dir das Leben und Clementine verdanke. Lebe wohl bis morgen, edles und großzügiges Kind meines Heimatlandes! Lebe wohl!"

Leon ging zurück ins Erdgeschoss, kam am Esszimmer vorbei, wo Gothon die Gläser abwischte und das Silber in Ordnung brachte, und gesellte sich zu seinem Vater und seiner Mutter, die im Salon auf ihn warteten. Die Gäste waren weg, die Kerzen erloschen. Eine einzelne Lampe erhellte die Einsamkeit. Die beiden Mandarinen auf der Etagere saßen regungslos in ihrer dunklen Ecke und schienen ernsthaft über die Launen des Glücks nachzudenken.

"Also?" forderte Frau. Renault.

„Ich habe ihn in seinem Zimmer zurückgelassen, verrückter und eigensinniger als je zuvor. Aber ich habe eine Idee."

„Umso besser", sagte der Vater, „denn wir haben keine mehr. Die Traurigkeit hat uns dumm gemacht. Aber vor allem kein Streit. Diese Soldaten des Reiches waren einst schreckliche Schwertkämpfer."

„Oh, ich habe keine Angst vor ihm! Es ist Clementine, die mir Angst macht. Mit welcher Sanftmut und Unterwürfigkeit hörte sie dem verwirrten Schwätzer zu!“

„Das Herz einer Frau ist ein unergründlicher Abgrund. Nun, was denkst du zu tun?“

Fougas entwickelte Leon das Projekt, das er sich auf der Straße ausgedacht hatte, im Detail .

„Das Dringlichste“, sagte er, „ist, Clementine von diesem Einfluss zu befreien. Wenn wir ihn morgen aus dem Weg räumen könnten, würde die Vernunft wieder ihre Herrschaft übernehmen, und wir würden übermorgen heiraten.“ Wenn das erledigt ist, übernehme ich den Rest.“

„Aber wie wird man so einen Verrückten los?“

„Ich sehe nur einen Weg, aber der ist nahezu unfehlbar – seine vorherrschende Leidenschaft zu wecken. Diese Kerle bilden sich manchmal ein, dass sie verliebt sind, aber im Grunde lieben sie nichts als Pulver. Die Sache ist, Fougas wieder hineinzuwerfen .“ Der Strom der militärischen Ideen. Sein Frühstück morgen mit dem Oberst des 23. wird eine gute Vorbereitung sein. Ich habe ihm heute klar gemacht, dass er vor allem seinen Rang und seine Schulterklappen zurückgewinnen sollte, und er hat sich damit impfen lassen Die Idee. Er wird dann nach Paris gehen. Möglicherweise wird er dort einige Lederhosen von seinem Bekannten finden. Auf jeden Fall wird er wieder in den Dienst eintreten. Die mit seiner Position verbundenen Beschäftigungen werden eine mächtige Ablenkung sein; er Ich werde nicht länger von Clementine träumen, die ich fest verankert haben werde. Wir müssen ihm das Nötigste geben, um in der Welt herumzuschlagen; aber alle Geldopfer sind nichts im Vergleich zu dem Glück, das ich retten möchte.“

Madame Renault, eine sparsame Frau, machte ein wenig die Großzügigkeit ihres Sohnes dafür verantwortlich.

„Der Colonel ist eine undankbare Seele“, sagte sie. „Wir haben bereits zu viel getan, um ihm sein Leben zurückzugeben. Lassen Sie ihn jetzt auf sich selbst aufpassen!“

„Nein“, sagte der Vater; „Wir haben nicht das Recht, ihn mit leeren Händen fortzuschicken. Der Anstand verbietet es.“

Diese Beratung, die gut eineinhalb Stunden gedauert hatte, wurde von einem gewaltigen Lärm unterbrochen. Man hätte erklärt, dass das Haus einstürzt.

„Da ist er wieder!“ rief Leon. „Zweifellos ein neuer Anfall rasenden Wahnsinns!“

Er rannte, gefolgt von seinen Eltern, und stieg die Stufen zu viert auf einmal hinauf. Auf dem Fensterbrett der Kammertür brannte eine Kerze. Leon nahm es und stieß die Tür halb auf.

Muss es gestanden werden? Hoffnung und Freude sprachen mehr zu ihm als Angst. Er glaubte, den Colonel bereits losgeworden zu sein. Aber das Schauspiel, das sich seinen Augen bot, lenkte plötzlich seinen Gedankengang ab, und der untröstliche Liebhaber begann wie ein Narr zu lachen. Ein Geräusch von Tritten, Schlägen und Ohrfeigen; eine undefinierbare Gruppe, die sich in den Krämpfen eines verzweifelten Kampfes auf dem Boden wälzte – so viel war alles, was er auf den ersten Blick sehen und verstehen konnte. Bald entdeckte Fougas , erhellt vom rötlichen Schein der Kerze, dass er mit Gothon zu kämpfen hatte , wie Jakob mit dem Engel, und ging verwirrt und bemitleidenswert zurück ins Bett.

Der Oberst war über die Geschichte Napoleons eingeschlafen, ohne die Kerze auszulöschen. Nachdem Gothon ihre Arbeit beendet hatte, sah sie das Licht unter der Tür. Ihre Gedanken kehrten zu dem armen Baptiste zurück, der vielleicht im Fegefeuer stöhnte, weil er sich vom Dach fallen ließ. In der Hoffnung, dass Fougas ihr Neuigkeiten über ihren Geliebten mitteilen könnte, klopfte sie mehrmals, zunächst leise, dann viel lauter. Das Schweigen des Colonels und die brennende Kerze gaben dem Diener den Eindruck, dass etwas nicht stimmte. Das Feuer könnte die Vorhänge und von dort das ganze Gebäude erfassen. Sie stellte daraufhin die Kerze ab, öffnete die Tür und machte sich mit Katzenschritten daran, das Licht auszulöschen. Möglicherweise nahmen die Augen des Schläfers vage das Vorübergehen eines Schattens wahr; Möglicherweise ließ Gothon mit ihrer großen, ungelenken Gestalt ein Brett im Boden knarren. Fougas erwachte teilweise, hörte das Rascheln eines Kleides, träumte von einem dieser Abenteuer, die das Garnisonsleben im ersten Kaiserreich zu würzen pflegten, streckte blind seine Arme aus und rief Clementine. Als Gothon feststellte, dass sie an Haaren und Schultern gepackt wurde, reagierte sie mit einem so männlichen Schlag, dass der Feind glaubte, von einem Mann angegriffen zu werden. Der Schlag wurde mit Zinsen erwidert; Es folgten weitere Schlagabtausche, die schließlich durch Umklammern und Rollen auf dem Boden abgeschlossen wurden.

Wenn sich jemals jemand schämte, war Fougas mit Sicherheit der richtige Mann. Gothon ging mit erheblichen blauen Flecken zu Bett; Die Renault-Familie überredete den Colonel zur Vernunft und holte aus ihm heraus, was sie wollte. Er versprach, am nächsten Tag aufzubrechen, nahm das ihm angebotene Geld als Darlehen an und schwor, nicht zurückzukehren, bis er seine Epauletten wiedererlangt und das Dantzic -Vermächtnis gesichert hätte.

„Und dann", sagte er, „werde ich Clementine heiraten."

In diesem Punkt war es sinnlos, mit ihm zu streiten; Die Idee stand fest.

In der Villa der Renaults schliefen alle tief und fest; die Häupter des Hauses, weil sie drei schlaflose Nächte gehabt hatten; Fougas und Gothon , weil jeder unbarmherzig geschlagen worden war ; und der junge Célestin, weil er die Heeltaps aus allen Gläsern getrunken hatte.

Am nächsten Morgen erfuhr Herr Rollon, ob Fougas in der Lage sei, mit ihm zu frühstücken; Er fürchtete sich zumindest ein wenig davor, dass er ihn unter einer Duschwanne finden würde. Weit davon entfernt! Der Verrückte von gestern war so ruhig wie ein Bild und so frisch wie eine Rosenknospe. Er rasierte sich mit Leons Rasiermessern und summte dabei Nicolo. Gegenüber seinen Gastgebern war er charmant und versprach, aus Herrn Meisers Erbe eine Pension auf Gothon zu begleichen.

Kaum hatte er sich zum Frühstück auf den Weg gemacht, rannte Leon zur Wohnung seiner Liebsten.

„Alles läuft besser", sagte er. „Der Oberst ist viel vernünftiger. Er hat versprochen, noch heute nach Paris zu reisen, damit wir morgen heiraten können."

Mlle. Virginie Sambucco lobte diesen Plan hoch, nicht nur, weil sie große Vorbereitungen für die Hochzeit getroffen hatte, sondern auch, weil die Verschiebung der Hochzeit in aller Munde sein würde. Die Karten waren bereits ausgegeben, der Bürgermeister benachrichtigt und die Marienkapelle in der Pfarrkirche eingeweiht. All dies nach der Laune eines Geistes und eines Narren zu widerrufen, wäre eine Sünde gegen die Sitte, den gesunden Menschenverstand und den Himmel selbst.

Clementine antwortete nur mit Tränen. Sie könnte nicht glücklich sein, ohne Leon zu heiraten, aber sie würde lieber sterben, sagte sie, als ihre Hand ohne die Zustimmung von M. Fougas zu reichen . Sie versprach, ihn notfalls auf Knien anzuflehen und ihm sein Einverständnis abzuringen.

„Aber wenn er sich weigert? Und es ist zu wahrscheinlich, dass er es tun wird!"

„Ich werde ihn immer wieder anflehen, bis er ja sagt."

Alle verschworen sich, um sie davon zu überzeugen, dass sie unvernünftig sei – ihre Tante, Leon, M. und Mme. Renault, M. Martout , M. Bonnivet und alle Freunde der beiden Familien. Schließlich gab sie nach, aber fast im selben Augenblick flog die Tür auf, und Monsieur Audret stürzte ins Wohnzimmer und schrie:

„Nun gut! Hier *ist* eine Neuigkeit! Oberst Fougas wird morgen gegen M. du Marnet kämpfen."

Das junge Mädchen fiel wie vom Blitz getroffen in die Arme von Leon Renault.

„Gott bestraft mich!" schrie sie; „Und die Strafe für meine Gottlosigkeit lässt nicht auf sich warten. Willst du mich noch dazu zwingen, dir zu gehorchen? Soll ich zum Altar gezerrt werden, genau in der Stunde, in der er sein Leben riskiert?"

Niemand wagte es, länger darauf zu bestehen, sie in einem so bemitleidenswerten Zustand zu sehen. Aber Leon sprach ernsthafte Gebete, dass der Sieg auf der Seite des Obersten der Kürassiere stehen möge. Er hatte Unrecht, das gestehe ich; Aber welcher Liebhaber wäre sündenlos genug gewesen, den ersten Stein auf ihn zu werfen?

Und hier ist ein Bericht darüber, wie der kostbare Fougas seinen Tag verbracht hatte.

Um zehn Uhr morgens kamen die beiden jüngsten Kapitäne des 23. Regiments, um ihn stilgerecht zur Residenz des Obersten zu geleiten. M. Rollon bewohnte einen kleinen Palast aus der Kaiserzeit. Auf einer über der Porte-Cochère angebrachten Marmortafel stand noch immer „ *Ministère des Finances* " – ein Andenken an die glorreiche Zeit, als Napoleons Hof seinem Herrn nach Fontainebleau folgte.

Oberst Rollon, der Oberstleutnant, der Oberbefehlshaber, die drei Majors der Bataillone, der Chirurg-Major und zehn oder ein Dutzend Offiziere waren draußen und warteten auf die Ankunft des berühmten Gastes aus der anderen Welt. Die Flagge wurde in der Mitte des Hofes unter der Bewachung des Fähnrichs und einer Gruppe von Unteroffizieren, die für die Ehre ausgewählt wurden, aufgestellt. Die Regimentskapelle am Eingang des Gartens füllte den Hintergrund des Bildes. Acht Waffenpanzer, die noch am selben Morgen von den Waffenschmieden des Korps improvisiert worden waren, schmückten die Wände und Geländer. Eine Kompanie Grenadiere war mit ruhenden Waffen anwesend.

Am Eingang von Fougas spielte die Musikkapelle den berühmten „ *Partant pour la Syrie* "; die Grenadiere präsentierten Waffen; die Trommeln grüßten; Die Unteroffiziere und Soldaten riefen: „ *Vive le Colonel Fougas !* " Die Offiziere näherten sich in einer Schar dem Patriarchen ihres Regiments. All dies geschah weder ordnungsgemäß noch gemäß der Disziplin, aber wir können diesen tapferen Soldaten durchaus etwas Spielraum bei der Suche nach ihrem Vorfahren lassen. Für sie schien es eine kleine Ausschweifung im Ruhm zu sein.

Der Held des *Festes* ergriff die Hände des Obersten und der Offiziere mit so viel Rührung, als hätte er seine alten Kameraden wiedergefunden. Er grüßte herzlich die Unteroffiziere und Soldaten, näherte sich der Flagge, beugte ein Knie zur Erde, erhob sich hoch, ergriff den Stab, wandte sich der aufmerksamen Menge zu und sagte:

„Meine Freunde, im Schatten der Flagge findet heute ein Soldat Frankreichs nach sechsundvierzig Jahren im Exil seine Familie wieder. Alle Ehre sei dir, Symbol unseres Vaterlandes, alter Partner unserer Siege und heldenhaft Stütze uns in unserem Unglück! Dein strahlender Adler schwebte über dem niedergestreckten und zitternden Europa. Dein zerschlagener Adler ist erneut hartnäckig gegen das Unglück vorgegangen und hat die Söhne der Macht in Angst und Schrecken versetzt. Ehre sei dir, der du uns zur Herrlichkeit geführt und uns gegen das Unglück gestärkt hast Schrei der Verzweiflung! Ich habe dich immer als Erster in den schlimmsten Gefahren gesehen, stolze Flagge meines Heimatlandes! Männer sind um dich herum gefallen wie Getreide vor dem Schnitter; während du allein dem Feind deine Front unbeugsam und prächtig gezeigt hast. Kugeln und Kanonen -Schuss hat dich mit Wunden zerrissen, aber nie hat der kühne Fremde seine Hand auf dich gelegt. Möge die Zukunft deine Front mit neuen Lorbeeren schmücken! Mögest du neue und weitreichende Reiche erobern, die dir kein Schicksal rauben wird! Der Tag der großen Taten wird wiedergeboren; Glaube einem Krieger, der aus dem Grab auferstanden ist, um es dir zu sagen. 'Nach vorne!' Ja, ich schwöre es beim Geist dessen, der uns nach Wagram geführt hat. Es werden große Tage für Frankreich sein, in denen du mit deinen prachtvollen Falten das Schicksal der Tapferen beschützen wirst!"

Eine so kriegerische und patriotische Beredsamkeit berührte alle Herzen. Fougas wurde applaudiert, gefeiert, umarmt und beinahe triumphierend in den Bankettsaal getragen.

Er saß M. Rollon gegenüber am Tisch, als wäre er der zweite Herr des Hauses, frühstückte ausgiebig, redete viel und trank noch mehr. Gelegentlich trifft man auf der Welt auf Menschen, die sich betrinken, ohne zu trinken. Fougas war weit davon entfernt, einer von ihnen zu sein. Er hatte nie das Gefühl, dass sein Gleichmut nach drei Flaschen ernsthaft gestört wurde. Tatsächlich ging er oft viel weiter, ohne nachzugeben.

Die zum Nachtisch präsentierten Toasts zeichneten sich durch Herzlichkeit und Herzlichkeit aus. Ich würde sie gerne der Reihe nach aufzählen, muss aber zugeben, dass sie zu viel Raum einnehmen würden und dass die letzten, die am berührendsten waren, nicht von einer Klarheit waren, die absolut an Voltair erinnerte .

Sie standen um zwei Uhr vom Tisch auf und begaben sich gemeinsam zum *Café Militaire* , wo die Offiziere des 23. Regiments den beiden Obersten einen

Schlag versetzten. Sie hatten mit einem Gefühl höchster Anständigkeit die Vorgesetzten des Kürassierregiments eingeladen.

Fougas , der in seiner eigenen Person betrunkener war als ein ganzes Bataillon *Schweizer*, verteilte viele Händeschütteln. Aber trotz des Sturms, der seinen Geist erschütterte, erkannte er die Person und den Namen von M. du Marnet und verzog das Gesicht. Unter Offizieren, und vor allem zwischen Offizieren verschiedener Waffengattungen, ist die Höflichkeit etwas übertrieben, die Etikette eher streng, *die Amour propre* etwas anfällig. M. du Marnet , der vor allem ein Mann von Welt war, verstand aus der Haltung von M. Fougas sofort , dass er sich nicht in der Gegenwart eines Freundes befand.

Der Punsch erschien flammend, ging mit unverminderter Stärke aus und wurde mit einer großen Schöpfkelle in sechzig Gläser verteilt. Fougas trank mit allen außer M. du Marnet . Das Gespräch, das unregelmäßig und laut war, warf unklugerweise eine Frage der vergleichenden Verdienste auf. Ein Kürassieroffizier fragte Fougas , ob er Bordesoulles großartigen Angriff gesehen habe , der die Österreicher ins Tal von Plauen stürzte. Fougas hatte General Bordesoulle persönlich gekannt und mit eigenen Augen das wunderschöne Manöver der schweren Kavallerie gesehen , das über den Sieg Dresdens entschied. Aber er entschied sich dafür, Herrn du Marnet unangenehm zu sein , indem er eine Miene der Unwissenheit oder Gleichgültigkeit auftrug.

„In unserer Zeit", sagte er, „wurde die Kavallerie immer nach der Schlacht in Aktion gesetzt; wir setzten sie ein, um den Feind einzuholen, nachdem wir ihn in die Flucht geschlagen hatten."

Hier entstand ein großer Aufschrei, und der glorreiche Name Murats geriet ins Wanken.

„Oh, zweifellos – zweifellos!" sagte er kopfschüttelnd. „Murat war ein guter General in seinem begrenzten Wirkungsbereich; er antwortete perfekt auf alles, was von ihm verlangt wurde. Aber wenn die Kavallerie Murat hatte, hatte die Infanterie Napoleon."

Herr du Marnet stellte mit Bedacht fest, dass Napoleon, wenn er wegen der Ehre einer einzelnen Armee in Anspruch genommen werden müsste, zur Artillerie gehören würde.

„Von ganzem Herzen, Monsieur", antwortete Fougas ; „die Artillerie und die Infanterie. Artillerie aus der Ferne, Infanterie aus nächster Nähe – Kavallerie auf der einen Seite."

„Noch einmal bitte ich um Verzeihung", antwortete Herr du Marnet ; „Du meinst, an den Seiten ist das eine ganz andere Sache."

„An den Seiten oder an einer Seite ist mir egal! Was mich betrifft, wenn ich Oberbefehlshaber wäre, würde ich die Kavallerie beiseite legen."

Mehrere Kavallerieoffiziere hatten sich bereits in die Diskussion eingemischt. Herr du Marnet hielt sie zurück und machte ein Zeichen, dass er Fougas allein antworten wollte .

„Und warum würden Sie dann bitte die Kavallerie beiseite legen?"

„Weil der Dragoner ein unvollständiger Soldat ist."

"Unvollständig?"

„Ja, Sir; und der Beweis ist, dass die Regierung ein Pferd im Wert von vier- oder fünfhundert Franken kaufen muss, um es zu vervollständigen. Und wenn das Pferd eine Kugel oder einen Bajonettstoß abbekommt, ist der Dragoner nicht mehr zu gebrauchen." irgendetwas. Haben Sie jemals einen Kavalleristen zu Fuß gesehen? Es wäre ein schöner Anblick!"

„Ich sehe mich jeden Tag zu Fuß, und ich sehe nichts besonders Lächerliches daran."

„Ich bin zu höflich, um dir zu widersprechen."

„Und für mich, mein Herr, bin ich zu gerecht, um ein Paradoxon mit einem anderen zu bekämpfen. Was würden Sie von meiner Logik halten, wenn ich Ihnen sagen würde (die Idee ist nicht meine – ich habe sie in einem Buch gefunden), wenn ich Ich würde Ihnen sagen: „Ich schätze die Infanterie sehr, aber schließlich ist der Fußsoldat ein unvollständiger Soldat, dem sein Geburtsrecht entzogen ist, ein ineffizienter Körper, dem die natürliche Ergänzung des Soldaten fehlt, die man Pferd nennt!" Bewundern Sie seinen Mut, ich sehe, dass er sich im Kampf nützlich macht; aber schließlich hat der arme Teufel nur zwei Füße zu seiner Verfügung, während wir vier haben!' Sie halten es für angebracht, einen Dragoner zu Fuß für lächerlich zu halten; aber macht der Fußsoldat immer eine sehr glänzende Erscheinung, wenn man ihm ein Pferd zwischen die Beine steckt? Ich habe ausgezeichnete Infanteriekapitäne grausam blamiert gesehen, als der Kriegsminister sie zu Majoren machte. Sie sagten und kratzten sich am Kopf: „Es ist noch nicht vorbei, wenn wir eine Stufe erklommen haben; wir müssen obendrein noch ein Pferd besteigen!"

Diese grobe Höflichkeit amüsierte das Publikum für einen Moment. Sie lachten und der Senf stieg immer höher in Fougas ' Nase.

„Zu meiner Zeit", sagte er, „wurde aus einem Fußsoldaten in vierundzwanzig Stunden ein Dragoner; und wenn jemand sich mit mir zu Pferd und mit dem Säbel in der Hand messen möchte , werde ich ihm zeigen, was Infanterie ist!" "

„Monsieur", antwortete M. du Marnet kühl , „ich hoffe, dass es Ihnen auf dem Schlachtfeld nicht an Möglichkeiten mangeln wird. Dort zeigt ein wahrer Soldat sein Talent und seinen Mut. Infanterie und Kavallerie, wir gehören gleichermaßen zu Frankreich." .Ich trinke auf sie, Monsieur, und ich hoffe, dass Sie sich nicht weigern werden, mit mir ein Glas anzufassen. — Nach Frankreich!"

Das war sicherlich gut gesprochen und gut geregelt. Das Klicken der Gläser applaudierte Herrn du Marnet . Fougas selbst näherte sich seinem Gegner und trank ohne Vorbehalt mit ihm. Aber er flüsterte ihm mit großer Stimme ins Ohr:

„Ich für meinen Teil hoffe, dass Sie den Säbelkampf, den ich Ihnen vorschlagen durfte, nicht ablehnen werden ? "

„Wie Sie wollen", sagte der Oberst der Kürassiere.

Der Herr aus der anderen Welt, betrunkener als je zuvor, verließ die Menge mit zwei Offizieren, die er zufällig aufgelesen hatte. Er erklärte ihnen, dass er sich von Herrn du Marnet beleidigt fühle , dass eine Herausforderung gestellt und angenommen worden sei und dass die Angelegenheit reibungslos verlaufe.

„ Vor allem", fügte er im Vertrauen hinzu, „da es sich um eine Dame handelt! Das sind meine Bedingungen — sie alle stehen im Einklang mit der Ehre der Infanterie, der Armee und Frankreichs: Wir werden zu Pferd kämpfen, nackt." die Taille, ohne Sattel auf zwei Hengsten montiert. Die Waffe — der Kavallerie- Säbel . Erstes Blut. Ich möchte einen Welpen züchtigen. Ich bin weit davon entfernt, Frankreich einen Soldaten rauben zu wollen."

Diese Bedingungen wurden von Herrn du Marnets Sekundanten für absurd erklärt. Sie akzeptierten sie jedoch, denn das Militärgesetz verlangt, dass man sich allen Gefahren stellt, wie absurd sie auch sein mögen.

Fougas verbrachte den Rest des Tages damit, den armen Renaults Sorgen zu machen. Stolz auf die Kontrolle, die er über Clementine ausübte, erklärte er seine Wünsche; schwor, dass er sie zu seiner Frau nehmen würde, sobald er seinen Rang, seine Familie und sein Vermögen wiedererlangt hätte, und verbot ihr, vor diesem Zeitpunkt über sich selbst zu verfügen. Er brach offen mit Leon und seinen Eltern, weigerte sich, ihre guten Dienste länger anzunehmen, und verließ ihr Haus nach einer langen Passage lobenswerter Worte. Leon sagte abschließend, dass er seine Verlobte nur mit dem Leben selbst aufgeben würde. Der Oberst zuckte mit den Schultern, drehte sich um und trug, ohne darüber nachzudenken, was er tat, die Kleidung des Vaters und den Hut des Sohnes. Er bat Herrn Rollon um fünfhundert Francs, mietete ein Zimmer im *Hotel du Cadron -bleu* , ging ohne Abendessen zu Bett und schlief durch, bis seine Sekundanten eintrafen.

Es bestand keine Notwendigkeit, ihm einen Bericht darüber zu geben, was am Vortag geschehen war. Der Nebel aus Schlag und Schlaf löste sich augenblicklich auf. Er tauchte seinen Kopf und seine Hände in ein Becken mit frischem Wasser und sagte:

„So viel zu meiner Toilette! Nun, *Vive l'Empereur!* Lasst uns gehen und uns „in die Reihe" bringen!

Das einvernehmlich ausgewählte Feld war der Exerzierplatz – eine sandige Ebene, umgeben vom Wald, in einiger Entfernung von der Stadt. Alle Offiziere der Garnison begaben sich freiwillig dorthin; es wäre nicht nötig gewesen, sie einzuladen. Mehr als ein Soldat ging heimlich und quartierte sich in einem Baum ein. Die *Gendarmerie selbst schmückte* mit ihrer Anwesenheit das kleine Familienfest . Die Menschen besuchten ein ritterliches Turnier, bei dem es nicht nur um Infanterie und Kavallerie, sondern auch um die alte Armee und die junge Armee ging. Die Ausstellung erfüllte die Erwartungen des Publikums voll und ganz. Niemand geriet in Versuchung, das Stück zu zischen, und jeder kam auf seine Kosten.

Pünktlich um neun Uhr traten die Kämpfer in Begleitung ihrer vier Sekundanten und des Feldschiedsrichters in die Listen ein. Fougas war bis zur Hüfte nackt und so gutaussehend wie ein junger Gott. Seine geschmeidige und bewegliche Figur, seine stolzen und strahlenden Gesichtszüge, die männliche Anmut seiner Bewegungen sicherten ihm einen schmeichelhaften Empfang. Er machte seinen englischen Pferderitt und grüßte die Zuschauer mit der Spitze seines Schwertes.

Herr du Marnet , ein Mann eher deutschen Typs, robust, ziemlich behaart, geformt wie der indische Bacchus und nicht wie Achilles, zeigte in seinem Gesicht einen leichten Anflug von Ekel. Man musste kein Zauberer sein, um zu verstehen, dass ihm dieses Duell *in naturalibus* vor den Augen seiner eigenen Offiziere nutzlos und sogar lächerlich vorkam. Sein Pferd war ein Halbblut von Perche, ein kräftiges Tier und voller Feuer.

Fougas ' Sekunden liefen ziemlich schlecht. Sie teilten ihre Aufmerksamkeit zwischen dem Kampf und ihren Steigbügeln auf. Herr du Marnet hatte die beiden besten Reiter seines Regiments ausgewählt, einen Major und einen Hauptmann. Der Schiedsrichter des Feldes war Colonel Rollon, ein ausgezeichneter Reiter.

Auf ein Zeichen von Colonel Rollon ritt Fougas direkt auf seinen Gegner zu und präsentierte die Spitze seines Säbels in der Position „Prime", wie ein Kavalleriesoldat, der die Infanterie in einem hohlen Quadrat angreift. Aber er zügelte etwa drei Längen von M. du Marnet entfernt und beschrieb sieben oder acht schnelle Kreise um sich herum, wie ein Araber in einem Theaterstück. M. du Marnet , der gezwungen war, an derselben Stelle umzukehren und sich von allen Seiten zu verteidigen, gab seinem Pferd beide Sporen, durchbrach den Kreis, begab sich auf das Feld und drohte, das gleiche Manöver um Fougas herum zu beginnen . Doch der Herr aus der anderen Welt wartete nicht auf ihn. Er stürmte in vollem Galopp davon und machte eine Runde um das Hippodrom, stets gefolgt von Herrn du Marnet . Der Kürassier, der schwerer war und auf einem langsameren Pferd saß, war distanziert. Er rächte sich, indem er Fougas zurief :

„Oh, Monsieur! Ich muss sagen, das sieht eher nach einem Rennen als nach einer Schlacht aus. Ich hätte eine Reitpeitsche statt eines Schwertes mitbringen sollen!"

Aber Fougas , keuchend und wütend, hatte sich bereits gegen ihn gewandt.

"Halte dort an!" schrie er; „Ich habe dir den Reiter gezeigt; jetzt zeige ich dir den Soldaten!"

Er versetzte ihm einen Stoß, der ihn wie ein Reifen durchbohrt hätte, wenn Herr du Marnet nicht so schnell gewesen wäre wie bei der Parade. Er konterte mit einem feinen Schnitt *en quarte* , stark genug, um den unbesiegbaren Fougas in zwei Teile zu schneiden. Aber der andere war flinker als ein Affe. Er schützte seinen Körper vollständig, indem er sich zu Boden gleiten ließ, und bestieg in derselben Sekunde wieder sein Pferd.

„Mein Kompliment!" sagte Herr du Marnet . „Besser geht es ihnen im Zirkus nicht."

„Das tun sie nicht mehr im Krieg", entgegnete der andere. „Ah, Schurke! Du schmähst also die alte Armee? Hier ist es auf dich! Ein Fehlschlag! Danke für die Erwiderung, aber sie ist noch nicht gut genug. Ich werde an so einem Stoß nicht sterben! Wie gefällt dir das?— und das? - und das? Ah, Sie behaupten, dass der Fußsoldat ein unvollständiger Mann ist! Jetzt machen wir *Ihre* Auswahl an Gliedmaßen ein wenig unvollständig. Passen Sie auf Ihren Stiefel auf! Er hat ihn pariert! Vielleicht rechnet er damit Gönnen Sie sich heute Abend einen kleinen Spaziergang unter Clementines Fenstern. Passen Sie auf! Hier ist für Clementine! Und hier ist für die Infanterie! Wirst du das parieren? Also, Verräter! Und das? Das tut er! Vielleicht parierst du sie dann alle, Beim Himmel! Sieg! Ah, Monsieur! Dein Blut fließt! Was habe ich getan? Teufel, nimm das Schwert, das Pferd und alles! Major! Major! Komm schnell! Monsieur, lass dich in meinen Armen ruhen. Biest, das ich bin ! Als ob nicht alle Soldaten Brüder wären! Oh, vergib mir, mein Freund! Ich wünschte, ich könnte jeden Tropfen deines Blutes mit meinem ganzen Blut einlösen! Elender Fougas , unfähig, seine wilden Leidenschaften zu meistern! Ach, du äskulapischer Mars, ich bitte dich, sag mir, dass der Faden seiner Tage nicht abgeschnitten werden darf! Ich werde ihn nicht überleben, denn er ist ein Mutiger!"

Herr du Marnet hatte einen prächtigen Schnitt erlitten, der den linken Arm und die Brust durchquerte, und das Blut floss so schnell heraus, dass man erschauderte. Der Chirurg, der sich mit blutstillenden Mitteln versorgt hatte, beeilte sich, die Blutung zu stillen. Die Wunde war eher lang als tief und konnte in wenigen Tagen geheilt werden. Fougas selbst trug seinen Gegner zur Kutsche, aber das befriedigte ihn nicht. Er bestand fest darauf, sich den beiden Beamten anzuschließen, die Herrn du Marnet nach Hause brachten; Er überwältigte den Verwundeten mit seinen Protesten und war während des größten Teils der Fahrt damit beschäftigt, ihm ewige Freundschaft zu schwören. Als er das Haus erreichte, legte er ihn zu Bett, umarmte ihn, überschüttete ihn mit Tränen und verließ ihn keinen Augenblick, bis er ihn schnarchen hörte.

Als es sechs Uhr schlug, ging er in Begleitung seiner Sekundanten und des Schiedsrichters, die er nach dem Kampf alle eingeladen hatte, ins Hotel zum Abendessen. Er behandelte sie großartig und betrank sich wie immer selbst.

Kapitel XV.

Darin wird der Leser erkennen, dass es nicht weit von der Hauptstadt bis zum Tarpejischen Felsen ist.

Am nächsten Tag schrieb er nach einem Besuch bei M. du Marnet Folgendes an Clementine:

> „Licht meines Lebens, ich bin dabei, diese Szenen zu verlassen, die Zeugen meines verhängnisvollen Mutes und die Aufbewahrungsorte meiner Liebe. In den Schoß der Hauptstadt, zum Fuße des Throns, werde ich zuerst meine Schritte unternehmen. Wenn das Der Nachfolger des Gottes der Kämpfe ist nicht taub für die Stimme des Blutes, das in seinen Adern fließt. Er wird mir mein Schwert und meine Schulterklappen zurückgeben, damit ich sie dir zu Füßen legen kann. Sei mir treu – warte, hoffe! Mai Diese Zeilen sind für dich ein Talisman gegen die Gefahren, die deine Unabhängigkeit bedrohen. Oh, meine Clementine, behüte dich zärtlich für dich

„ VICTOR FOUGAS ! "

Clementine schickte ihm keine Antwort, aber gerade als er in den Zug stieg, wurde er von einem Boten angesprochen, der ihm eine hübsche rote Lederhandtasche reichte und mit aller Kraft davonlief. Die Brieftasche war völlig neu, solide und sorgfältig befestigt. Darin befanden sich zwölfhundert Franken in Banknoten – sämtliche Ersparnisse des jungen Mädchens. Fougas hatte keine Zeit, über diesen heiklen Umstand nachzudenken. Er wurde in einen Wagen geschoben, die Lokomotive paffte und der Zug fuhr los.

Der Oberst begann in seinem Gedächtnis die verschiedenen Ereignisse Revue passieren zu lassen, die in seinem Leben in weniger als einer Woche aufeinander folgten. Seine Verhaftung im Frost der Weichsel, sein Todesurteil, seine Gefangenschaft in der Festung Liebenfeld , sein Wiedererwachen in Fontainebleau, die Invasion von 1814, die Rückkehr von der Insel Elba, die hundert Tage, der Tod des Kaisers und der König von Rom, die Wiedereinsetzung der Bonapartes im Jahr 1852, sein Treffen mit einem jungen Mädchen, das in jeder Hinsicht das Gegenstück zu Clementine Pichon war, die Flagge des 23. Jahrhunderts, das Duell mit dem Oberst der Kürassiere – all das für Fougas . hatte nicht mehr als vier Tage in Anspruch genommen. Die Nacht vom 11. November 1813 bis zum 17. August 1859 kam ihm noch etwas kürzer vor als alle anderen; denn es war das einzige Mal, dass er vollständig geschlafen hatte, ohne zu träumen.

Ein weniger aktiver Geist und ein weniger warmes Herz wären vielleicht in eine Art Melancholie verfallen. Denn tatsächlich würde jemand, der sechsundvierzig Jahre lang geschlafen hat, der Menschheit im Allgemeinen, sogar in seinem eigenen Land, von Natur aus etwas fremd werden. Kein Verwandter, kein Freund, kein bekanntes Gesicht, auf der ganzen Welt! Hinzu kommt eine Vielzahl neuer Wörter, Ideen, Bräuche und Erfindungen, die ihm das Bedürfnis nach einem Cicerone verspüren und ihm beweisen, dass er ein Fremder ist. Doch als Fougas seine Augen wieder öffnete und der Anweisung von Horaz folgte, geriet er mitten ins Geschehen. Er hatte für sich Freunde, Feinde, einen Schatz und einen Rivalen improvisiert. Fontainebleau, sein zweiter Geburtsort, war vorläufig der Mittelpunkt seiner Existenz. Dort fühlte er sich geliebt, gehasst, gefürchtet, bewundert – mit einem Wort: wohlbekannt. Er wusste, dass sein Name in dieser Unterpräfektur nicht ausgesprochen werden konnte, ohne ein Echo zu erwecken. Aber was ihn am meisten mit der Neuzeit verband, war seine gut etablierte Beziehung zur großen Familie der Armee. Wo eine französische Flagge weht, ist der Soldat, ob jung oder alt, zu Hause. Rund um diesen Kirchturm des Vaterlandes ändern sich Sprache, Ideen und Institutionen nur wenig, obwohl sie auf andere Weise teuer und heilig sind als der Dorfturm. Der Tod einzelner Personen hat kaum Auswirkungen; sie werden durch andere ersetzt, die wie sie aussehen und auf die gleiche Weise denken, reden und handeln; die nicht damit aufhören, die Uniform ihrer Vorgänger anzunehmen, sondern auch deren Souvenirs erben – den Ruhm, den sie erworben haben, ihre Traditionen, ihre Scherze und sogar bestimmte Betonungen ihrer Stimmen. Dies erklärt Fougas ' plötzliche Freundschaft mit dem neuen Oberst des 23. Regiments, nach einem ersten Gefühl der Eifersucht; und das plötzliche Mitgefühl, das er für Herrn du Marnet zeigte , sobald er das Blut aus seiner Wunde fließen sah. Streitigkeiten zwischen Soldaten sind Familienstreitigkeiten, die die Beziehung niemals auslöschen.

Ruhig zufrieden, dass er nicht allein auf der Welt war, empfand M. Fougas Freude an all den neuen Objekten, die ihm die Zivilisation vor Augen stellte. Die Geschwindigkeit der Waggons berauschte ihn ziemlich. Er war begeistert von dieser Dampfkraft, deren Theorie für ihn ein Buch mit sieben Siegeln war, über deren Ergebnisse er jedoch viel nachdachte.

„Mit tausend Maschinen wie dieser, zweitausend gezogenen Kanonen und zweihunderttausend Kerlen wie mir hätte Napoleon die Welt in sechs Wochen erobert. Warum nutzt dieser junge Mann auf dem Thron nicht die Ressourcen, die ihm zur Verfügung stehen? hat? Vielleicht hat er nicht daran gedacht. Nun gut, ich werde ihn besuchen. Wenn er wie ein fähiger Mann aussieht, werde ich ihm meine Idee vorlegen; er wird mich zum Kriegsminister machen , und dann – Vorwärts, marschieren!"

Er hatte ihm die Verwendung der großen Eisendrähte erklärt, die entlang der Straße auf Stangen liefen.

„Genau das Richtige!" sagte er. „Hier sind sowohl flinke als auch kluge Adjutanten. Gebe sie alle in die Hände eines Stabschefs wie Berthier, und das Universum würde durch den bloßen Willen eines Menschen in Schach gehalten werden!"

Seine Meditationen wurden ein paar Meilen von Melun entfernt durch die Geräusche einer fremden Sprache unterbrochen. Er spitzte die Ohren und sprang dann aus seiner Ecke, als hätte er auf einem Dornenhaufen gesessen. Grusel! es war Englisch! Eines dieser Monster, die Napoleon in St. Helena ermordet hatten, um sich das Baumwollmonopol zu sichern, war mit einer sehr hübschen Frau und zwei entzückenden Kindern in das Abteil gekommen.

„Schaffner, halt!" rief Fougas und stieß seinen Körper halb aus dem Fenster.

„Monsieur", sagte der Engländer in gutem Französisch, „ich rate Ihnen, Geduld zu haben, bis wir zum nächsten Bahnhof kommen. Der Schaffner hört Sie nicht und Sie laufen Gefahr, auf dem Gleis auszufallen. Wenn ich kann." Um Ihnen von Nutzen zu sein, habe ich eine Flasche Brandy und eine Hausapotheke dabei.

„Nein, Sir", antwortete Fougas in höchst überheblichem Ton, „mir mangelt es an nichts, und ich würde lieber sterben, als etwas von einem Engländer anzunehmen! Wenn ich den Schaffner rufe, dann nur, weil ich es will." Steigen Sie in ein anderes Auto und reinigen Sie meine Augen vor dem Anblick eines Feindes des Kaisers .

„Ich versichere Ihnen, Monsieur", antwortete der Engländer, „dass ich kein Feind des Kaisers bin . Ich hatte die Ehre, von ihm empfangen zu werden, während er in London war. Er ließ sich sogar dazu herab, ein paar Tage in meinem kleinen Land zu verbringen." -Sitz in Lancashire.

„Umso besser für Sie, wenn dieser junge Mann gut genug ist, zu vergessen, was Sie seiner Familie angetan haben; aber Fougas wird Ihre Verbrechen gegen sein Land niemals verzeihen."

Sobald sie am Bahnhof von Melun ankamen, öffnete er die Tür und stürzte in einen anderen Saloon. Dort befand er sich allein in der Gegenwart zweier junger Herren, deren Physiognomien alles andere als englisch waren und die Französisch mit dem reinsten Touraine-Akzent sprachen. Beide trugen Wappen auf ihren Siegelringen, damit niemand ihren Adelsrang verkennen konnte. Fougas war zu plebejisch, um den Adel besonders zu schätzen; aber da er ein Abteil voller Briten verlassen hatte, freute er sich, ein paar Franzosen zu treffen.

„Freunde", sagte er und beugte sich mit einem herzlichen Lächeln zu ihnen, „wir sind Kinder derselben Mutter. Ein langes Leben euch! Euer Erscheinen belebt mich."

Die beiden jungen Herren rissen die Augen weit auf, verneigten sich halb und setzten ihr Gespräch fort, ohne auf Fougas ' Vorstoß eine weitere Antwort zu geben.

„Nun, mein lieber Astophe ", sagte einer, „du hast den König in Froshdorf gesehen ?"

„Ja, mein guter Americ ; und er empfing mich mit der ergreifendsten Herablassung. ‚Vicomte', sagte er zu mir, ‚Sie kommen aus einem Haus, das für seine Treue bekannt ist. Wir werden uns an Sie erinnern, wenn Gott uns auf dem Thron ablöst.' unsere Vorfahren. Sagen Sie unserem tapferen Adel von Touraine, dass wir hoffen, in ihren Gebeten in Erinnerung zu bleiben und dass wir sie in unseren Gebeten nie vergessen.'"

„Pitt und Coburg!" sagte Fougas zwischen seinen Zähnen. „Hier sind zwei kleine Schurken, die sich mit der Armee von Condé verschwören! Aber Geduld!"

Er ballte die Fäuste und öffnete die Ohren.

„Hat er nichts über Politik gesagt?"

„Ein paar vage Worte. Unter uns gesagt, ich glaube nicht, dass er sich viel darum kümmert; er wartet auf die Ereignisse."

„Er wird nicht mehr lange warten."

„Wer kann das sagen?"

„Was! Wer kann das sagen? Dem Reich geht es sechs Monate lang nicht mehr gut. Monseigneur de Montereau hat es letzten Montag noch einmal zu meiner Tante, der Stiftsdame, gesagt."

„Ich für meinen Teil gebe ihnen ein Jahr, denn ihr Feldzug in Italien hat sie bei den unteren Ständen gestärkt. Ich habe mir allerdings nicht die Mühe gemacht, es dem König zu sagen!"

„Verdammt! Meine Herren, das geht ein bisschen zu stark!" unterbrach Fougas . „Sprechen Franzosen hier in Frankreich so über französische Institutionen? Gehen Sie zurück zu Ihrem Herrn und sagen Sie ihm, dass das Reich ewig ist, weil es auf dem Granit der Unterstützung des Volkes gegründet und durch das Blut von Helden gefestigt ist. Und wenn das „Wenn der König Sie fragt, wer Ihnen das erzählt hat, sagen Sie ihm, dass es Oberst Fougas war , der in Wagram durch die Hand des Kaisers ausgezeichnet wurde!"

Die beiden jungen Herren sahen sich an, tauschten ein Lächeln aus und der Viscount sagte zum Marquis:

"Was ist das?"

"Ein Wahnsinniger."

„Nein, Liebes; ein tollwütiger Hund.“

"Nichts anderes." [6]

„Sehr gut, meine Herren“, rief der Oberst. „Sprich Englisch, du bist fit dafür!“

Am nächsten Bahnhof wechselte er sein Abteil und lernte viele junge Maler kennen. Er nannte sie Schüler von Zeuxis und fragte sie nach Gérard, Gros und David. Diese Herren fanden den Sportroman und empfahlen ihm, Talma in der neuen Tragödie von Arnault aufzusuchen.

Die Befestigungsanlagen von Paris verblüfften ihn sehr und empörten ihn ein wenig.

„Das gefällt mir nicht“, sagte er zu seinen Gefährten. „Der wahre Schutzwall einer Hauptstadt ist der Mut eines großen Volkes. Diese Bastionen rund um Paris signalisieren dem Feind, dass es möglich ist, Frankreich zu erobern.“

Der Zug hielt schließlich am Bahnhof Mazas. Der Oberst, der kein Gepäck hatte, marschierte pompös, die Hände in den Taschen, hinaus, um das *Hôtel de Nantes zu suchen* . Da er um das Jahr 1810 drei Monate in Paris verbracht hatte, glaubte er, mit der Stadt vertraut zu sein, und deshalb versäumte er es nicht, sich zu verlieren, sobald er dort ankam. Aber in den verschiedenen Vierteln, die er unter Gefahr durchquerte, bewunderte er die großen Veränderungen, die während seiner Abwesenheit hervorgerufen worden waren. Fougas ‘ Vorliebe bestand darin, sehr lange und sehr breite Straßen zu haben, die von sehr großen Häusern gesäumt waren, die alle gleich waren; Er konnte nicht übersehen, dass sich der Pariser Stil seinem Ideal schnell näherte. Es war noch keine absolute Perfektion, aber der Fortschritt war offensichtlich.

Durch eine ganz natürliche Illusion hielt er zwanzigmal inne, um Menschen mit vertrautem Aussehen zu grüßen; aber niemand erkannte ihn.

Nach einem fünfstündigen Fußmarsch erreichte er den *Place du Carrousel* . Das *Hôtel de Nantes* gab es nicht mehr; aber stattdessen war der Louvre errichtet worden. Fougas verbrachte eine Viertelstunde damit, dieses architektonische Denkmal zu betrachten, und eine halbe Stunde damit, zwei Zuaven der Garde zu betrachten, die Piquet spielten. Er erkundigte sich, ob der Kaiser in Paris sei; woraufhin seine Aufmerksamkeit auf die Flagge gelenkt wurde, die über den Tuillerien schwebte .

"Gut!" sagte er. „Aber zuerst muss ich mir neue Klamotten besorgen."

Er nahm ein Zimmer in einem Hotel in der *Rue Saint Honoré* und fragte einen Kellner, welcher der berühmteste Schneider in Paris sei. Der Kellner reichte ihm ein Branchenbuch. Fougas machte sich auf die Suche nach den Schuhmachern, Hemdenmachern, Hutmachern, Schneidern, Friseuren und Handschuhmachern des Kaisers . Er notierte ihre Namen und Adressen in Clementines Taschenbuch, dann nahm er eine Kutsche und machte sich auf den Weg.

Da er einen kleinen und wohlgeformten Fuß hatte, fand er problemlos fertige Stiefel. Ihm wurde auch versprochen, dass er die gesamte Wäsche, die er benötigte, am Abend nach Hause schicken sollte. Doch als er dem Hutmacher erklären wollte, was für einen Apparat er auf seinem Kopf anbringen wollte, stieß er auf große Schwierigkeiten. Sein Ideal war ein riesiger Hut, groß am Scheitel, schmal unten, breit an der Krempe und weit nach hinten und vorne gebogen; mit einem Wort, das historische Erbstück, dem der Gründer Boliviens vor langer Zeit seinen Namen gab. Der Laden musste auf den Kopf gestellt und alle Nischen durchsucht werden, um zu finden, was er wollte.

„Endlich", rief der Hutmacher, „hier ist Ihr Artikel. Wenn es um ein Bühnenkostüm geht, sollten Sie zufrieden sein; auf die komische Wirkung ist Verlass."

Fougas antwortete trocken, dass der Hut viel weniger lächerlich sei als alle anderen, die damals in den Straßen von Paris kursierten.

Bei dem berühmten Schneider in der *Rue de la Paix* kam es fast zu einer Schlacht.

„Nein, Monsieur", sagte Alfred, „ich werde Ihnen nie einen Überrock und eine Hose *à la Cosaque machen* ! Gehen Sie zu Babin oder Morean, wenn Sie ein Karnevalskleid wollen; aber es wird nie gesagt, dass a Ein Mann von so guter Figur wie Sie hat unser Lokal karikiert verlassen.

„Donner und Gewehre!" erwiderte Fougas . „Sie sind einen Kopf größer als ich, Herr Riese, aber ich bin ein Oberst des Großen Imperiums, und es reicht nicht aus, wenn Tambourmajors Obersten Befehle erteilen!"

Natürlich hatte der Teufel von einem Kerl das letzte Wort. Man nahm Maß, zog ein Kostümbuch zu Rate und versprach, dass er in vierundzwanzig Stunden in der höchsten Mode von 1813 gekleidet sein würde. Es wurden ihm Stoffe zur Auswahl vorgelegt, darunter auch einige englische Stoffe. Diese warf er voller Abscheu beiseite.

„Das blaue Tuch Frankreichs", rief er, „und in Frankreich hergestellt! Und so geschnitten, dass jeder, der mich in Peking sah, sagen würde: ‚Das ist ein Soldat!'"

Die Offiziere unserer Tage haben genau das Gegenteil im Sinn. Sie bemühen sich, allen anderen „Herren" [7] zu ähneln , wenn sie die Kleidung des Zivilisten annehmen.

Fougas bestellte in der *Rue Richelieu* einen schwarzen Satinschal, der sein Hemd verdeckte und bis zu seinen Ohren reichte. Dann ging er zum *Palais Royal*, betrat ein berühmtes Restaurant und bestellte sein Abendessen. Zum Frühstück hatte er nur einen Bissen bei einem Konditor am *Boulevard* gegessen , und so wirkte sein Appetit, der durch den Ausflug geschärft worden war, Wunder. Er aß und trank wie in Fontainebleau. Aber die Rechnung schien ihm schwer zu verdauen: Sie lautete auf einhundertzehn Francs und ein paar Centimes. "Der Teufel!" sagte er; „Das Leben ist in Paris teuer geworden!" Brandy beteiligte sich am Gesamtbetrag für einen Posten von neun Franken. Sie hatten ihm eine Flasche und ein Glas von der Größe eines Fingerhuts gegeben; Diese Spielerei hatte Fougas amüsiert , und er beschäftigte sich damit, den Behälter ein Dutzend Mal zu füllen und zu leeren. Aber als er den Tisch verließ, war er nicht betrunken; eine liebenswürdige Fröhlichkeit inspirierte ihn, mehr aber nicht. Es kam ihm in den Sinn, einen Teil seines Geldes zurückzubekommen, indem er bei Nummer 113 Lottoscheine kaufte. Doch ein Flaschenverkäufer in diesem Gebäude teilte ihm mit, dass Frankreich seit dreißig Jahren kein Glücksspiel mehr gespielt habe. Er ging weiter zum *Théâtre Français* , um zu sehen, ob die Schauspieler des Kaisers nicht vielleicht eine schöne Tragödie aufführten, aber das Plakat ekelte ihn an. Moderne Komödien, gespielt von neuen Schauspielern! Weder Talma, noch Fleury, noch Thénard , noch die Baptisten, noch Mlle. Mars, noch Mlle. Raucourt ! Anschließend ging er in die Oper, wo Karl VI. gegeben wurde. Die Musik überraschte ihn sofort. Nirgendwo anders als auf dem Schlachtfeld war er es gewohnt, so viel Lärm zu hören . Dennoch gewöhnten sich seine Ohren bald an den Klang der Instrumente; und die Müdigkeit des Tages, das Vergnügen, bequem zu sitzen, und die Mühe der Verdauung ließen ihn in einen Schlummer fallen. Er wachte erschrocken auf, als er dieses berühmte patriotische Lied hörte:

„_Guerre aux tyrans ! jamais, jamais en Frankreich,_ _Jamais l'Anglais ne régnera !_" [8]

"NEIN!" rief er und streckte seine Arme zur Bühne aus. „Niemals! Lasst es uns gemeinsam auf dem heiligen Altar unseres Heimatlandes schwören! Untergehe, perfides Albion! *Vive l'Empereur !*"

Der Graben und das Orchester erhoben sich sofort, weniger um Fougas ' Gefühlen Ausdruck zu verleihen, sondern um ihn zum Schweigen zu bringen. Während des folgenden *Zwischenakts* sagte ihm ein Polizeikommissar ins Ohr, dass man, wenn man so gegessen habe wie er, ruhig zu Bett gehen sollte, anstatt die Aufführung der Oper zu unterbrechen.

Er antwortete, dass er wie üblich gegessen habe und dass dieser Ausbruch patriotischer Gefühle nicht vom Magen ausgegangen sei.

„Aber", sagte er, „wenn in diesem Palast von missbrauchter Pracht der Hass auf den Feind als Verbrechen gebrandmarkt wird, muss ich gehen und eine freiere Luft atmen und mich vor dem Tempel der Herrlichkeit verneigen, bevor ich zu Bett gehe."

„Das tun Sie gut", sagte der Polizist.

Er ging hochmütiger und aufrechter denn je hinaus, erreichte den Boulevard und lief mit großen Schritten bis zum korinthischen Tempel am Ende. Unterwegs bewunderte er die Beleuchtung der Stadt sehr. Herr Martout hatte ihm die Herstellung von Gas erklärt; Er hatte nichts davon verstanden, aber die leuchtende und rötliche Flamme war eine wahre Augenweide.

Sobald er das Denkmal erreicht hatte, das den Eingang zur *Rue Royale* *beherrschte* , blieb er auf dem Bürgersteig stehen, sammelte für einen Moment seine Gedanken und rief:

„Oh, Ruhm! Inspirator großer Taten, Witwe des mächtigen Eroberers Europas! Empfange die Hommage deines ergebenen Victor Fougas ! Für dich habe ich Hunger, Schweiß und Frost ertragen und die treuesten Pferde gegessen. Für dich habe ich Ich bin bereit, weitere Gefahren zu trotzen und mich erneut dem Tod auf jedem Schlachtfeld zu stellen. Ich suche dich mehr als Glück, Reichtum oder Macht. Lehne die Opfergabe meines Herzens und das Opfer meines Blutes nicht ab! Als Preis für solche Hingabe Ich verlange nichts als ein Lächeln von deinen Augen und einen Lorbeer von deiner Hand!"

Dieses Gebet hallte in den Ohren der *Heiligen Marie Madeleine* , der Schutzpatronin des ehemaligen Tempels der Herrlichkeit, wider. So erhält der Käufer eines Schlosses manchmal einen Brief, der an den ursprünglichen Eigentümer gerichtet ist.

Fougas kehrte über die *Rue de la Paix* und den *Place Vendôme zurück* und grüßte im Vorbeigehen vor der einzigen bekannten Gestalt, die er bisher in Paris gefunden hatte. Das neue Kostüm Napoleons auf der Säule missfiel ihm überhaupt nicht. Er zog den Dreispitz einer Krone und den grauen Überrock einem Theaterumhang vor.

Die Nacht war unruhig. Im Gehirn des Obersts kreuzten sich tausend verschiedene Projekte in alle Richtungen. Er bereitete die kleine Rede vor, die er vor dem Kaiser halten sollte, indem er mitten in einem Satz einschlief und erschrocken aufwachte, in dem Versuch, die Idee wieder in den Griff zu bekommen, die so plötzlich verschwunden war. Er löschte seine Kerze zwanzigmal und zündete sie wieder an. Die Erinnerungen an Clementine waren gelegentlich mit Kriegsträumen und politischen Utopien vermischt. Aber ich muss gestehen, dass die Figur des jungen Mädchens selten über den zweiten Platz hinauskam.

Aber wenn die Nacht zu lang schien, schien der Morgen im Verhältnis dazu kurz zu sein. Die Idee, dem neuen Herrn des Imperiums von Angesicht zu Angesicht zu begegnen, inspirierte und kühlte ihn wiederum ab. Einen Moment lang hoffte er, dass in seiner Toilette etwas fehlen würde – dass irgendein Ladenbesitzer ihm einen ehrenhaften Vorwand liefern würde, seinen Besuch auf den nächsten Tag zu verschieben. Aber alle legten äußerste Pünktlichkeit an den Tag. Pünktlich zur Mittagszeit lagen die Hosen *à la Cosaque* und der Froschüberwurf am Fußende des Bettes gegenüber dem berühmten Bolivar-Hut.

„Ich könnte mich genauso gut anziehen", sagte Fougas . „Möglicherweise ist dieser junge Mann nicht zu Hause. In diesem Fall hinterlasse ich meinen Namen und warte, bis er nach mir schickt."

Er hat sich auf seine Art großartig geschlagen, und auch wenn es meinen Lesern vielleicht unmöglich erscheinen mag, war Fougas in seinem schwarzen Satinschal und dem Froschüberwurf weder heimelig noch lächerlich. Seine große Figur, sein geschmeidiger Körperbau, seine hohe und beeindruckende Haltung und seine schroffen Bewegungen standen alle in gewisser Harmonie mit der Tracht der alten Zeit. Er wirkte seltsam, und das war alles. Um seinen Mut zu bewahren, ging er in ein Restaurant, aß vier Schnitzel, einen Laib Brot, eine Scheibe Käse und spülte alles mit zwei Flaschen Wein herunter. Der Kaffee und die Nahrungsergänzungsmittel brachten ihn auf zwei Uhr, und das war die Zeit, die er sich vorgenommen hatte.

Er schob seinen Hut leicht über ein Ohr, knöpfte seine Wildlederhandschuhe zu, hustete zwei- oder dreimal heftig vor dem Wachposten in der *Rue de Rivoli* und marschierte tapfer ins Tor.

„Monsieur", rief der Portier, „was wollen Sie?"

"Der Kaiser !"

„Haben Sie einen Audienzbrief?"

„Oberst Fougas braucht keinen. Gehen Sie und fragen Sie nach Referenzen von dem, der über dem *Place Vendôme thront* . Er wird Ihnen sagen, dass der Name Fougas schon immer ein Synonym für Tapferkeit und Treue war.“

„Sie kannten den ersten Kaiser?“

„Ja, mein kleiner Witzbold; und ich habe mit ihm genauso geredet, wie ich mit dir rede.“

„In der Tat! Aber wie alt bist du dann?“

„Siebzig Jahre auf dem Zifferblatt der Zeit; vierundzwanzig Jahre auf den Tafeln der Geschichte!“

Der Portier blickte zum Himmel auf und murmelte:

„Noch einer! Das ist der vierte für diese Woche!“

Er machte einem kleinen Herrn in Schwarz, der im Hof der Tuillerien seine Pfeife rauchte, ein Zeichen . Dann sagte er zu Fougas und legte ihm die Hand auf den Arm:

„Also, mein guter Freund, willst du den Kaiser sehen ?“

„Das habe ich dir bereits gesagt, vertrauter Mensch!“

„Sehr gut, Sie werden ihn heute sehen. Der Herr, der mit der Pfeife im Mund dort entlanggeht, ist derjenige, der Besucher vorstellt; er wird sich um Sie kümmern. Aber der Kaiser ist nicht im Palast; er ist in Das Land. Es ist Ihnen doch egal, nicht wahr, wenn Sie doch aufs Land müssen?“

„Was zum Teufel glaubst du, interessiert mich das?“

„Nur ich glaube nicht, dass Sie Lust haben, zu Fuß zu gehen. Eine Kutsche ist bereits für Sie bestellt. Kommen Sie, mein Guter, steigen Sie ein und seien Sie vernünftig!“

Zwei Minuten später fuhr Fougas in Begleitung eines Detektivs zu einer Polizeistation.

Sein Geschäft wurde bald veräußert. Der Kommissar, der ihn empfing, war derselbe, der am Abend zuvor in der Oper mit ihm gesprochen hatte. Ein Arzt wurde gerufen und verkündete das beste Urteil über Monomanie, das jemals einen Mann nach Charenton geschickt hatte . All dies geschah höflich und freundlich, ohne ein Wort, das den Oberst in Alarmbereitschaft versetzen oder ihn auf das Schicksal aufmerksam machen konnte, das ihm bevorstand. Er fand das Zeremoniell lediglich ziemlich lang und eigenartig und bereitete an Ort und Stelle mehrere wohlklingende Sätze vor, von denen er sich die Ehre versprach, sie dem Kaiser zu wiederholen .

Endlich durfte er seine Route fortsetzen . Der Hacker hatte warten lassen; Der Gentleman-Platzanweiser zündete seine Pfeife wieder an, sagte drei Worte zum Kutscher und setzte sich links vom Oberst. Die Kutsche setzte sich im Trab in Bewegung, erreichte die *Boulevards* und nahm die Richtung der Bastille. Es war gegenüber der *Porte Saint-Martin* angekommen , und Fougas , mit dem Kopf am Fenster, setzte seine spontane Rede fort, als eine offene Kutsche, die von einem Paar prächtiger Kastanien gezogen wurde, sozusagen direkt vor seiner Nase vorbeifuhr . Ein beleibter Mann mit grauem Schnurrbart drehte den Kopf und rief: „ Fougas !"

Robinson Crusoe, der den menschlichen Fußabdruck auf seiner Insel entdeckte, war nicht mehr erstaunt und erfreut als unser Held, als er den Ruf „ Fougas !" hörte. Um die Tür zu öffnen, springt man auf die Straße, rennt zu dem Wagen, der angehalten hat, stürzt sich ohne Hilfe der Trittstufe mit einem einzigen Satz hinein und fällt dem beleibten Herrn mit dem grauen Schnurrbart in die Arme , war die Arbeit einer Sekunde. Die Kutsche war längst verschwunden, als der Detektiv im Galopp, gefolgt von seinem Kutscher im Trab, die Boulevardlinie überquerte und *alle* Polizisten fragte, ob sie dort nicht einen Verrückten vorbeikommen sahen.

Kapitel XVI.

DAS UNVERGESSLICHE INTERVIEW ZWISCHEN OBERST FOUGAS UND SEINER MAJESTÄT DEM KAISER DER FRANZOSEN.

Fougas nahm an, dass er Massena umarmte , als er dem großen Mann mit dem grauen Schnurrbart um den Hals fiel . Das teilte er ihm natürlich mit, woraufhin der Besitzer der Kutsche in lautes Gelächter ausbrach .

„Ah, mein armer alter Junge", sagte er, „es ist lange her, seit wir das ‚Kind des Sieges' begraben haben!" Schauen Sie mir direkt ins Gesicht: Ich bin Leblanc vom Russlandfeldzug.

„Unmöglich! Du kleiner Leblanc?"

„Leutnant der 3. Artillerie, der mit Ihnen eine Million Gefahren und das berühmte Stück gebratenes Pferd geteilt hat, das Sie mit Ihren Tränen gesalzen haben."

„Nun, bei meiner Seele! Du *bist* es! Du hast mir ein Paar Stiefel aus der Haut des unglücklichen Zephyr herausgeschnitten! Und wir brauchen nicht darüber zu sprechen, wie oft du mir das Leben gerettet hast! Oh, mein tapferer und treuer Freund , Gott sei Dank, dass ich dich noch einmal umarme! Ja, ich erkenne dich jetzt; aber ich brauche nicht zu sagen, dass du dich verändert hast!"

„Gott! *Ich* bin nicht in einem Krug voll Weinschnaps konserviert worden. Ich für meinen Teil habe *gelebt !*"

„Du kennst also meine Geschichte?"

„Ich habe es gestern Abend beim Minister für öffentliche Bildung gehört. Er hatte dort den Gelehrten, der Sie wieder auf die Beine brachte. Ich habe Ihnen sogar geschrieben, als ich nach Hause kam, um Ihnen eine Koje und einen Platz in der Kantine anzubieten; aber Mein Brief ist auf dem Weg nach Fontainebleau.

„Danke! Du bist ein Vernünftiger! Ach, mein armer alter Junge, was ist seit Beresina alles passiert ! Du kennst alles Unglück, das da passiert ist?"

„Ich habe sie gesehen, und das ist noch trauriger. Nach Waterloo war ich Major; die Bourbonen stellten mich mit halbem Sold zur Seite. Meine Freunde stellten mich 1822 wieder in Dienst, aber ich hatte Pech und faulenzte herum Garnisonen in Lille, Grenoble und Straßburg, ohne voranzukommen. Meine zweite Epaulette erreichte mich erst 1830; dann unternahm ich eine kleine Wende in Afrika. Ich wurde zum Brigadegeneral in Isly ernannt , kam wieder nach Hause und machte mich auf den Weg Säule zum Anbringen bis 1848. In diesem Jahr hatten wir einen Juni-Feldzug in Paris selbst. Mein Herz blutet immer noch jedes Mal, wenn ich daran denke, und auf meiner Seele, du bist gesegnet, dass du es nicht gesehen hast. Ich habe drei Bälle drin Mein Körper und eine Kommission als Divisionsgeneral. Schließlich habe ich kein Recht, mich zu beschweren, denn der Feldzug in Italien hat mir Glück gebracht. Hier bin ich, Marschall von Frankreich, mit einem Einkommen von hunderttausend Francs, und Herzog von Solferino der Handel. Ja, der Kaiser hat meinem Namen einen Riegel vorgeschoben. Tatsache ist, dass dieser kurze ‚Leblanc‘ etwas zu kurz war.“

„Donner!“ rief Fougas , „das ist großartig! Ich schwöre, Leblanc, dass ich nicht neidisch auf dein Glück bin! Es kommt selten genug vor, dass sich ein Soldat über die Beförderung eines anderen freut; aber das versichere ich dir tatsächlich aus tiefstem Herzen.“ Das tue ich jetzt. Es ist umso besser, da du deine Ehre verdient hast und die blinde Göttin über den Verband, der ihre Augen bedeckt, einen Blick auf dein Herz und deine Talente geworfen haben muss!“

„Du bist sehr nett! Aber lass uns jetzt über dich selbst reden: Wo wolltest du hin, als ich dich traf?“

„Um den Kaiser zu sehen .“

„ Ich auch ; aber wo zum Teufel hast du ihn gesucht?“

„Ich weiß es nicht; jemand hat mir den Weg gezeigt.“

„Aber er ist in den Tuillerien !“

"NEIN!"

„Ja! Da ist etwas dran; erzähl mir davon.“

Fougas wartete nicht darauf, gedrängt zu werden. Der Marschall begriff bald, aus welcher Gefahr er seinen Freund befreit hatte.

„Der *Concierge* irrt sich“, sagte er; „Der Kaiser ist im Palast; und da wir jetzt dort angekommen sind, kommen Sie mit mir; vielleicht kann ich Sie nach meiner Audienz vorstellen.“

„Genau das! Leblanc, mein Herz schlägt bei dem Gedanken, diesen jungen Mann zu sehen. Ist er ein guter Mann? Kann man auf ihn zählen? Ist er dem anderen überhaupt ähnlich?“

„Sie können es selbst sehen. Warten Sie hier.“

Die Freundschaft dieser beiden Männer begann im Winter 1812. Beim Rückzug der französischen Armee traf der Zufall den Leutnant der Artillerie und den Oberst des 23. Regiments. Der eine war achtzehn Jahre alt, der andere noch nicht ganz vierundzwanzig. Die Distanz zwischen ihren Reihen konnte durch die gemeinsame Gefahr leicht überbrückt werden. Vor Hunger, Kälte und Müdigkeit sind alle Menschen gleich. Eines Morgens rettete Leblanc an der Spitze von zehn Männern Fougas aus den Händen der Kosaken; dann Fougas tötete ein halbes Dutzend Nachzügler, die versuchten, Leblancs Umhang zu stehlen. Acht Tage später zog Leblanc seinen Freund aus einer Hütte, die die Bauern angezündet hatten; und Fougas wiederum fischte Leblanc aus der Beresina . Die Liste ihrer Gefahren und ihrer gegenseitigen Dienste ist zu lang, als dass ich sie vollständig aufzählen könnte. Schließlich verbrachte der Oberst in Königsberg drei Wochen am Bett des Leutnants, der von Fieber und Schüttelfrost befallen war. Es besteht kein Zweifel, dass diese liebevolle Fürsorge ihm das Leben gerettet hat. Diese gegenseitige Hingabe hatte zwischen ihnen so starke Bindungen geschaffen, dass eine Trennung von 46 Jahren sie nicht zerstören konnte.

Fougas , allein in einem großen Saloon, war in den Erinnerungen an diese gute alte Zeit versunken, als ein Gerichtsdiener ihn aufforderte, seine Handschuhe auszuziehen und in das Kabinett des Kaisers zu gehen .

Der Respekt vor den Mächtigen, der die Grundlage meines Charakters bildet, erlaubt mir nicht, erhabene Persönlichkeiten auf die Bühne zu bringen. Aber Fougas ' Korrespondenz gehört zur Zeitgeschichte, und hier ist der Brief, den er an Clementine schrieb, als er in sein Hotel zurückkehrte:

„ PARIS (was sage ich?) – HIMMEL , 21. *August* 1859.

„ MEIN SÜßER ENGEL : Ich bin berauscht von Freude, Dankbarkeit und Bewunderung. Ich habe ihn gesehen, ich habe mit ihm gesprochen; er hat mir seine Hand gegeben, er hat mich gesetzt. Er ist ein großer Prinz; er wird der Herr sein." der Welt. Er gab mir die Medaille von St. Helena und das Kreuz eines Offiziers. Der kleine Leblanc, ein alter Freund und ein wahres Herz, führte mich in seine Gegenwart; er ist auch Marschall von Frankreich und ein Herzog von Das neue Reich! Was die Beförderung angeht, darüber gibt es keinen Grund mehr, darüber zu spekulieren. Als Kriegsgefangener in Preußen und in einem dreifachen Sarg kehre ich mit meinem Rang zurück, so sagt es das Militärgesetz. Aber in weniger als drei Monaten werde ich es tun Brigadegeneral werden - das ist sicher; er hatte sich geruht, es mir selbst zu versprechen. Was für ein Mann! Ein Gott auf Erden! Nicht eingebildeter als er von Wagram und Moskau und wie er der Vater des Soldaten. Er wollte um mir Geld aus seiner privaten Geldbörse zu geben, um meine

Ausrüstung zu ersetzen . Ich antwortete: „Nein, Sire; ich habe einen Anspruch auf Rückzahlung bei Dantzic ; wenn dieser bezahlt wird, werde ich reich sein; wenn die Schuld abgelehnt wird, wird mein Lohn ausreichen." Für mich.' Daraufhin (O Fürstenwohlwollende, du bist also kein leerer Name!) lächelte er leicht und sagte, indem er seinen Schnurrbart zwirbelte: „Sie blieben von 1813 bis 1859 in Preußen?" – „Ja, Sire." –" Kriegsgefangener unter außergewöhnlichen Bedingungen?' – „Ja, Sire." – „Die Verträge von 1814 und 1815 sahen die Freilassung von Gefangenen vor?" – „Ja, Sire." – „Sie wurden also in Ihrem Fall verletzt ?' – ‚Ja, Sire.' – ‚Nun ja, Preußen schuldet Ihnen eine Entschädigung. Ich werde dafür sorgen, dass sie durch diplomatisches Verfahren wiedererlangt wird.' – ‚Ja, Sire. Was für eine Güte!' Nun gibt es eine Idee, die mir nie in den Sinn gekommen wäre! Geld aus Preußen herauszupressen – Preußen, das sich 1814 und 1815 so gierig nach unseren Schätzen gezeigt hat! *Vive l'Empereur !* Meine geliebte Clementine! Oh, möge unser glorreicher und großmütiger Herrscher ewig leben! *Vivent l'Imperatrice und le Prince Imperial!* Ich habe sie gesehen! Der Kaiser hat mich seiner Familie vorgestellt! Der Prinz ist ein bewundernswerter kleiner Soldat! Er ließ sich herab, die Trommel für meinen neuen Hut zu rühren. Ich weinte vor Rührung. Ihre Majestät die Kaiserin sagte mit einem engelhaften Lächeln, dass sie gehört habe, wie von meinem Unglück gesprochen wurde. „Oh, Madame!" Ich antwortete: „So ein Augenblick wie dieser entschädigt sie hundertfach . " aber ich werde keine Mühe scheuen, Ihnen zu gefallen! Ich werde die Kunst von Vestris studieren." – „ *Ich* habe es sehr gut geschafft, die Quadrille zu lernen", stimmte Leblanc zu.

„Der Kaiser ließ sich herab, seine Freude darüber zum Ausdruck zu bringen, einen Offizier wie mich zurückzubekommen, der gestern sozusagen an den schönsten Feldzügen des Jahrhunderts teilgenommen und alle Traditionen des großen Krieges bewahrt hatte. Das ermutigte mich. Ich nein Ich fürchtete mich nicht mehr davor, ihn an den berühmten Grundsatz der guten alten Zeit zu erinnern – Friedensverhandlungen nur in Großbuchstaben zu schreiben! „Pass auf dich auf!" sagte er; „auf der Kraft dieses Prinzips kamen die alliierten Armeen zweimal, um in Paris die Grundlage für den Frieden zu legen." – „Sie werden nicht wieder hierher kommen", rief ich, „ohne meinen Körper zu übergehen!" Ich ging auf die Schwierigkeiten ein, die aus einer zu engen Vertrautheit mit England entstehen könnten, und äußerte die Hoffnung, dass wir sofort mit der Eroberung der Welt fortfahren könnten. Erstens, um unsere Grenzen für uns selbst zurückzugewinnen, und dann die natürlichen Grenzen Europas: für Europa ist nur ein Vorort von Frankreich und kann nicht zu früh annektiert werden . Der Kaiser schüttelte den Kopf, als ob er nicht meiner Meinung wäre. Hegt er friedliche Absichten? Ich möchte bei dieser Idee nicht weiter verweilen, sie würde mich umbringen!

„Er fragte mich, welche Eindrücke ich vom Auftreten der in Paris vorgenommenen Veränderungen gewonnen habe. Ich antwortete mit der Aufrichtigkeit einer erhabenen Seele: ‚Herr, das neue Paris ist das große Werk einer großen Herrschaft; aber ich hegen Sie die Hoffnung, dass Ihre Verbesserungen noch nicht den letzten Schliff haben.' – ‚Was bleibt Ihrer Meinung nach jetzt noch zu tun?' – ‚Zunächst einmal den Verlauf der Seine zu verbessern, deren unregelmäßige Kurve positiv ist.' schockierend. Die gerade Linie ist die kürzeste Entfernung zwischen zwei Punkten, sowohl für Flüsse als auch für Boulevards. Zweitens, um den Boden zu ebnen und alle Ungleichheiten der Oberfläche zu unterdrücken, die der Regierung zu sagen scheinen: „Du bist weniger mächtig als die Natur." !' Nach Abschluss dieser Vorbereitungsarbeiten würde ich einen Kreis von drei Meilen Durchmesser zeichnen, dessen Umfang, markiert durch ein elegantes Geländer, die Grenze von Paris bilden sollte. In der Mitte würde ich einen Palast für Ihre Majestät und die Prinzen der kaiserlichen Familie errichten – ein riesiges und prächtiges Gebäude, das in seiner Anordnung alle öffentlichen Ämter umfasst – die Stabsbüros, Gerichte, Museen, Kabinettsbüros, Archive, Polizei, das Institut, Botschaften, Gefängnisse, die Bank von Frankreich, Hörsäle, Theater, den *Moniteur*, kaiserliche Druckerei, Manufaktur für Sèvres- Porzellan und Gobelin- Wandteppiche sowie Kommissareinrichtungen. In diesem Palast, kreisförmig in Form und von prächtiger Architektur, sollten zwölf Boulevards mit einer Breite von hundertzwanzig Metern zentriert sein , die durch zwölf Eisenbahnen enden und durch die bezeichnet werden Namen von zwölf Marschällen Frankreichs. Jeder Boulevard ist mit einheitlichen Häusern bebaut, die vier

Stockwerke hoch sind und an der Vorderseite ein Eisengeländer und einen kleinen Garten von drei Metern Breite haben, die alle mit der gleichen Blumenart bepflanzt werden. Hundert Straßen mit einer Breite von sechzig Metern sollten die Boulevards verbinden; Diese Straßen sind durch 35 Meter breite Gassen miteinander verbunden, das Ganze ist einheitlich nach offiziellen Plänen aufgebaut, mit Geländern, Gärten und bestimmten Blumen. Den Hausbesitzern sollte es untersagt sein, in ihren Betrieben irgendwelche Geschäfte zu tätigen, denn der Anblick von Geschäften erniedrigt den Intellekt und erniedrigt das Herz. Kaufleuten könnte es gestattet werden, sich im Rahmen der gesetzlichen Bestimmungen in den Vororten niederzulassen. Die Erdgeschosse aller Häuser sollen mit Ställen und Küchen belegt werden; die ersten Stockwerke sind an Personen mit einem Einkommen von hunderttausend Franken und mehr vermietet; der zweite auf diejenigen im Wert von achtzigtausend bis hunderttausend Francs; der dritte für diejenigen im Wert von sechzigtausend bis achtzigtausend; der vierte von fünfzig bis sechzigtausend. Niemand mit einem Einkommen von weniger als fünfzigtausend Franken sollte in Paris leben dürfen. Arbeiter müssen zehn Meilen außerhalb der Grenze in Arbeiterbaracken untergebracht werden. Wir werden sie von Steuern befreien, damit sie uns lieben; und wir werden Kanonen um sie herum aufstellen, damit sie Angst vor uns haben. Das ist mein Paris!' Der Kaiser hörte mir geduldig zu und zwirbelte seinen Schnurrbart. „Ihr Plan“, sagte er, „würde eine Kleinigkeit kosten.“ – „Nicht viel mehr als der bereits beschlossene“, antwortete ich. Bei dieser Bemerkung brach eine uneingeschränkte Heiterkeit aus, deren Ursache ich nicht erklären kann sein ernstes Gesicht. „Glauben Sie nicht“, sagte er, „dass Ihr Projekt sehr viele Menschen ruinieren würde?“ – „Eh! Welchen Unterschied macht es für mich?' Ich weinte: „Weil es nur die Reichen ruinieren wird?“ Er fing wieder an zu lachen und verabschiedete sich von mir mit den Worten: „Oberst, Sie müssen nur so lange Oberst bleiben, bis wir Sie zum Brigadegeneral machen!“ Er erlaubte mir, ein zweites Mal seine Hand zu drücken. Ich winkte dem tapferen Leblanc zum Abschied zu, der mich heute Abend zum Essen mit ihm eingeladen hat, und kehrte in mein Hotel zurück, um meine Freude in deine süße Seele zu gießen. Oh, Clementine! Hoffnung auf! Du wirst glücklich sein und ich werde großartig sein! Morgen früh fahre ich nach Dantzic . Gold ist eine Täuschung, aber ich möchte, dass du reich bist.

„Ein süßer Kuss auf deine reine Stirn!

„ V. FOUGAS .“

Die Abonnenten von *La Patrie* , die Akten über ihre Zeitung führen, werden hiermit gebeten, die Nummer für den 23. August 1859 herauszusuchen. Darin werden sie zwei Absätze lokaler Geheimdienste finden, die ich mir erlaubt habe, hier zu kopieren:

„Seine Exzellenz, der Marschall, der Herzog von Solferino, hatte gestern die Ehre, Seiner Majestät dem Kaiser einen Helden des Ersten Kaiserreichs, Oberst Fougas , vorzustellen, den ein fast wundersames Ereignis, das bereits in einem Bericht an die Akademie der Wissenschaften erwähnt wurde, hat sein Land wiederhergestellt.“

So lautete der erste Absatz; hier ist der zweite

„Ein Verrückter, der vierte in dieser Woche, aber der gefährlichste von allen, stellte sich gestern an einem der Eingänge der Tuillerien vor . In ein groteskes Kostüm gehüllt, mit blitzenden Augen, den Hut übers Ohr gezogen und am meisten ansprechend Mit beispielloser Unhöflichkeit versuchte er, sich einen Weg an dem Wachposten zu bahnen, und stürzte sich, zu welchem Zweck Gott allein weiß, in die Gegenwart des Souveräns. Während seiner zusammenhangslosen Ausrufe fielen die folgenden Worte hervor: „Tapferkeit, „*Vendôme*- Säule, Treue, das Zifferblatt der Zeit, die Tafeln der Geschichte.“ Als er von einer Wache der Kriminalpolizei festgenommen und dem Polizeikommissar der Tuillerien- Abteilung vorgeführt wurde, erkannte man ihn als denselben Menschen, der am Abend zuvor in der Oper die Aufführung von Karl VI. auf höchst unziemliche Weise unterbrochen hatte schreit. Nach den üblichen medizinischen und rechtlichen Verfahren wurde angeordnet, ihn in das Charenton- Krankenhaus zu bringen . Doch gegenüber der *Porte Saint-Martin* nutzte er eine Sperre zwischen den Fahrzeugen und die Herkuleskraft, mit der er ausgestattet ist entriss seinem Wärter die Hände, warf ihn zu Boden, schlug ihn, sprang mit einem Satz auf die Straße und verschwand in der Menge. Die aktivste Fahndung wurde sofort zu Fuß eingeleitet, und wir haben es aus der besten Autorität der Polizei bereits auf der Spur des Flüchtigen.

Kapitel XVII.

DARAUF ERHÄLT HERR NIKOLAUS MEISER, EINER DER STARKEN MÄNNER VON DANTZIC, UNWILLKOMMENEN BESUCH.

Die Weisheit der Menschheit besagt, dass unrechtmäßig erworbener Gewinn niemals etwas Gutes bringt. Ich behaupte, dass sie den Räubern mehr nützen als den Beraubten, und das Glück des Herrn Nicholas Meiser ist ein Argument zur Stützung meines Vorschlags.

Der Neffe des berühmten Physiologen hatte, nachdem er aus sehr wenig Hopfen eine große Menge Bier gebraut und sich das für Fougas bestimmte Erbe vorzeitig angeeignet hatte, durch verschiedene Operationen ein Vermögen von acht bis zehn Millionen angehäuft . „Bei welchen Operationen?" Niemand hat es mir jemals gesagt, aber ich weiß, dass er alle Operationen, die Geld verdienen würden, als gut bezeichnet hat. Kleine Summen zu hohen Zinsen verleihen, große Getreidevorräte anhäufen, um eine Knappheit zu lindern, nachdem er es selbst produziert hat, unglückliche Schuldner ausschließen, ein oder zwei Schiffe für den Handel mit schwarzem Fleisch an der afrikanischen Küste ausrüsten – so sind Beispiele für Spekulationen, die der gute Mann nicht verachtete. Er prahlte nie mit ihnen, denn er war bescheiden; aber er errötete nie für sie, denn er hatte gleichzeitig mit seinem Kapital sein Gewissen erweitert. Im Übrigen war er ein Mann von Ehre im geschäftlichen Sinne des Wortes und eher in der Lage, die ganze Menschheit zu erdrosseln, als seine Unterschrift protestieren zu lassen. Die Banken in Danzig , Berlin, Wien und Paris schätzten ihn sehr; sein Geld ging durch alle hindurch.

Er war fett, geschmeidig und üppig und lebte gut. Die Nase seiner Frau war viel zu lang und ihre Knochen viel zu hervorstehend, aber sie liebte ihn von ganzem Herzen und machte ihm kleine Süßigkeiten. Eine vollkommene Sympathie der Gefühle verband dieses bezaubernde Paar. Sie sprachen mit offenem Herzen miteinander und dachten nie daran, auch nur einen ihrer bösen Gedanken zurückzuhalten. Jedes Jahr, am Martinstag , wenn die Miete fällig wurde, schickten sie die Familien von fünf oder sechs Arbeitern aus der Tür, die ihre Miete nicht bezahlen konnten; aber danach aßen sie nicht schlechter, und ihr Gute-Nacht-Kuss war trotzdem süß.

Der Mann war sechsundsechzig Jahre alt, die Frau vierundsechzig. Ihre Physiognomien erweckten Wohlwollen und flößten Respekt ein. Um ihre äußerliche Ähnlichkeit mit den Patriarchen zu vervollständigen, brauchte es nichts außer Kindern und Enkeln. Die Natur hatte ihnen einen Sohn geschenkt – einen einzigen, weil sie die Natur nicht um weitere gebeten hatten. Sie hätten es für eine kriminelle Unvorsichtigkeit gehalten, ihr Vermögen unter mehreren aufzuteilen. Bedauerlicherweise starb dieses einzige Kind, das voraussichtliche Erbe so vieler Millionen, an der Universität Heidelberg an den Folgen des übermäßigen Verzehrs von Würstchen. Als er zwanzig war, machte er sich auf den Weg in die Walhalla der deutschen Studenten , wo sie unendlich viele Würste essen und unerschöpflich Bier trinken; wo sie Lieder mit achthundert Millionen Versen singen und sich gegenseitig mit riesigen Schwertern die Nasenspitzen aufschlitzen. Der neidische Tod entriss ihn seinen Eltern, als sie nicht mehr in dem Alter waren, einen Nachfolger zu improvisieren. Die unglücklichen alten Millionäre sammelten liebevoll seine Besitztümer ein, um sie zu verkaufen. Während dieser Operation, die ihnen so auf die Nerven ging (denn es gab eine Menge nagelneuer Wäsche, die nicht gefunden werden konnte), sagte Nicholas Meiser zu seiner Frau: „Mir blutet das Herz bei dem Gedanken, dass unsere Gebäude und Dollars unsere Waren sind." oberirdisch und unter der Erde sollten an Fremde gehen. Eltern sollten immer einen zusätzlichen Sohn haben, genauso wie sie einen Vizeschiedsrichter in der Handelskammer haben.

Aber Time, der in Deutschland und mehreren anderen Ländern ein großer Lehrer ist, führte sie zu der Erkenntnis, dass es für alles Trost gibt, außer für den Verlust von Geld. Fünf Jahre später sagte Frau Meiser mit einem zärtlichen und philosophischen Lächeln zu ihrem Mann: „Wer kann die Beschlüsse der Vorsehung ergründen? Vielleicht hätte Ihr Sohn uns in eine Kruste gebracht. Schauen Sie sich Theobald Scheffler an, seinen alten Kameraden. Er verschwendete." Zwanzigtausend Francs in Paris für eine Frau, die mitten in einer Quadrille die Beine hochschlug. Wir selbst haben jährlich mehr als zweitausend Taler für unsere böse Sünde ausgegeben. Sein Tod ist eine große Ersparnis und daher eine gute Sache!"

Solange die drei Särge von Fougas im Haus waren, schimpfte die gute Dame über die Visionen und die Unruhe ihres Mannes. „Woran zum Teufel denkst du? Du hast mich schon wieder die ganze Nacht getreten. Lass uns diesen Lumpen von einem Franzosen ins Feuer werfen, dann wird er die Ruhe einer friedlichen Familie nicht mehr stören. Wir können verkaufen." Die bleierne Kiste; sie muss mindestens zweihundert Pfund wiegen. Die weiße Seide wird mir ein gutes Futter für ein Kleid sein, und die Wolle in der Füllung wird uns leicht eine Matratze machen. Doch ein Anflug von Aberglaube hielt Meiser davon ab, dem Rat seiner Frau zu folgen; er zog es vor, sich des Obersten zu entledigen, indem er ihn verkaufte.

Das Haus dieses würdigen Paares war das schönste und stattlichste in der Straße von Public Wells, im aristokratischen Teil der Stadt. Starke Gitter aus durchbrochenem Eisen schmückten alle Fenster prächtig, und die Tür war mit Eisen verkleidet, wie bei einem Ritter aus alten Zeiten. Ein System kleiner

Spiegel, die raffiniert im Eingang angeordnet waren, ermöglichte es einem Besucher, gesehen zu werden, bevor er überhaupt geklopft hatte. Unter diesem von den Göttern gesegneten Dach diente ein einzelner Diener, ein gewöhnliches Pferd zur Arbeit und ein Kamel zur Mäßigung.

Der alte Diener schlief außerhalb des Hauses, sowohl weil er es vorzog, als auch weil er sich dabei nicht dazu verleiten ließ, seinen ehrwürdigen Arbeitgebern den Hals umzudrehen. Ein paar Bücher über Handel und Religion bildeten die Bibliothek der beiden alten Leute. Sie hatten nie Wert darauf gelegt , hinter ihrem Haus einen Garten zu haben , weil das Gebüsch Diebe verstecken könnte. Sie verriegelten ihre Tür jeden Abend um acht Uhr mit Riegeln und gingen aus Angst, gefährlichen Menschen zu begegnen, nie unaufgefordert hinaus.

Und dennoch war Nicholas Meiser am 29. April 1859 um elf Uhr morgens weit weg von seiner geliebten Heimat. Gnädig! Wie weit war er von ihm entfernt, dieser ehrliche Bürger von Danzig ! Mit schwerem Schritt überquerte er die Promenade in Berlin, die den Namen einer Romanze von Alphonse Karrs trägt: „*Sous les Tilleuls*". Auf Deutsch: *Unter den Linden*.

Welche mächtige Agentur hatte dieses große rote Bonbon auf zwei Beinen aus seiner Bonbonschachtel geworfen? Dasselbe, das Alexander nach Babylon, Scipio nach Karthago, Gottfried von Bouillon nach Jerusalem und Napoleon nach Moskau führte – Ehrgeiz! Meiser erwartete nicht, dass ihm die Schlüssel der Stadt auf einem Kissen aus rotem Samt überreicht würden, aber er kannte einen großen Lord, einen Beamten in einem Regierungsbüro und ein Zimmermädchen, die daran arbeiteten, für ihn ein Adelspatent zu bekommen. Sich von Meiser zu nennen statt einfach Meiser! Was für ein herrlicher Traum!

Dieser gute Mann hatte in seinem Charakter jene Mischung aus Gemeinheit und Eitelkeit, die Lacqueys so weit vom Rest der Menschheit unterscheidet. Voller Respekt vor der Macht und Bewunderung für konventionelle Größe sprach er den Namen eines Königs, eines Prinzen oder gar eines Barons nie ohne Nachdruck und Salbung aus. Er formte jede aristokratische Silbe mit den Lippen, und das einzelne Wort „Monseigneur" kam ihm vor wie ein Bissen wohlgewürzter Suppe. Beispiele dieser Veranlagung sind in Deutschland keine Seltenheit und finden sich gelegentlich auch andernorts. Wenn sie in ein Land versetzt werden könnten, in dem alle Menschen gleich sind, würde sie das Heimweh nach Stiefellecken töten.

Die zugunsten von Nicholas Meiser geltend gemachten Ansprüche waren nicht von der Art, die das Gleichgewicht sofort in Bewegung setzte, sondern von der Art, die es nach und nach ins Wanken brachte. Neffe eines berühmten Mannes der Wissenschaft, mächtig reich, ein Mann mit gesundem Urteilsvermögen, Abonnent der *New Gazette of the Cross* , voller

Hass auf die Opposition, Autor eines Toasts gegen den Einfluss von Demagogen, einst Mitglied der Stadt Rat, einst Schiedsrichter in der Handelskammer, einst Unteroffizier der Miliz und ein offener Feind Polens und aller Nationen außer den starken. Seine brillanteste Aktion liegt zehn Jahre zurück. Er hatte in einem anonymen Brief ein Mitglied des französischen Parlaments angezeigt, das in Dantzic Zuflucht gesucht hatte . Während Meiser unter den Linden spazierte, ging seine Sache gut voran. Er hatte diese süße Zusicherung von den Lippen seiner Förderer erhalten. Und so stolperte er leichtfüßig zum Depot der North-Eastern Railroad, ohne anderes Gepäck als einen Revolver in der Tasche. Sein schwarzer Lederkoffer war vorher verschwunden; und wartete am Bahnhof auf ihn. Unterwegs warf er einen Blick in die Schaufenster , als er kurz vor einem Schreibwarenladen anhielt und sich die Augen rieb – ein wirksames Mittel gegen Sehstörungen, heißt es. Zwischen den Porträts von Mme. Sand und M. Mérimée, die beiden größten Schriftsteller Frankreichs, hatte er ein wohlbekanntes Gesicht bemerkt, untersucht und wiedererkannt.

„Sicher", sagte er, „ich habe diesen Mann schon einmal gesehen, aber er war blasser. Kann unser alter Untermieter zum Leben erwacht sein? Unmöglich! Ich habe die Anweisungen meines Onkels verbrannt, also hat die Welt – dank mir – das verloren Geheimnis der Wiederbelebung von Menschen. Dennoch ist die Ähnlichkeit verblüffend. Handelt es sich um ein Porträt von Oberst Fougas , das 1813 nach dem Leben aufgenommen wurde? Nein, denn die Fotografie wurde damals noch nicht erfunden. Aber möglicherweise handelt es sich um eine Fotografie, die von einem Stich kopiert wurde? Hier sind Louis XVI. und Marie Antoinette reproduzierte es auf die gleiche Weise: Das beweist nicht, dass Robespierre sie wiederbeleben ließ. Jedenfalls hatte ich eine unglückliche Begegnung."

Um sich zu beruhigen, machte er einen Schritt auf die Tür des Ladens zu, aber ein eigenartiger Widerwille hielt ihn zurück. Die Leute könnten sich über ihn wundern, ihm Fragen stellen und versuchen, den Grund für seine Probleme herauszufinden. Er setzte seinen Spaziergang in zügigem Tempo fort und versuchte, sich zu beruhigen.

„Bah! Es ist eine Halluzination – das Ergebnis davon, dass man sich zu sehr auf eine Idee konzentriert. Außerdem war das Porträt im Stil von 1813 gekleidet; damit ist die Frage geklärt."

Er erreichte den Bahnhof, ließ seinen schwarzen Lederkoffer durchsuchen und warf sich in voller Länge in ein Abteil der ersten Klasse. Zuerst rauchte er seine Porzellanpfeife, aber da seine beiden Nachbarn schliefen, folgte er bald ihrem Beispiel und begann zu schnarchen. Nun, das Schnarchen dieses großen Mannes hatte etwas Ehrfurchtgebietendes; man hätte sich vorstellen können, den Posaunen des Jüngsten Gerichts zu lauschen. Welcher Schatten ihn in dieser Stunde des Schlafes besuchte, hat keine andere Seele je gewusst; denn er behielt seine Träume für sich, wie er alles tat, was ihm gehörte.

Aber zwischen zwei Stationen, während der Zug mit voller Geschwindigkeit fuhr, spürte er deutlich, wie zwei kräftige Hände an seinen Füßen zogen – leider eine Sensation! zu bekannt und eines, das die hässlichsten Erinnerungen seines Lebens hervorrief. Erschrocken öffnete er die Augen und sah den Mann auf dem Foto im Kostüm des Fotos. Seine Haare sträubten sich, seine Augen wurden so groß wie Untertassen, er stieß einen lauten Schrei aus und warf sich kopfüber zwischen den Sitzen zwischen die Beine seiner Nachbarn.

Ein paar kräftige Tritte brachten ihn zu sich. Er stand auf, so gut er konnte, und sah sich um. Niemand war da außer den beiden Herren gegenüber, die mechanisch ihre letzten Tritte in den leeren Raum schleuderten und sich mit den Armen die Augen rieben. Es gelang ihm, sie zu wecken, und er fragte sie nach dem Besuch, den er gehabt hatte; aber die Herren erklärten, sie hätten nichts gesehen.

Meiser kehrte traurig zu seinen eigenen Gedanken zurück; Er bemerkte, dass die Visionen furchtbar real wirkten. Dieser Gedanke hinderte ihn daran, wieder einzuschlafen.

„Wenn das noch länger so weitergeht", dachte er, „wird mir der Geist des Obersten mit einem Faustschlag die Nase brechen oder mir ein Paar schwarze Augen bescheren!"

Wenig später fiel ihm ein, dass er an diesem Morgen sehr hastig gefrühstückt hatte, und er überlegte, dass der Albtraum möglicherweise durch eine solche Diät verursacht worden war.

An der nächsten Fünf-Minuten-Haltestelle stieg er aus und bestellte Suppe. Ihm wurden einige sehr heiße Fadennudeln gebracht, und er blies in seine Schüssel wie ein Delphin in den Bosporus.

Ein Mann ging an ihm vorbei, ohne ihn anzustoßen, ohne etwas zu ihm zu sagen, ohne ihn überhaupt zu sehen. Und dennoch fiel die Schale aus den Händen des reichen Nikolaus Meiser, die Fadennudeln ergossen sich über seine Weste und Hemdbrust, wo sie ein elegantes Laubwerk bildeten, das an die Architektur der *Porte Saint Martin erinnerte* . Einige gelbliche Fäden, die sich von der Masse gelöst hatten, hingen in Stalaktiten von den Knöpfen seines Mantels. Die Fadennudeln blieben außen stehen, aber die Suppe drang viel weiter ein. Zum Vergnügen war es eher warm; Ein Ei, das zehn Minuten darin geblieben wäre, wäre hart gekocht worden. Verhängnisvolle Suppe, die sich nicht nur in den Taschen, sondern bis in die geheimsten Winkel des Mannes selbst verteilte! Die Startglocke läutete, der Kellner sammelte seine zwei Sous ein, und Meiser stieg in die Waggons ein, gefolgt von einem

Pflaster Fadennudeln und einem kleinen Faden Suppe, der ihm über die Waden lief.

Und das alles, weil er die schreckliche Gestalt von Colonel Fougas , der Sandwiches aß, gesehen hatte oder zu sehen glaubte.

Oh! Wie lang kam mir die Reise vor! Was für eine schreckliche Zeit schien es zu sein, bevor er zu Hause sein konnte, zwischen seiner Frau Catharine und seinem Diener Berbel, mit allen Türen sicher verschlossen! Seine beiden Begleiter lachten, bis die Knöpfe flogen; Die Leute lachten im Abteil rechts von ihm und im Abteil links von ihm. So schnell er die Fadennudeln abtrennte, erstarrten kleine Suppenflecken und schienen leise zu lachen. Wie schwer ist es für einen großen Millionär, Leute zu unterhalten, die keinen Cent besitzen! Er stieg erst wieder aus, als sie Dantzic erreichten ; er hielt nicht einmal seine Nase ans Fenster; Er saugte einsamen Trost aus seiner Porzellanpfeife, auf der Leda ihren Schwan streichelte und nicht lächelte.

Ermüdende, ermüdende Reise! Aber er kam trotzdem nach Hause. Es war acht Uhr abends; Der alte Diener wartete mit Seilen darauf, den Koffer seines Herrn auf dem Rücken zu tragen. Keine alarmierenden Zahlen mehr, kein spöttisches Lachen mehr! Die Geschichte der Suppe geriet wie eine der Reden von M. Heller in Vergessenheit. Im Gepäckraum hatte Meiser bereits den Griff eines schwarzen Lederkoffers ergriffen, als er am anderen Ende das Gespenst von Fougas sah , das in die entgegengesetzte Richtung zog und geneigt zu sein schien, den Besitz zu bestreiten. Er sträubte sich, zog stärker und steckte sogar seine linke Hand in die Tasche, in der der Revolver lag. Aber der leuchtende Blick des Obersten faszinierte ihn, seine Beine zitterten, er fiel und bildete sich ein, Fougas und den schwarzen Koffer übereinander rollen zu sehen. Als er zu sich kam, rieb sich sein alter Diener die Hände auf, der Koffer war bereits mit Schlingen umwickelt und der Oberst war verschwunden. Der Hausangestellte schwor, dass er niemanden gesehen habe und dass er den Koffer selbst aus der Hand des Gepäckagenten erhalten habe.

Zwanzig Minuten später war der Millionär in seinem eigenen Haus und rieb freudig sein Gesicht an den scharfen Kanten seiner Frau. Er wagte es nicht, ihr von seinen Visionen zu erzählen, denn Frau Meiser war auf ihre Art eine Skeptikerin. Sie war es, die mit ihm über Fougas sprach .

„Mir ist eine ganze Geschichte widerfahren“, sagte sie. „Würden Sie glauben, dass die Polizei uns aus Berlin geschrieben hat, um herauszufinden, ob unser Onkel uns eine Mumie hinterlassen hat, wann und wie lange wir ihn behalten haben und was wir mit ihm gemacht haben? Ich antwortete und sagte die Wahrheit: und fügte hinzu, dass Colonel Fougas in einem so schlechten Zustand und so von Milben geschädigt war, dass wir ihn für Lumpen verkauften. Welchen Zweck kann die Polizei haben, sich um unsere Angelegenheiten zu kümmern?"

Meiser seufzte schwer.

„Reden wir über Geld!" sagte die Dame. „Der Präsident der Bank war bei mir. Die Million, um die Sie ihn für morgen gebeten haben, ist bereit; sie wird nach Ihrer Unterschrift ausgehändigt. Es scheint, dass sie große Schwierigkeiten gehabt haben, den Betrag zu bekommen." in bar. Wenn Sie nur Entwürfe zu Wien oder Paris gewollt hätten, hätten Sie sie beruhigt. Aber schließlich haben sie getan, was Sie wollten. Es gibt keine anderen Neuigkeiten, außer dass Schmidt, der Kaufmann, sich umgebracht hat. Er musste einen Wechsel über zehntausend Taler bezahlen und hatte nicht die Hälfte des Betrags zur Hand. Er kam, um mich um das Geld zu bitten; ich bot ihm zehntausend Taler zu fünfundzwanzig Prozent an, zahlbar in neunzig Tagen , mit einer ersten Hypothek auf alle seine Immobilien. Der Narr hat es vorgezogen, sich in seinem Laden zu erhängen. Jeder nach seinem Geschmack!"

„Hat er sich sehr hoch erhängt?"

„Davon weiß ich nichts. Warum?"

„Weil man vielleicht billig ein Stück Seil bekommen könnte, und wir brauchen es dringend, meine arme Catharine! Dieser Oberst Fougas hat mir einen Schauer über den Rücken getrieben."

„Noch ein paar deiner Ideen! Komm zum Abendessen, meine Liebe."

"Aufleuchten!"

Der kantige Baucis führte ihren Philemon in einen großen und schönen Speisesaal, wo Berbel ein der Götter würdiges Mahl servierte. Suppe mit kleinen Anisbrotbällchen , Fischbällchen mit schwarzer Soße, gefüllte Hammelfleischbällchen, Wildbällchen, in Schmalz gekochte und mit Bratkartoffeln garnierte Sauerkräuter, Hasenbraten mit Johannisbeergelee, Teufelskrabben, Weichsellachs, Gelees und Obsttörtchen. Sechs Flaschen Rheinwein aus den besten Jahrgängen warteten in ihren silbernen Verschlüssen auf den Kuss des Meisters. Aber der Herr all dieser guten Dinge war weder hungrig noch durstig. Er aß in Häppchen und trank in Schlucken, immer in der Erwartung eines großartigen Vollzugs, mit dem er nicht rechnen musste. Schon bald hallte ein lautes Klopfen des Klopfers durch das Haus.

Nicholas Meiser zitterte. Seine Frau versuchte ihn zu beruhigen. „Es ist nichts", sagte sie. „Der Präsident der Bank hat mir gesagt, dass er Sie besuchen möchte. Er bietet uns an, uns den Umtausch zu zahlen, wenn wir Papier statt Bargeld nehmen."

„Es *geht* um Geld, so sicher wie das Schicksal!" rief der gute Mann. „ Die Hölle selbst kommt, um uns zu sehen!"

Im selben Moment stürmte der Diener ins Zimmer und rief: „Oh, Herr! Oh, Madame! Es ist der Franzose mit den drei Särgen! Jesus! Maria, Mutter Gottes!"

Fougas grüßte sie und sagte: „Stören Sie sich nicht, gute Leute, ich flehe Sie an. Wir müssen gemeinsam eine kleine Angelegenheit besprechen, und ich bin bereit, sie Ihnen in zwei Worten zu erklären. Sie sind dabei." Beeilen Sie sich, ich auch; Sie haben nicht zu Abend gegessen, und ich auch nicht!"

Frau Meiser, steifer und abgemagerter als eine Statue aus dem 13. Jahrhundert, öffnete ihren zahnlosen Mund weit. Der Terror lähmte sie. Der Mann, der besser auf den Besuch des Phantoms vorbereitet war, spannte seinen Revolver unter dem Tisch, zielte auf den Colonel und rief: „ *Vade retro, Satanas!* " Der Exorzismus und die Pistole verfehlten gleichzeitig das Feuer.

Meiser ließ sich überhaupt nicht entmutigen: Er schleuderte die sechs Läufe nacheinander auf den Dämon, der ihm dabei zusah. Nicht einer ging aus.

„Was für ein teuflisches Spiel spielst du da?" sagte der Oberst und setzte sich rittlings auf einen Stuhl. „Es ist nicht so, dass Menschen mit dieser Zeremonie den Besuch eines ehrlichen Mannes erhalten!"

Meiser warf seinen Revolver hin und kroch wie ein Biest vor Fougas ' Füßen. Seine Frau, die kein bisschen ruhiger war, folgte ihm. Sie reichten sich die Hände und der dicke Mann rief:

„Geist! Ich bekenne meine Missetaten und bin bereit, dafür Wiedergutmachung zu leisten. Ich habe gegen dich gesündigt; ich habe die Gebote meines Onkels missachtet. Was wünschst du? Was befiehlst du? Ein Grab? Ein prächtiges Denkmal? Gebete? Endlose Gebete?"

"Idiot!" sagte Fougas und verschmähte ihn mit dem Fuß; „Ich bin kein Geist und ich will nichts als das Geld, das du mir geraubt hast!"

Meiser wälzte sich weiter auf dem Boden; aber seine dürre Frau war bereits auf den Beinen, die Fäuste in die Hüften gestemmt und Fougas zugewandt .

"Geld!" rief sie, „Aber wir schulden dir nichts! Hast du irgendwelche Dokumente? Zeigen Sie uns einfach unsere Unterschrift! Wo wäre einer, gerechter Gott!, wenn wir allen Abenteurern, die sich melden, Geld geben müssten? Und im ersten Ort, mit welchem Recht hast du dich in unsere Wohnung gedrängt, wenn du kein Geist bist? Ah! Du bist ein Mensch, genauso wie andere Menschen! Ha! ha! Du bist also kein Geist! Nun gut, Herr Richter, es gibt Richter in Berlin, es gibt auch einige auf dem Land, und wir werden bald sehen, ob Sie unser Geld befingern! Gehen Sie da hoch, Sie großer Dummkopf, es ist doch nur ein Mann! Und Sie, Mister Ghost, verschwinden Sie hier! Ab mit Ihnen!“

Der Colonel rührte sich nicht mehr als einen Stein.

„Der Teufel steckt in den Zungen der Frauen! Setz dich, alte Dame, und nimm deine Hände von meinen Augen – sie stören mich. Und was dich betrifft, du Blödmann, setz dich auf deinen Stuhl und hör mir zu. Es wird noch Zeit sein.“ genug, um vor Gericht zu gehen, wenn wir uns nicht einigen können. Aber gestempeltes Papier stinkt mir in der Nase; und deshalb würde ich mich lieber friedlich einigen.“

Herr und Frau Meiser unterdrückten ihr erstes Gefühl. Sie misstrauten den Richtern, ebenso wie alle Menschen ohne reines Gewissen. Wenn der Oberst ein armer Teufel wäre, der sich mit ein paar Talern hätte abschrecken lassen, wäre es besser, einem Gerichtsverfahren aus dem Weg zu gehen.

Fougas erläuterte ihnen den Fall mit völliger militärischer Unverblümtheit. Er bewies die Existenz seines Rechts und sagte, dass seine Identität in Fontainebleau, Paris und Berlin bestätigt worden sei; Er zitierte aus dem Gedächtnis zwei oder drei Passagen des Testaments und erklärte abschließend, dass die preußische Regierung zusammen mit der französischen Regierung seine berechtigten Ansprüche erforderlichenfalls unterstützen würde.

„Du verstehst klar“, sagte er und packte Meiser am Knopf seines Mantels, „dass ich kein Fuchs bin, es kommt auf List an. Wenn du ein Handgelenk hättest, das stark genug wäre, um einen guten Säbel zu schwingen , würden wir gegen jeden antreten.“ andere, und ich würde Ihnen um den Betrag die ersten zwei von drei Stücken ausspielen, so sicher wie das Suppe vor Ihnen liegt!“

„Zum Glück, Monsieur“, sagte Meiser, „schützt mich mein Alter vor aller Brutalität. Sie möchten nicht die Leiche eines alten Mannes mit Füßen treten!“

„Ehrwürdiger Schurke! Aber du hättest mich wie einen Hund getötet, wenn deine Pistole nicht das Feuer verfehlt hätte!“

„Es war nicht beladen, Monsieur Colonel! Es war nicht annähernd beladen! Aber ich bin ein entgegenkommender Mann, und wir können uns sehr leicht einigen. Ich schulde Ihnen nichts, und außerdem gibt es ein Rezept; aber schließlich – wie viel willst du?“

„Er hat zu Wort gekommen: Jetzt bin ich dran!“

Der Kumpel des alten Schlingels milderte den Tonfall ihrer Stimme. Stellen Sie sich eine Säge vor, die einen Baum leckt, bevor sie hineinbeißt.

„Hören Sie, Claus, mein Lieber – hören Sie zu, was Monsieur Colonel Fougas zu sagen hat. Sie werden sehen, dass er vernünftig ist! . Er hat so ein edles Herz! So ein desinteressierter Mann! Ein Offizier, der des großen Napoleon würdig ist (Gott erhalte seine Seele!)."

„Das reicht, alte Dame!" sagte Fougas mit einer knappen Geste, die die Rede in der Mitte unterbrach. „Ich habe in Berlin einen Kostenvoranschlag machen lassen, was mir zusteht – Kapital und Zinsen."

"Interesse!" rief Meiser. „Aber in welchem Land, in welchem Breitengrad zahlen die Leute Zinsen für Geld? Vielleicht passiert das manchmal im Geschäftsleben, aber unter Freunden – niemals, nein, niemals, mein guter Monsieur Colonel! Was würde mein guter Onkel, der jetzt vor uns liegt, schon wissen? uns vom Himmel sagen, wenn er wüsste, dass Sie Zinsen auf sein Vermächtnis fordern?"

„Jetzt sei still, Nickle!" unterbrach seine Frau. „Monsieur Colonel möchte Ihnen gerade sagen, dass er nicht die Absicht hatte, so verstanden zu werden, als ob er von den Zinsen sprach."

„Warum im Namen der großen Waffen haltet ihr nicht beide den Mund, ihr verdammten Elstern? Hier sterbe ich vor Hunger, und ich habe meinen Schlummertrunk auch nicht mitgebracht, um hier ins Bett zu gehen ! – – – Hier ist das Fazit Zur Sache: Sie schulden mir viel; aber es ist keine gerade Summe – es sind Bruchteile darin, und ich gehe auf saubere Geschäfte ein. Außerdem habe ich einen bescheidenen Geschmack. Ich habe genug für meine Frau und mich, nichts Es braucht mehr, als für meinen Sohn zu sorgen!"

„Sehr gut", rief Meiser; „Ich werde mich um die Erziehung des kleinen Kerls kümmern!"

„Jetzt, in den zwölf Tagen, seit ich wieder Weltbürger geworden bin, habe ich überall ein Wort gehört. Sowohl in Paris als auch in Berlin spricht man nur noch von Millionen; es gibt kein Wort mehr Man redet nicht mehr von irgendetwas anderem, und jedermanns Mund ist voll von Millionen. Nachdem ich so viel darüber gehört habe, bin ich neugierig geworden, zu wissen, was es ist. Geh, hol mir eine Million, und ich gebe dir Abfindung !"

Wenn Sie eine ungefähre Vorstellung von den durchdringenden Schreien bekommen wollen, die ihm antworteten, gehen Sie zur Frühstücksstunde der Greifvögel in den *Jardin des Plantes und versuchen Sie, ihnen das Fleisch aus dem Schnabel zu ziehen.* Fougas hielt die Ohren zu und blieb unerbittlich. Gebete, Argumente, falsche Darstellungen, Schmeicheleien, Kriecherlichkeiten prallten von ihm ab wie Regen von einem Zinkdach. Aber um zehn Uhr abends, als er zu dem Schluss gekommen war, dass jede Zustimmung unmöglich sei, nahm er seinen Hut:

"Guten Abend!" sagte er. „Es ist nicht mehr eine Million, die ich haben muss, sondern zwei Millionen und alles. Wir gehen zum Anwalt. Ich gehe zum Abendessen."

Er war auf der Treppe, als Frau Meiser zu ihrem Mann sagte:

„Rufen Sie ihn zurück und geben Sie ihm seine Million!"

"Bist du ein Dummkopf?"

„Hab keine Angst."

„Das schaffe ich nie!"

„Vater im Himmel! Was für Dummköpfe sind doch Männer! Monsieur! Monsieur Fougas ! Monsieur Colonel Fougas !

"Verdammnis!" sagte er, als er wieder eintrat ; „Du hättest dich früher entscheiden sollen. Aber lass uns doch mal das Geld sehen!"

Frau Meiser erklärte ihm mit ihrer zärtlichsten Stimme, dass arme Kapitalisten wie sie nicht die Angewohnheit hätten, Millionen unter Verschluss zu halten.

„Aber Sie werden nichts verlieren, wenn Sie warten, mein lieber Herr! Morgen werden Sie den Betrag in schönem weißem Silber abwickeln; mein Mann wird Ihnen einen Scheck auf die Royal Bank of Dantzic unterschreiben ."

„Aber –", sagte der unglückliche Meiser. Er unterschrieb dennoch, denn er hatte grenzenloses Vertrauen in den praktischen Einfallsreichtum von Katharina. Die alte Dame bat Fougas , sich ans Ende des Tisches zu setzen, und diktierte ihm eine Quittung über zwei Millionen als Bezahlung aller Forderungen. Sie können sich darauf verlassen, dass sie kein Wort der rechtlichen Formeln vergessen hat und dass sie die Angelegenheit ordnungsgemäß nach dem preußischen Gesetzbuch geregelt hat. Die vollständig von der Hand des Obersten verfasste Quittung füllte drei große Seiten.

Er signierte das Instrument schwungvoll und erhielt dafür die Unterschrift von Nikolaus, die er gut kannte.

„Nun", sagte er zu dem alten Herrn, „du bist sicherlich nicht so ein Araber, wie man in Berlin von dir behauptet hat. Gib mir die Hand, alter Schlingel! Normalerweise schüttle ich nur ehrlichen Menschen die Hand; aber auf einem Bei einem solchen Anlass kann man sich etwas Besonderes gönnen.

„Machen Sie es doppelt, Monsieur Fougas ", sagte Frau Meiser demütig. „Willst du nicht an diesem bescheidenen Abendessen teilnehmen?"

„Gott, alte Dame, das ist nichts, was man ablehnen kann. Mein Abendessen im Gasthaus zur ‚Uhr‘ muss kalt sein; und deine Speisen, die auf ihren Chafing Dishes rauchen, haben mir schon mehr als einen Anfall von Ablenkung bereitet. Außerdem." , hier sind einige gelbe Glasflöten, auf denen Fougas keineswegs davor zurückschrecken wird, ein Lied zu spielen."

Die ehrenwerte Katharina ließ einen zusätzlichen Teller hinstellen und befahl Berbel, zu Bett zu gehen. Der Oberst faltete Pater Meisers Million zusammen, rollte sie vorsichtig unter einen Stapel Bankscheine und steckte das Ganze in die kleine Brieftasche, die ihm seine liebe Clementine geschickt hatte.

Die Uhr schlug elf.

Um halb elf begann Fougas alles in einer rosigen Wolke zu sehen. Er lobte den Rheinwein sehr und dankte den Meisers für ihre Gastfreundschaft. Um Mitternacht versicherte er ihnen seine höchste Wertschätzung. Um Viertel nach zwölf umarmte er sie. Um halb eins hielt er eine Laudatio auf den berühmten John Meiser, seinen Freund und Wohltäter. Als er erfuhr, dass John Meiser in diesem Haus gestorben war, vergoss er einen Strom von Tränen. Um Viertel vor eins nahm er einen vertraulichen Ton an und sprach von seinem Sohn, den er glücklich machen wollte, und von der Verlobten, die auf ihn wartete. Gegen ein Uhr probierte er einen berühmten Portwein, den Frau Meiser selbst aus dem Keller holen ließ. Gegen halb eins wurde seine Zunge dicker und seine Augen wurden trübe; Er kämpfte einige Zeit gegen Trunkenheit und Schläfrigkeit an, verkündete, dass er den Russlandfeldzug schildern wolle, murmelte den Namen des Kaisers und schlüpfte unter den Tisch.

„Sie können mir glauben, wenn Sie wollen", sagte Frau Meiser zu ihrem Mann, „das ist kein Mann, der in unser Haus gekommen ist, es ist der Teufel!"

"Der Teufel!"

„Wenn nicht, hätte ich dir dann geraten, ihm eine Million zu geben? Ich hörte eine Stimme zu mir sagen: ‚Wenn du dem Boten der höllischen Mächte nicht gehorchst, wirst du beide noch in dieser Nacht sterben.‘ Aus diesem Grund rief ich ihn die Treppe hinauf . Ach! Wenn wir mit einem Mann Geschäfte gemacht hätten, hätte ich Ihnen gesagt, dass Sie es bis zum letzten Cent gerichtlich bestreiten sollen.

„Wie es Ihnen gefällt! Sie machen sich also immer noch über meine Visionen lustig?"

„Verzeih mir, Claus, mein Lieber; ich war ein Idiot!"

„Und ich bin zu dem Schluss gekommen, dass ich es auch war."

„Armer Unschuldiger! Vielleicht dachten auch Sie, das sei Colonel Fougas?"

"Sicherlich!"

„Als ob es möglich wäre, einen Mann wiederzubeleben! Es ist ein Dämon, sage ich Ihnen, der die Gestalt des Obersten angenommen hat, um uns unser Geld zu stehlen!"

„Was können Dämonen mit Geld machen?"

„Kathedralen bauen, klar!"

„Aber wie erkennt man den Teufel, wenn er verkleidet ist?"

„Zuerst an seinem gespaltenen Fuß – aber dieser hat Stiefel an; dann an seinem abgeschnittenen Ohr."

„Pah! Und warum?"

„Weil die Ohren des Teufels spitz sind und er sie abschneiden muss, um sie rund zu machen."

Meiser steckte seinen Kopf unter den Tisch und stieß einen Schreckensschrei aus.

„Es ist ganz sicher der Teufel!" sagte er. „Aber wie kam es, dass er sich schlafen ließ?"

„Vielleicht wussten Sie nicht, dass ich, als ich aus dem Keller zurückkam, in meine Kammer fiel? Ich habe einen Tropfen Weihwasser in den Hafen gegeben; Zauber gegen Zauber, und er ist gefallen."

„Das ist großartig! Aber was sollen wir mit ihm machen, jetzt, wo wir ihn in unserer Macht haben?"

„Was wird in der Heiligen Schrift mit Dämonen gemacht? Der Erretter wirft sie ins Meer."

„Das Meer ist weit von hier."

„Aber du großes Baby, die öffentlichen Brunnen sind gleich daneben!"

„Und was wird morgen gesagt, wenn die Leiche gefunden wird?"

„Es wird überhaupt nichts gefunden werden; und sogar der Scheck, den wir unterschrieben haben, wird in Zunder verwandelt."

Zehn Minuten später schleppten Herr und Frau Meiser etwas zu den öffentlichen Brunnen, und bald murmelte Dame Catharine *mit leiser Stimme* die folgende Beschwörungsformel:

„Dämon, Kind der Hölle, sei verflucht!

„Dämon, Kind der Hölle, stürze dich kopfüber hinab!

„Dämon, Kind der Hölle, kehre zur Hölle zurück!"

Ein dumpfes Geräusch – das Geräusch eines ins Wasser fallenden Körpers – beendete die Zeremonie, und die beiden Ehepartner kehrten mit der Befriedigung, die immer mit der Erfüllung einer Pflicht einhergeht, in ihr Domizil zurück.

Nikolaus sagte sich:

„Ich hätte nicht gedacht, dass sie so leichtgläubig ist!"

„Ich hätte nicht gedacht, dass er so einfach ist!" dachte der würdige Kettle, die angetraute Frau von Claus.

Sie schliefen den Schlaf der Unschuld. Oh, wie viel weniger weich wären ihre Kissen vorgekommen, wenn Fougas mit seiner Million nach Hause gegangen wäre!

Am nächsten Morgen um zehn Uhr, während sie Kaffee und Butterbrötchen genossen, kam der Präsident der Bank vorbei und sagte zu ihnen:

„Ich bin Ihnen zu großem Dank verpflichtet, dass Sie statt einer Million in bar einen Wechsel zu Paris angenommen haben, und zwar ohne Prämie. Der junge Franzose, den Sie uns geschickt haben, ist ein wenig schroff, aber sehr lebhaft und ein guter Kerl."

Kapitel XVIII.

DER OBERST VERSUCHT, SICH VON EINER MILLION ABZULASSEN, DIE IHM AUFSTEHT.

Fougas hatte Paris am Tag nach seiner Audienz nach Berlin verlassen. Für die Reise benötigte er drei Tage, da er einige Zeit in Nancy Halt machte. Der Marschall hatte ihm ein Empfehlungsschreiben an den Präfekten von Meurthe übergeben, der ihn sehr höflich empfing und versprach, ihm bei seinen Ermittlungen behilflich zu sein. Leider stand das Haus, in dem er Clementine Pichon geliebt hatte, nicht mehr. Die Behörden hatten es 1827 abgerissen, indem sie eine Straße durchschnitten. Es ist sicher, dass die Kommissare die Familie mit dem Haus nicht zerstört hatten, aber plötzlich zeigte sich eine neue Schwierigkeit: Der Name Pichon war in der Stadt, in den Vororten und im Departement reichlich vorhanden. Unter dieser Vielzahl von Pichons wusste Fougas nicht , welchen er umarmen sollte. Müde vom Jagen und begierig darauf, den Weg zum Glück voranzutreiben , hinterließ er dem Polizeikommissar diese Notiz:

„Suchen Sie in den Registern der Personenstatistik und anderswo nach einem jungen Mädchen namens Clementine Pichon. Sie war 1813 achtzehn Jahre alt; ihre Eltern hatten eine Offizierspension. Wenn sie noch lebt, geben Sie ihre Adresse ein; falls ja tot, suche nach ihren Erben. Das Glück eines Vaters hängt davon ab!"

Als er Berlin erreichte, stellte der Oberst fest, dass sein Ruf ihm vorausgeeilt war. Die Note des Kriegsministers war über die französische Gesandtschaft an die preußische Regierung geschickt worden; Leon Renault hatte trotz seiner Trauer Zeit gefunden, ein Wort an Doktor Hirtz zu schreiben; Die Zeitungen begannen zu reden und die wissenschaftlichen Gesellschaften begannen sich zu regen. Selbst der Prinzregent hatte es nicht gescheut, seinen Arzt um Auskunft zu diesem Thema zu bitten. Deutschland ist ein queeres Land, in dem die Wissenschaft selbst die Fürsten interessiert.

Fougas , der den dem Testament von Herrn Meiser beigefügten Brief von Doktor Hirtz gelesen hatte, meinte, dass er diesem hervorragenden Herrn einige Danksagungen schuldig sei. Er rief ihn an, umarmte ihn und nannte ihn das Orakel von Epidaurus. Der Arzt nahm sofort Besitz von ihm, ließ sein Gepäck aus dem Hotel holen und gab ihm das beste Zimmer in seinem Haus. Bis zum 29. Tag des Monats wurde der Oberst wie ein Freund umsorgt und als Phänomen zur Schau gestellt. Sieben Fotografen bestritten den Besitz eines so wertvollen Modells. Die Städte Griechenlands taten nichts mehr für unseren armen alten Homer. Seine Königliche Hoheit, der Prinzregent, wünschte ihn *in propriâ zu sehen Personâ* und bat Herrn Hirtz, ihn

in den Palast zu bringen. Fougas kratzte sich ein wenig am Ohr und deutete
an, dass ein Soldat sich nicht mit dem Feind verbünden dürfe, und schien
noch im Jahr 1813 zu denken.

Der Prinz ist ein angesehener Soldat, der persönlich die berühmte
Belagerung von Rastadt kommandierte . Er hatte Freude an Fougas '
Gespräch; die heroische Einfachheit des jungen alten Soldaten bezauberte
ihn. Er machte ihm große Komplimente und sagte, dass der Kaiser von
Frankreich großes Glück gehabt habe, so verdienstvolle Offiziere um sich zu
haben.

„Er hat nicht sehr viele", antwortete der Oberst. „Wenn es nur vier- oder
fünfhundert meiner Briefmarken gäbe , wäre Ihr Europa längst eingesackt!"

Diese Antwort wirkte eher amüsant als bedrohlich, und der verfügbare Teil
der preußischen Armee wurde nicht sofort aufgestockt.

Seine Königliche Hoheit teilte Fougas direkt mit , dass seine Entschädigung
auf zweihundertfünfzigtausend Francs festgesetzt worden sei und dass er
den Betrag aus der Staatskasse erhalten könne, wann immer er es für
angenehm halte.

„Mein Herr", antwortete er, „es ist immer angenehm, das Geld eines Feindes
– eines Ausländers – einzustecken. Aber warten Sie! Ich bin kein
Zensurträger von Plutus: Geben Sie mir den Rhein und Posen zurück, und
ich werde es tun." Lass dir deine zweihundertfünfzigtausend Franken.

"Träumst du?" sagte der Prinz lachend. „Der Rhein und Posen!"

„Der Rhein gehört zu Frankreich und das Posen zu Polen, viel legitimer als
dieses Geld für mich. Aber so ist es auch mit großen Herren: Sie machen es
zur Pflicht, kleine Schulden zu begleichen, und zur Ehrensache, große zu
ignorieren!" "

Der Prinz zuckte ein wenig zusammen und alle Gesichter des Hofstaates
zuckten mitfühlend. Es stellte sich heraus, dass M. Fougas schlechten
Geschmack bewiesen hatte, indem er einen Krümel Wahrheit in einen
großen Teller voller Torheiten fallen ließ.

Aber eine hübsche kleine Wiener Baronin, die bei der Präsentation dabei war,
war von seinem Aussehen weit mehr entzückt als von seinen Bemerkungen
empört. Die Wiener Damen haben sich einen Ruf für Gastfreundschaft
erworben, den sie stets zu wahren versuchen, auch wenn sie nicht in ihrem
Heimatland sind.

Die Baronin von Marcomarcus hatte noch einen weiteren Grund, den
Oberst zu erreichen: Seit zwei oder drei Jahren hatte sie ganz
selbstverständlich eine Fotosammlung berühmter Männer angelegt. Ihr

Album war mit Generälen, Staatsmännern, Philosophen und Pianisten bevölkert, die ihr ihre Porträts geschenkt hatten, nachdem sie auf der Rückseite geschrieben hatten: „Mit Hochachtung vor …" Dort waren mehrere römische Prälaten und sogar ein berühmter Kardinal zu finden ; aber ein direkterer Gesandter aus der anderen Welt fehlte noch. Dann schrieb sie Fougas einen Brief voller Ungeduld und Neugier, in dem sie ihn zum Abendessen einlud. Fougas , der am nächsten Tag für Dantzic starten sollte , nahm ein Blatt Papier mit der Prägung eines großen Adlers und machte sich an die Arbeit, um sich höflich zu entschuldigen. Er fürchtete – die zarte und ritterliche Seele! – , dass ein Abend voller Unterhaltung und Vergnügen in der Gesellschaft der schönsten Frauen Deutschlands eine Art moralischer Untreue gegenüber dem Andenken Clementines sein könnte. Er suchte dementsprechend nach einer geeigneten Anredeformel und schrieb:

„Zu nachsichtige Schönheit, ich –" Die Muse diktierte nichts weiter. Er hatte keine Lust zum Schreiben. Er hatte eher Lust aufs Abendessen. Seine Skrupel zerstreuten sich wie Wolken, die von einem lebhaften Nordostwind getrieben werden; er legte den froschigen Überrock an und trug seine Antwort selbst. Es war das erste Mal seit seiner Wiederbelebung, dass er zum Abendessen ausging. Er zeigte einen guten Appetit und betrank sich mäßig, aber nicht so stark wie gewöhnlich. Die Baronin de Marcomarcus , erstaunt über seine gute Laune und unerschöpfliche Lebhaftigkeit, behielt ihn so lange sie konnte. Und außerdem sagte sie zu ihren Freunden, als sie ihnen das Porträt des Obersten zeigte: „Es bedarf nichts als dieser französischen Offiziere, um die Welt zu erobern!"

Am nächsten Tag packte er einen schwarzen Lederkoffer, den er in Paris gekauft hatte, holte sein Geld aus der Schatzkammer und machte sich auf den Weg nach Dantzic . Er schlief in den Autos ein, weil er am Abend zuvor zum Abendessen ausgegangen war. Ein schreckliches Schnarchen weckte ihn. Er sah sich nach dem Schnarcher um, und als er ihn nicht in seiner Nähe fand, öffnete er die Tür zum angrenzenden Abteil (denn die deutschen Wagen sind viel größer als die französischen) und schüttelte einen dicken Herrn, in dem eine ganze Orgel zu spielen schien seine Person. An einer der Stationen trank er eine Flasche Marsala und aß ein paar Dutzend Sandwiches, denn das Abendessen vom letzten Abend schien ihm den Magen ausgehöhlt zu haben. In Dantzic rettete er seinen schwarzen Koffer aus den Händen eines riesigen Gepäckräubers, der ihn in Besitz nehmen wollte.

Er ging in das beste Hotel des Ortes, bestellte sein Abendessen und eilte zu Meisers Haus. Seine Freunde in Berlin hatten ihm von dieser bezaubernden Familie erzählt. Er wusste, dass er es mit den reichsten und geizigsten Scharfmachern zu tun bekommen würde, weshalb er den unbekümmerten Ton annahm, der im vorangegangenen Kapitel mehr als einem Leser seltsam vorgekommen sein dürfte.

Unglücklicherweise ließ er sich ein wenig zu menschlich werden, sobald er seine Million in der Tasche hatte. Die Neugier, die langen gelben Flaschen bis zum Boden zu untersuchen, hätte ihm beinahe eine hässliche Wendung bereitet. Sein Verstand geriet ins Wanken, ungefähr um ein Uhr morgens, wenn ich dem Bericht glauben darf , den er selbst gab. Er sagte, nachdem er den hervorragenden Menschen, die ihn so gut behandelt hatten, „Gute Nacht" gesagt hatte, sei er in einen großen und tiefen Brunnen gefallen, dessen Rand kaum über das Niveau der Straße hinausragte und der zumindest einen Brunnen hätte haben sollen Lampe daneben. „Ich kam" (er spricht immer noch) „im Wasser, sehr frisch und von angenehmem Geschmack. Nachdem ich ein oder zwei Minuten herumgeschwommen war und nach einem festen Platz zum Festhalten gesucht hatte, ergriff ich ein großes Seil und kletterte hinauf." ohne Probleme bis zur Erdoberfläche, die nicht weiter als zwölf Meter entfernt war. Es erforderte nichts als Handgelenke und ein wenig gymnastisches Geschick und war jedenfalls keine große Leistung. Als ich auf den Bürgersteig gelangte, fand ich mich selbst wieder in Gegenwart einer Art Nachtwächter, der die Stunden durch die Straße brüllte und mich unverschämt fragte, was ich denn da mache. Ich verprügelte ihn wegen seiner Unverschämtheit, und die sanfte Übung tat mir gut, weil sie mein Blut in Wallung brachte wieder gut im Umlauf. Bevor ich zum Gasthaus zurückkam, blieb ich unter einer Straßenlaterne stehen, öffnete meine Handtasche und stellte erfreut fest, dass meine Million nicht nass war. Das Leder war dick und der Verschluss fest, außerdem hatte ich sie wickelte Herrn Meisers Scheck in ein halbes Dutzend Hundertfranken-Scheine ein, in einer Rolle so dick wie ein Mönch. Diese Umgebung hatte ihn konserviert."

Nach dieser Untersuchung ging er nach Hause, legte sich zu Bett und schlief mit geballten Fäusten. Am nächsten Morgen erhielt er beim Aufstehen folgende Memoranden, die von der Polizei von Nancy stammten:

„Clementine Pichon, achtzehn Jahre alt, minderjährige Tochter von Auguste Pichon, Hotelbesitzer, und Leonie Francelot , wurde am 11. Januar 1814 in dieser Stadt mit Louis Antoine Langevin verheiratet; Beruf nicht angegeben.

„Der Name Langevin ist in diesem Departement ebenso selten wie der Name Pichon üblich. Mit Ausnahme des Hon. M. Victor Langevin, Berater der Präfektur Nancy, ist nur Langevin (Pierre) bekannt, der normalerweise genannt wird Pierrot, Müller in der Gemeinde Vergaville , Kanton Dieuze .

Fougas sprang fast bis zur Decke und weinte:

"Ich habe einen Sohn!"

Er rief den Hotelbesitzer an und sagte zu ihm:

„Machen Sie meine Rechnung aus und schicken Sie mein Gepäck zum Depot. Nehmen Sie mein Ticket nach Nancy; ich werde unterwegs nicht anhalten. Hier sind zweihundert Francs, mit denen Sie auf die Gesundheit meines Sohnes trinken möchten! Er ist es." rief Victor nach mir! Er ist Berater der Präfektur! Mir wäre es lieber, er wäre Soldat; aber egal! Ah! Hol mir zuerst jemanden, der mir den Weg zur Bank zeigt! Ich muss gehen und eine Million für ihn besorgen! "

Dantzic und Nancy keine direkte Verbindung besteht , musste er in Berlin Halt machen. M. Hirtz, den er zufällig traf, erzählte ihm, dass die wissenschaftlichen Gesellschaften der Stadt ihm zu Ehren ein riesiges Bankett vorbereiteten; aber er lehnte positiv ab.

„Es ist nicht so", sagte er, „dass ich die Gelegenheit verachte, in guter Gesellschaft zu trinken, aber die Natur hat gesprochen: Ihre Stimme zieht mich an! Der süßeste Rausch für alle rechtschaffenen Herzen ist der der väterlichen Liebe!"

Um sein liebes Kind auf die Freude einer so wenig erwarteten Rückkehr vorzubereiten, steckte er seine Million in einen an Herrn Victor Langevin adressierten Umschlag mit einem langen Brief, der wie folgt endete:

> „Der Segen eines Vaters ist kostbarer als alles Gold der Welt!
>
> „ VICTOR FOUGAS ."

Die Untreue von Clementine Pichon berührte seine *Liebe* ein wenig, aber er tröstete sich bald damit.

„Zumindest", dachte er, „muss ich keine alte Frau heiraten, wenn in Fontainebleau eine junge auf mich wartet. Und außerdem hat mein Sohn einen Namen, und zwar einen sehr vorzeigbaren Namen. Fougas wäre es ." viel besser, aber Langevin ist nicht schlecht.

Er kam am 2. September um sechs Uhr abends in der großen und schönen, aber etwas dämlichen Stadt an, die das Versailles von Lothringen darstellt. Sein Herz raste bis zum Platzen. Um neue Kraft zu tanken, nahm er ein gutes Abendessen zu sich. Bei der Katechese beim Nachtisch erzählte ihm der Wirt die allerbesten Berichte über M. Victor Langevin: einen noch jungen Mann, seit sechs Jahren verheiratet, Vater eines Jungen und eines Mädchens, in der Nachbarschaft respektiert und in seinen Angelegenheiten wohlhabend .

„Da war ich mir sicher!" sagte Fougas .

Er schenkte sich einen Schluck Kirschwasser aus dem Schwarzwald ein, das seiner Meinung nach köstlich zu seinen Makkaroni passte .

Am selben Abend erzählte M. Langevin seiner Frau, wie er, als er um zehn Uhr aus dem Club zurückkam, von einem betrunkenen Mann brutal angegriffen worden sei. Er hielt ihn zunächst für einen Räuber und bereitete sich darauf vor, sich zu verteidigen; aber der Mann begnügte sich damit, ihn zu umarmen, und rannte dann mit aller Kraft davon. Dieser einzigartige Zufall brachte die beiden Ehegatten in eine Reihe von Vermutungen, von denen jede weniger wahrscheinlich war als die vorhergehende. Da sie jedoch beide jung und erst seit sieben Jahren verheiratet waren, wechselten sie bald das Thema.

Am nächsten Morgen erschien Fougas , beladen wie ein Müllerarsch mit Bonbons, bei M. Langevin . Um sich bei seinen beiden Enkelkindern willkommen zu heißen, hatte er den Laden des berühmten Lebègue – des Boissier von Nancy – überflogen. Der Diener, der ihm die Tür öffnete, fragte, ob er der Herr sei, den ihr Herr erwartete.

"Gut!" sagte er; „Mein Brief ist angekommen?“

„Ja, Sir; gestern Morgen. Und Ihr Gepäck?“

„Ich habe es im Hotel gelassen.“

„Damit wird Monsieur nicht zufrieden sein. Ihr Zimmer ist fertig, die Treppe hinauf .“

„Danke! Danke! Danke! Nehmen Sie diesen Hundert-Franken- Schein für die gute Nachricht.“

„Oh, Monsieur! Es war nicht so viel wert.“

„Aber wo ist er? Ich möchte ihn sehen – ihn umarmen – ihm sagen –“

„Er kleidet sich, Monsieur, und Madame auch.“

„Und die Kinder – meine lieben Enkel?“

„Wenn Sie sie sehen wollen, sind sie genau hier im Esszimmer.“

„Wenn ich will! Mach sofort die Tür auf!“

Er entdeckte, dass der kleine Junge ihm ähnelte, und war überglücklich, ihn in der Kleidung eines Artilleristen zu sehen, der mit einem Säbel spielte . Seine Taschen lagen bald leer auf dem Boden; und die beiden Kinder hingen ihm um den Hals, als sie so viel Gutes sahen.

„O Philosophen!“ rief der Oberst, „wagen Sie es, die Existenz der Stimme der Natur zu leugnen?“

Eine hübsche kleine Dame (alle jungen Frauen in Nancy sind hübsch) rannte auf die Freudenschreie der kleinen Brut herein.

"Meine Schwiegertochter!" rief Fougas und öffnete seine Arme.

Die Dame des Hauses schreckte bescheiden zurück und sagte mit einem leichten Lächeln:

„Sie irren sich, Sir; ich bin nicht Ihre Schwiegertochter; [9] ich bin Madame Langevin."

"Was für ein Idiot ich bin!" dachte der Colonel. „Hier wollte ich unsere Familiengeheimnisse vor diesen Kindern verraten. Pass auf deine Manieren auf, Fougas ! Du befindest dich in einer feinen Gesellschaft, in der die Glut der süßesten Gefühle unter der eisigen Maske der Gleichgültigkeit verborgen ist."

„Setzen Sie sich", sagte Frau. Langevin. „Ich hoffe, dass Sie eine angenehme Reise hatten?"

„Ja, Madame. Nur Dampf schien mir zu langsam!"

„Ich wusste nicht, dass du es so eilig hattest, hierher zu kommen."

„Du hast also nicht gemerkt, dass ich so sehr darauf brannte, mit dir zusammen zu sein?"

„Ich freue mich, das zu hören; es ist ein Beweis dafür, dass sich Vernunft und familiäre Zuneigung endlich Gehör verschafft haben."

„War es meine Schuld, dass die familiären Bindungen nicht früher deutlich zum Ausdruck kamen?"

„Nun ja, die Hauptsache ist, dass Sie ihnen zugehört haben. Wir werden alles tun, um zu verhindern, dass Sie Nancy uninteressant finden."

„Wie könnte ich, da ich bei dir leben soll?"

„Vielen Dank! Unser Haus gehört Ihnen. Versuchen Sie, sich wie zu Hause vorzustellen."

„In der Fantasie und auch in der Zuneigung, Madame."

„Und du wirst nicht wieder an Paris denken?"

„ Paris!—— – Es ist mir genauso wichtig wie der Weltuntergang!"

„Ich warne Sie, dass es hier nicht üblich ist, sich zu duellieren."

„Was? Du weißt schon –"

„Wir wissen alles darüber, sogar über die Geschichte dieses berühmten Abendessens mit diesen ziemlich flüchtigen Damen."

„Wie zum Teufel hast du davon erfahren? Aber damals, glaub mir, war ich sehr entschuldbar."

Hier erschien M. Langevin, frisch rasiert und rotbraun – ein schönes Exemplar des Unterpräfekten im Embryo.

„Es ist wundervoll", dachte Fougas , „wie gut unsere ganze Familie ihre Jahre erträgt! Man würde diesen Kerl nicht als über fünfunddreißig bezeichnen, und er ist sechsundvierzig, wenn er ein Tag ist. Er sieht mir kein bisschen ähnlich, übrigens; er ist seiner Mutter nachempfunden!"

"Mein Schatz!" sagte Frau. Langevin: „Das ist ein schwieriges Thema, das verspricht, in Zukunft klüger zu sein."

„Gerne geschehen, junger Mann!" sagte der Berater und reichte Fougas seine Hand .

Dieser Empfang kam unserem armen Helden kalt vor. Er hatte von einem Schauer von Küssen und Tränen geträumt, und hier begnügten sich seine Kinder damit, ihre Hände anzubieten.

„Mein Chi-- Monsieur", sagte er zu Langevin, „es fehlt noch eine Person, um unsere Wiedervereinigung zu vollenden. Ein paar gegenseitige Fehler, und solche, die mit der Zeit geglättet wurden, sollten keine unüberwindbare Barriere zwischen uns aufbauen. Darf ich es wagen um die Gunst zu bitten, deiner Mutter vorgestellt zu werden?"

M. Langevin und seine Frau öffneten erstaunt die Augen.

„Wie, Monsieur?" sagte der Ehemann. „Das Pariser Leben muss Ihr Gedächtnis beeinträchtigt haben. Meine arme Mutter ist nicht mehr. Es ist jetzt drei Jahre her, seit wir sie verloren haben!"

Der gute Fougas brach in Tränen aus.

"Verzeihen Sie mir!" sagte er; „Ich wusste es nicht. Arme Frau!"

„Ich verstehe dich nicht! Du kanntest meine Mutter?"

"Undankbare!"

„Na, du bist ein lustiger Kerl! Aber deine Eltern waren doch zur Beerdigung eingeladen, nicht wahr?"

„Wessen Eltern?"

„Dein Vater und deine Mutter!"

„Eh! Worüber gackerst du mir denn so vor? Meine Mutter war tot, bevor deine geboren wurde!"

„Deine Mutter ist tot?"

„Ja, sicherlich; im Jahr 1989!"

„Was! War es nicht deine Mutter, die dich hierher geschickt hat?“

„Monster! Es war mein väterliches Herz, das mich gebracht hat!“

„Väterliches Herz? – Warum bist du dann doch nicht der junge Jamin, der in der Hauptstadt Damien zerschnitten hat und nach Nancy geschickt wurde, um die Landwirtschaftsschule zu besuchen?“

Der Oberst antwortete mit der Stimme von Jupiter tonans :

„Ich bin Fougas !“

"Sehr gut!"

„Wenn die Natur dir nichts für mich sagt, undankbarer Sohn, stelle den Geist deiner Mutter in Frage!“

„Bei meiner Seele, Herr“, rief der Ratgeber, „wir können noch eine ganze Weile miteinander spielen! Setzen Sie sich bitte hin und erzählen Sie mir, was Sie zu tun haben – Marie, nehmen Sie die Kinder mit.“

Fougas brauchte kein Drängen. Er schilderte ausführlich die Romantik seines Lebens, ohne etwas auszulassen, aber mit vielen feinen Details für die kindlichen Ohren von M. Langevin. Der Berater hörte ihm geduldig und mit dem Anschein vollkommener Desinteresse zu.

„Monsieur“, sagte er schließlich, „zuerst habe ich Sie für einen Verrückten gehalten; aber jetzt erinnere ich mich, dass in den Zeitungen einige Fetzen Ihrer Geschichte standen, und ich sehe, dass Sie das Opfer eines Fehlers sind. Das bin ich nicht.“ Sechsundvierzig Jahre alt, aber vierunddreißig. Der Name meiner Mutter war nicht Clementine Pichon, sondern Marie Herval . Sie wurde nicht in Nancy, sondern in Vannes geboren und war 1813 erst sieben Jahre alt. Trotzdem bin ich glücklich Macht euch bekannt."

„Ah! Du bist nicht mein Sohn!“ antwortete Fougas wütend. "Sehr gut! Umso schlimmer für dich! Niemand scheint einen Vater namens Fougas zu wollen ! Was Söhne namens Langevin betrifft, muss man sich nur bücken, um sie hochzuheben. Ich weiß, wo man einen finden kann, der ... ist zwar kein Präfekturrat und trägt keinen Spitzenmantel, um zur Messe zu gehen, sondern hat ein ehrliches und einfaches Herz und heißt Pierre, genau wie ich! Aber ich bitte um Verzeihung „Wenn man den Herren die Tür zeigt, sollte man ihnen zumindest das zurückgeben, was ihnen gehört.“

„Ich hindere Sie nicht daran, die Bonbons einzusammeln, die meine Kinder auf dem Boden verstreut haben.“

„Ja, ich spreche von Bonbons mit aller Macht! Meine Million, Sir!“

„Welche Millionen?“

Die Million deines Bruders ! – – Nein! Die Million, die dem gehört, der nicht dein Bruder ist – dem Sohn von Clementine, meinem lieben und einzigen Kind, dem einzigen Spross meiner Rasse, Pierre Langevin, genannt Pierrot, einem Müller in Vergaville ! "

„Aber ich versichere Ihnen, Monsieur, dass ich weder Ihre Million noch die von irgendjemand anderem habe."

„Du wagst es zu leugnen, Schurke, als ich es dir selbst per Post geschickt habe!"

„Möglicherweise haben Sie es geschickt, aber ich habe es ganz sicher nicht erhalten!"

„Aha! Verteidige dich!"

Er ging ihm an die Kehle, und vielleicht hätte Frankreich an diesem Tag einen Präfekturrat verloren, wenn die Dienerin nicht mit zwei Briefen in der Hand hereingekommen wäre. Fougas erkannte seine eigene Handschrift und den Berliner Poststempel, riss den Umschlag auf und zeigte den Scheck.

„Hier", sagte er, „ist die Million, die ich für Sie bestimmt habe, wenn Sie es für richtig gehalten hätten, mein Sohn zu sein! Jetzt ist es zu spät für Sie, sich zurückzuziehen. Die Stimme der Natur ruft mich nach Vergaville . Ihr Diener, Sir!"

Am 4. September feierte Pierre Langevin, Müller in Vergaville , die Hochzeit seines zweiten Sohnes, Kadett Langevin. Die Familie des Müllers war zahlreich, respektabel und in komfortablen Verhältnissen. Da war zunächst der Großvater, ein feiner, gesunder alter Mann, der seine vier Mahlzeiten am Tag zu sich nahm und seine kleinen Beschwerden mit dem Wein aus Bar oder Thiaucourt behandelte . Die Großmutter, Catharine, war zu ihrer Zeit hübsch und ein wenig frivol gewesen; aber sie büßte mit völliger Taubheit das Verbrechen, den Galanten zu zärtlich zugehört zu haben. M. Pierre Langevin, alias Pierrot, alias Big Peter, war, nachdem er sein Glück in Amerika gesucht hatte (ein Brauch, der in den ländlichen Gegenden weit verbreitet war), in nahezu dem Zustand des kleinen Johannes und nur Gottes ins Dorf zurückgekehrt weiß, wie viele Witze über sein Pech gemacht wurden. Die Menschen in Lothringen sind schreckliche Witzbolde, und wenn Sie keine Lust auf persönliche Witze haben, rate ich Ihnen, nicht in ihre Nachbarschaft zu reisen. Der große Peter, zutiefst verletzt und halb verrückt, weil er sein Erbe aufgebraucht hatte, borgte sich Geld zu zehn Prozent, kaufte die Mühle in Vergaville , arbeitete wie ein Ackerpferd auf schwerem Land und zahlte sein Kapital und die Zinsen zurück. Das Glück, das ihm einige Entschädigungen schuldete, schenkte ihm *gratis pro Deo* , ein halbes Dutzend hervorragende Arbeiter – sechs große Jungs, die ihm seine Frau schenkte, einen jährlich, so regelmäßig wie ein Uhrwerk. Jedes Jahr, neun Monate bis einen Tag nach dem *Fest* von Vergaville , schenkte Claudine (auch bekannt als Glaudine) einen von ihnen zur Taufe. Schließlich starb sie nach dem sechsten, weil sie vor ihrem Kirchenbesuch vier große Stücke Quiche *gegessen hatte* . Der große Peter heiratete nicht noch einmal, da er zu dem Schluss gekommen war, dass er genug Arbeitskräfte hatte, und vergrößerte sein Vermögen weiterhin beträchtlich. Aber da in den Dörfern die Scherze lange währen, sprachen die Kameraden des Müllers immer noch mit ihm über die berühmten Millionen, die er nicht aus Amerika mitgebracht hatte, und der große Peter wurde ganz rot unter seinem Mehl, genau wie er es in seinen früheren Zeiten getan hatte Tage.

Am 4. September heiratete er dann seinen zweiten Sohn mit einer stattlichen, großen Frau aus Altroff , die dicke und strahlende Wangen hatte: eine Art Schönheit, die im Lande sehr beliebt ist. Die Hochzeit fand in der Mühle statt, da die Braut von Vater und Mutter verwaist war und zuvor bei den Nonnen von Molsheim gelebt hatte.

Ein Bote kam und teilte Pierre Langevin mit, dass ein Herr mit Orden ihm etwas zu sagen hätte, und Fougas erschien in seiner ganzen Pracht. „Guter Herr“, sagte der Müller, „ich bin weit davon entfernt, über Geschäfte zu reden, da wir gerade vor der Messe einen guten Schluck Weißwein getrunken haben; aber wir werden einen Rotwein trinken, der keineswegs schlecht ist.“ , beim Abendessen, und wenn Ihr Herz Sie dazu drängt, zögern Sie nicht! Der Tisch ist lang. Wir können uns danach unterhalten. Sie sagen nicht nein? Dann ist das ja.“

„Ausnahmsweise“, dachte Fougas , „ich irre mich nicht. Das ist sicherlich die Stimme der Natur! Ich hätte mir einen Soldaten besser gewünscht, aber dieser freundliche, rustikale, so angenehm runde, befriedigt mein Herz. Ich kann ihm nichts zu verdanken haben.“ viele Befriedigungen meines Stolzes; aber egal! Ich bin *seines* Wohlwollens sicher.“

Das Abendessen wurde serviert und der Tisch war schwerer mit Speisen beladen als der Magen von Gargantua. Der große Peter, der ebenso stolz auf seine große Familie wie auf sein kleines Vermögen war, ließ den Oberst dabei sein, während er seine Kinder aufzählte. Und Fougas freute sich, als er erfuhr, dass er sechs willkommene Enkelkinder hatte.

Er saß rechts neben einer kleinen, verkrüppelten alten Frau, die ihm als Großmutter der Jugendlichen vorgestellt wurde. Himmel! wie verändert erschien ihm Clementine. Abgesehen von den Augen, die immer noch lebhaft und funkelnd waren, war an ihr nichts mehr zu erkennen. „Sehen Sie“, dachte Fougas , „wie ich heute gewesen wäre, wenn der würdige John Meiser mich nicht ausgetrocknet hätte!“ Er lächelte vor sich hin und betrachtete Großvater Langevin, den angeblichen Stammvater dieser zahlreichen Familie . „Armer alter Kerl", murmelte Fougas , „du denkst kaum, was du mir schuldest!"

Bei Dorfhochzeiten wird ausgelassen gegessen. Dies ist ein Missbrauch, den die Zivilisation, wie ich aufrichtig hoffe, niemals ändern wird. Im Schutz des Lärms begann Fougas ein Gespräch mit seinem linken Nachbarn oder glaubte es zumindest zu tun. „Clementine!" er sagte zu ihr. Sie hob die Augen und auch die Nase und antwortete:

„Ja, Monsieur."

„Mein Herz hat mich also nicht getäuscht ? – Du bist tatsächlich meine Clementine!"

„Ja, Monsieur."

„Und du hast mich erkannt, edle und ausgezeichnete Frau!"

„Ja, Monsieur."

„Aber wie konntest du deine Gefühle so gut verbergen? – Wie stark Frauen sind! – Ich falle vom Himmel in die Mitte deines friedlichen Daseins, und du siehst mich, ohne einen Muskel zu bewegen!"

„Ja, Monsieur."

„Hast du mir eine scheinbare Verletzung vergeben, für die allein das Schicksal verantwortlich ist?"

„Ja, Monsieur."

„Danke! Tausend Dank! – – – Was für eine bezaubernde Familie Sie haben! Dieser gute Pierre, der fast seine Arme öffnete, als er mich kommen sah, ist mein Sohn, nicht wahr?"

„Ja, Monsieur."

„Freue dich! Er wird reich sein! Er ist bereits glücklich; ich bringe ihm Vermögen. Sein Anteil soll eine Million betragen. Oh, Clementine! Was für ein Aufruhr wird es in dieser einfachen Versammlung geben, wenn ich meine Stimme erhebe und zu meinem Sohn sage : „Hier! Diese Million ist für dich!" Ist es jetzt ein guter Zeitpunkt? Soll ich sprechen? Soll ich alles erzählen?"

„Ja, Monsieur."

Fougas stand sofort auf und bat um Ruhe. Die Leute dachten, er würde ein Lied singen, und alle schwiegen.

„Pierre Langevin", sagte er mit Nachdruck, „ich bin aus der anderen Welt zurückgekommen und habe dir eine Million gebracht."

Wenn der große Peter nicht wütend werden wollte, wurde er wenigstens rot, und der Witz kam ihm geschmacklos vor. Doch als Fougas verkündete, dass er die Großmutter in ihrer Jugend geliebt hatte, zögerte Großvater Langevin nicht länger, ihm eine Flasche an den Kopf zu werfen. Der Sohn des Obersten, seine großartigen Enkelkinder und sogar die Braut sprangen alle voller Elan auf, und es kam tatsächlich zu einem sehr hübschen Gefecht.

Zum ersten Mal in seinem Leben behielt Fougas nicht die Oberhand. Er hatte Angst, dass er einige seiner Familienangehörigen verletzen könnte. Die väterliche Zuneigung raubte ihm drei Viertel seiner Macht.

Doch als er während des Lärms erfuhr, dass Clementine Catharine hieß und dass Pierre Langevin im Jahr 1810 geboren wurde, nahm er die Offensive wieder auf, riss sich drei Augen ein, brach einen Arm, zertrümmerte zwei Nasen, schlug vier Dutzend Zähne ein und eroberte mit allem seine Kutsche zurück die Ehren des Krieges.

„Der Teufel nimmt die Kinder!" sagte er, während er in einer Postkutsche zum Bahnhof Avricourt fuhr . „Wenn ich einen Sohn habe, wünsche ich mir, dass er mich findet!"

KAPITEL XIX.

Er sucht und schenkt die Hand der Clementine.

Am fünften September, um zehn Uhr morgens, lag Leon Renault abgemagert, niedergeschlagen und kaum wiederzuerkennen zu Füßen von Clementine Sambucco im Wohnzimmer ihrer Tante. Auf dem Kaminsims und in allen Vasen standen Blumen. Zwei große Einbrechersonnenstrahlen brachen durch die offenen Fenster. Eine Million kleiner bläulicher Atome spielten im Licht, kreuzten sich und vermischten sich fantastisch, wie die Ideen in einem Band von M. Alfred Houssaye . Im Garten fielen die Äpfel, die Pfirsiche waren reif, die Hornissen pflügten breite, tiefe Furchen in die *Duchesse-* Birnen; Die Trompetenblumen und Clematis-Ranken blühten, und als Krönung blühte eine große Masse von Heliotropen, die über dem linken Fenster hingen, in all ihrer Schönheit. Die Sonne hatte allen Weintrauben in der Laube einen goldenen Bronzeton verliehen; und die große Yucca auf dem Rasen, die vom Wind wie ein chinesischer Hut geschüttelt wurde, ließ lautlos ihre silbernen Glöckchen klirren. Aber der Sohn von Herrn Renault war blasser und hagerer als die weißen Fliederzweige, verdorbener als die Blätter des alten Kirschbaums; Sein Herz war ohne Freude und ohne Hoffnung, wie die Johannisbeersträucher ohne Blätter und ohne Früchte!

Aus seinem Heimatland verbannt zu werden, drei Jahre in einem unwirtlichen Klima gelebt zu haben, so viele Tage in tiefen Minen, so viele Nächte über einem Tonofen inmitten einer Unzahl von Käfern und einer Vielzahl von Leibeigenen verbracht zu haben, und zu sehen, wie er für einen 25-Louis-Colonel zur Seite gestellt wird, den er selbst zum Leben erweckt hat, indem er ihn in Wasser eingeweicht hat!

Alle Menschen unterliegen Enttäuschungen, aber sicherlich ist noch nie jemand einem so unvorhergesehenen und außergewöhnlichen Unglück begegnet. Leon wusste, dass die Erde kein Tal ist, in dem Schokolade und Suppe *à la reine fließen* . Er kannte die Liste der berühmten Unglücklichen, beginnend mit Abel, der im Garten des Paradieses ermordet wurde, und endend mit Rubens, der in der Galerie des Louvre in Paris ermordet wurde. Aber die Geschichte, die uns selten belehrt, tröstet uns nie. Der arme Ingenieur wiederholte sich vergeblich, dass tausend andere am Tag vor der Hochzeit ersetzt worden seien und hunderttausend am Tag danach. Die Melancholie war stärker als die Vernunft, und an seinen Schläfen begannen drei oder vier weiche Locken weiß zu werden.

„Clementine!" sagte er: „Ich bin der elendste aller Menschen. Indem du mir die Hand verweigerst, die du versprochen hast, verurteilst du mich zu Qualen, die hundertmal schlimmer sind als der Tod. Ach! Was würdest du aus mir ohne dich werden? Ich muss allein leben, denn ich liebe dich zu sehr, um einen anderen zu heiraten. Seit vier langen Jahren sind alle meine Zuneigungen, alle meine Gedanken auf dich gerichtet ; ich habe mich daran gewöhnt, andere Frauen als minderwertige Wesen zu betrachten, die es nicht wert sind, das Interesse eines Mannes auf sich zu ziehen! Ich werde dir nicht von den Anstrengungen erzählen, die ich unternommen habe, um dich zu verdienen; sie brachten ihren Lohn in sich selbst, und ich war schon zu glücklich, für dich zu arbeiten und zu leiden. Aber sieh dir das Elend an, in dem mich deine Desertion zurückgelassen hat! Ein geworfener Seemann auf einer einsamen Insel hat weniger zu beklagen als ich: Ich werde gezwungen sein, in deiner Nähe zu leben, das Glück eines anderen mitzuerleben, zu sehen, wie du auf dem Arm meines Rivalen an meinen Fenstern vorbeigehst! Ach! Der Tod wäre erträglicher als diese Konstante Qual. Aber ich habe nicht einmal das Recht zu sterben! Meine armen alten Eltern haben schon genug Sorgen . Was wäre es, großer Gott! wenn ich sie verurteilen würde, den Verlust ihres Sohnes zu tragen?"

Diese Klage, unterbrochen von Seufzern und Tränen, schmerzte Clementines Herz. Das arme Kind weinte auch, denn sie liebte Leon von ganzem Herzen, aber es wurde ihr verboten, es ihm zu sagen. Als sie ihn vor sich halb sterben sah, verspürte sie mehr als einmal die Versuchung, ihre Arme um seinen Hals zu werfen, aber die Erinnerung an Fougas lähmte alle ihre zarten Impulse.

„Mein armer Freund", sagte sie, „du verurteilst mich sehr zu Unrecht, wenn du denkst, dass ich für deine Leiden unempfindlich bin. Ich kenne dich gründlich, Leon, und das schon seit meiner Kindheit. Ich weiß alles, was an Hingabe in dir steckt." , Zartheit und kostbare und edle Tugenden. Seit der Zeit, als du mich in deinen Armen zu den Armen trugst und mir einen Penny in die Hand gabst, um mich das Geben von Almosen zu lehren, habe ich nie von Barmherzigkeit gesprochen, ohne unwillkürlich an dich zu denken. Wann Du hast einen Jungen ausgepeitscht, der doppelt so groß war wie du, weil er mir meine Puppe weggenommen hat. Ich hatte das Gefühl, dass Mut edel ist und dass eine Frau glücklich sein würde, wenn sie sich auf einen tapferen Mann stützen könnte. Alles, was ich seitdem jemals von dir gesehen habe, war nur verdoppelte meine Wertschätzung und mein Mitgefühl. Glauben Sie mir, dass ich Sie jetzt weder aus Bosheit noch aus Undankbarkeit leiden lasse. Leider gehöre ich nicht mehr mir selbst , ich stehe unter äußerer Kontrolle; ich bin wie diese Automaten, die sich bewegen, ohne zu wissen warum. Ja, ich spüre einen Impuls in mir, der stärker ist als meine Selbstbeherrschung , und es ist der Wille eines anderen, der mich leitet."

„Wenn ich nur sicher sein könnte, dass du glücklich sein wirst! Aber nein! Dieser Mann, vor dem du mich opferst, wird niemals den Wert einer so zarten Seele wie deiner erkennen. Er ist ein Rohling, ein Draufgänger, ein Trunkenbold.“ ."

„Ich flehe dich an, Leon, denk daran, dass er ein Recht auf meinen uneingeschränkten Respekt hat!“

„Respekt! Für ihn! Und warum? Ich frage Sie, im Namen des Himmels, was Sie an der Figur von Herrn Fougas respektabel finden ? Sein Alter? Er ist jünger als ich. Seine Talente? Er zeigt sie nirgendwo anders als am Tisch.“ . Seine Ausbildung? Es ist herrlich! Seine Tugenden? *Ich* weiß, was von seiner Vornehmheit und Dankbarkeit zu halten ist!“

„Ich habe ihn respektiert, Leon, seit ich ihn zum ersten Mal in seinem Sarg gesehen habe. Dieses Gefühl ist stärker als alles andere; ich kann es nicht erklären, ich kann mich ihm nur unterwerfen.“

„Sehr gut! Respektiere ihn so sehr du willst! Gib dem Aberglauben nach, der dich fesselt. Sehe in ihm ein wundersames Wesen, geweiht, aus dem Griff des Todes gerettet, um etwas Großes auf Erden zu vollbringen! Aber das selbst, oh meine liebe Clementine , ist eine Barriere zwischen dir und ihm! Wenn Fougas außerhalb der Bedingungen der Menschheit steht, wenn er ein Phänomen, ein eigenständiges Wesen, ein Held, ein Halbgott, ein Fetisch ist, kannst du nicht ernsthaft daran denken, seine Frau zu werden. Was mich betrifft „Ich bin nur ein Mann wie andere, geboren, um zu arbeiten, zu leiden und zu lieben. Ich liebe dich! Liebe mich!“

"Schurke!" rief Fougas und öffnete die Tür.

Clementine stieß einen Schrei aus, Leon sprang schnell auf, aber der Colonel hatte ihn bereits am praktischsten Teil seines Nanking-Anzugs gepackt, bevor er überhaupt Zeit hatte, über ein einziges Wort als Antwort nachzudenken. Der Ingenieur wurde hochgehoben, wie ein Atom in einem der Sonnenstrahlen balanciert und mitten in die Heliotrope geschleudert. Armer Leon! Arme Heliotrope!

In weniger als einer Sekunde war der junge Mann auf den Beinen. Er klopfte sich den Staub von den Knien und Ellbogen, trat ans Fenster und sagte mit ruhiger, aber entschlossener Stimme: „Herr Oberst, ich bereue es aufrichtig, Sie wieder zum Leben erweckt zu haben, aber möglicherweise ist die Torheit, deren ich mich schuldig gemacht habe, nicht irreparabel.“ . Ich hoffe, bald Gelegenheit zu haben, herauszufinden, ob es so ist! Was Sie betrifft, Mademoiselle, ich liebe Sie!“

Der Oberst zuckte mit den Schultern und legte sich zu Füßen des jungen Mädchens auf das Kissen, auf dem noch immer der Abdruck von Leon zu sehen war. Mlle. Virginie Sambucco , vom Lärm angezogen, stürzte wie eine Lawine die Treppe hinunter und hörte das folgende Gespräch.

„Idol einer großen Seele! Fougas kehrt zu dir zurück wie der Adler zu seinem Horst. Ich habe lange die Welt auf der Suche nach Rang, Reichtum und Familie durchquert, die ich unbedingt dir zu Füßen legen wollte. Das Glück hat mir wie ein Sklave gehorcht: Sie weiß, in welcher Schule ich die Kunst gelernt habe, sie zu kontrollieren. Ich bin durch Paris und Deutschland gereist wie ein siegreicher Meteor, geführt von seinem Stern. Ich habe mich überall gleichberechtigt mit den Mächten der Erde verbunden und die Posaune der Wahrheit erklingen lassen die Hallen der Könige. Ich habe meinen Fuß auf die Kehle des gierigen Geizes gesetzt und ihm zumindest einen Teil der Schätze entrissen, die er der allzu vertrauensvollen Ehre gestohlen hatte. Ein einziger Segen bleibt mir verwehrt: der Sohn I Ich hoffte zu sehen, ist den Luchsaugen der väterlichen Liebe entgangen. Auch habe ich den alten Gegenstand meiner ersten Zuneigung nicht gefunden. Aber worauf kommt es an? Ich werde den Mangel an nichts spüren, wenn du für mich den Platz von allem einnimmst. Was tun? Warten wir jetzt? Bist du taub für die Stimme des Glücks, die dich ruft? Lass uns zum Tempel der Gesetze gehen, dann sollst du mir bis zum Fuß des Altars folgen; Ein Priester soll unsere Bande weihen, und wir werden aufeinander gestützt durchs Leben gehen. Ich mag die Eiche, die die Schwäche aushält, du wie der anmutige Efeu, der das Symbol der Stärke schmückt.“ [10]

Clementine blieb einige Augenblicke ohne zu antworten, als wäre sie von der vehementen Rhetorik des Colonels verblüfft. „Monsieur Fougas “, sagte sie zu ihm, „ich habe Ihnen immer gehorcht, ich verspreche, Ihnen mein ganzes Leben lang zu gehorchen. Wenn Sie nicht möchten, dass ich den armen Leon heirate, werde ich auf ihn verzichten. Ich liebe ihn dennoch von ganzem Herzen Ein einziges Wort von ihm löst in meinem Herzen mehr Emotionen aus als all die schönen Dinge, die du mir gesagt hast.

"Gut, sehr gut!" rief die Tante . „Was mich betrifft, Sir, obwohl Sie mir nie die Ehre erwiesen haben, mich zu konsultieren, werde ich Ihnen meine Meinung sagen. Meine Nichte ist überhaupt nicht die Frau, die zu Ihnen passt. Waren Sie reicher als Herr de Rothschild und berühmter als? Herzog von Malakoff, ich würde Clementine nicht raten, Sie zu heiraten.

„Und warum, keusche Minerva?“

„Weil Sie sie fünfzehn Tage lang lieben und dann beim ersten Kanonendonner in den Krieg ziehen würden! Sie würden sie im Stich lassen, Sir, genau wie Sie es mit der unglücklichen Clementine getan haben, deren Unglück uns erzählt wurde!“

„Zounds! Lady Tante! Ich *rate Ihnen, Ihr Mitleid mit ihr* zu zeigen ! Drei Monate nach Leipzic heiratete sie in Nancy einen Kerl namens Langevin.“

"Was sagen Sie?"

„Ich sage, dass sie einen Militärkommissar namens Langevin geheiratet hat.“

„In Nancy?“

„In derselben Stadt.“

"Das ist merkwürdig!

„Es ist ungeheuerlich!

„Aber diese Frau – dieses junge Mädchen – ihr Name?

„Ich habe es dir hundertmal gesagt: Clementine!“

„Clementine was?

„Clementine Pichon.“

„Gnädiger Himmel! Meine Schlüssel! Wo sind meine Schlüssel? Ich bin sicher, ich habe sie in meine Tasche gesteckt! Clementine Pichon! M. Langevin! Es ist unmöglich! Meine Sinne verlassen mich! Komm, mein Kind, reg dich auf! Das Glück von Dein ganzes Leben ist besorgt. Wo *hast* du meine Schlüssel gesteckt? Ah! Hier sind sie!“

Fougas beugte sich zu Clementines Ohr und sagte:

„Ist sie diesen Angriffen ausgesetzt? Man könnte annehmen, dass das arme alte Mädchen den Kopf verloren hat!“

Aber Virginie Sambucco hatte bereits eine kleine Sekretärin aus Rosenholz eröffnet. Ihr zielsicherer Blick entdeckte einen Aktenordner , ein vom Alter vergilbtes Blatt.

"Ich habe es!" sagte sie mit einem Freudenschrei. „Marie Clementine Pichon, eheliche Tochter von August Pichon, Hotelbesitzer in der *Rue des Merlettes* in dieser Stadt Nancy; verheiratet am 10. Juni 1814 mit Joseph Langevin, Militärunterkommissar. Ist sie es sicher , Monsieur? Wagen Sie es, es zu sagen ist sie nicht!"

„Na ja! Aber woher hast du zufällig meine Familienpapiere?“

„Arme Clementine! Und Sie beschuldigen sie der Untreue! Dann verstehen Sie nicht, dass Sie für tot gehalten wurden! Dass sie sich für eine Witwe hielt, ohne eine Frau gewesen zu sein; dass –“

„Es ist alles in Ordnung! Es ist alles in Ordnung! Ich vergebe ihr. Wo ist sie? Ich möchte sie sehen, sie umarmen, ihr sagen –“

„Sie ist tot, Monsieur! Sie starb drei Monate nach ihrer Heirat.“

„Ah! Der Teufel!“

„Bei der Geburt einer Tochter –“

„Wo ist meine Tochter? Ich hätte lieber einen Sohn gehabt, aber egal! Wo ist sie? Ich möchte sie sehen, sie umarmen, ihr sagen –"

„Leider! Sie ist nicht mehr! Aber ich kann dich zu ihrem Grab führen."

„Aber woher zum Teufel hast du sie gekannt?"

„Weil sie meinen Bruder geheiratet hat!"

„Ohne meine Zustimmung? Aber egal! Zumindest hat sie ein paar Kinder hinterlassen, nicht wahr?"

"Einziger."

„Ein Sohn! Er ist mein Enkel!"

"Eine Tochter."

„Macht nichts! Sie ist meine Enkelin! Ich hätte lieber einen Enkel gehabt, aber wo ist sie? Ich möchte sie sehen, sie umarmen, ihr sagen –"

„Umarmen Sie sich, Monsieur! Ihr Name ist Clementine: nach ihrer Großmutter, und da ist sie!"

„Sie! Das erklärt die Ähnlichkeit! Aber dann kann ich sie nicht heiraten! Egal! Clementine! Komm in meine Arme! Umarme deinen Großvater!"

Das arme Kind hatte dieses schnelle Gespräch, aus dem die Ereignisse wie Fliesen auf den Kopf des Obersten fielen, nicht ganz verstehen können. Sie hatte M. Langevin immer als ihren Großvater mütterlicherseits bezeichnet, und jetzt schien sie zu hören, dass ihre Mutter die Tochter von Fougas war . Aber sie wusste schon bei den ersten Worten, dass es ihr nicht mehr möglich war, den Oberst zu heiraten, und dass sie bald mit Leon Renault verheiratet sein würde. Aus einem Anflug von Freude und Dankbarkeit warf sie sich daher in die Arme des jungen, alten Mannes.

„Ah, Monsieur!" sagte sie: „Ich habe dich immer geliebt und respektiert wie einen Großvater!"

„Und ich, mein armes Kind, habe mich immer wie ein altes Tier benommen! Alle Männer sind Rohlinge und alle Frauen sind Engel. Du hast mit dem zarten Instinkt deines Geschlechts erraten, dass du mir Respekt schuldest, und ich, du Narr, dass ich Ich bin, habe überhaupt nichts erraten! Puh! Ohne die ehrwürdige Tante dort hätte ich ein hübsches Stück Arbeit gemacht!"

„Nein", sagte die Tante. „Die Wahrheit hätten Sie durch die Durchsicht unserer Familienpapiere herausgefunden."

„Hätte ich sie sehen können und nichts weiter! Nur daran zu denken, dass ich losgezogen bin, um meine Erben im Departement Meurthe zu suchen, nachdem ich meine Familie in Fontainebleau zurückgelassen hatte! Idiot!

Bah! Aber egal. Clementine! Das wirst du Sei reich, du sollst den Mann heiraten, den du liebst! Wo ist er, der tapfere Junge? Ich möchte ihn sehen, ihn umarmen, ihm sagen –"

„Leider, Monsieur, Sie haben ihn gerade aus dem Fenster geworfen."

„Ich? Warte, es *ist* wahr. Ich hatte alles vergessen. Zum Glück ist er nicht verletzt, und ich werde sofort gehen und meine Torheit wiedergutmachen. Du wirst heiraten, wann du willst; die beiden Hochzeiten werden kommen." gemeinsam abhauen . – Aber in der Tat, nein! Was sage ich? Ich werde jetzt nicht heiraten! Es wird bald alles gut, mein Kind, meine liebe Enkelin. Mademoiselle Sambucco , Sie sind eine Mustertante, umarmen Sie mich!"

Er rannte zum Haus von Herrn Renault, und Gothon , der ihn kommen sah, rannte hinunter, um ihn auszuschließen.

„ Schämst du dich nicht ", sagte sie, „dass du so mit ihnen umgehst und dich wieder zum Leben erweckst? Ah! Wenn es noch einmal gemacht werden müsste! Wir würden das Haus nicht noch einmal auf den Kopf stellen." Ihrer schönen Augen zuliebe! Madame weint, Monsieur rauft sich die Haare, Monsieur Leon hat gerade zwei Beamte geschickt, um Sie aufzuspüren. Was haben Sie seit dem Morgen wieder gemacht?"

Fougas drehte sie auf den Füßen und stand dem Ingenieur gegenüber. Leon hatte das Geräusch eines Streits gehört, und als er den Oberst aufgeregt und mit blitzenden Augen sah, erwartete er eine brutale Aggression und wartete nicht auf den ersten Schlag. Im Gang kam es zu einem Kampf unter den Schreien von Gothon , M. Renault und der armen alten Dame, die schrie: „Mord!" Leon rang, trat und schlug von Zeit zu Zeit kräftig in den Körper seines Gegners. Dennoch musste er nachgeben; Der Oberst endete damit, dass er ihn auf den Boden warf und dort festhielt. Dann küsste er ihn auf beide Wangen und sagte zu ihm:

„Ah! Du unartiger Junge! Jetzt bin ich mir ziemlich sicher, dass du mir zuhörst! Ich bin Clementines Großvater und ich gebe sie dir zur Frau, und du kannst die Hochzeit morgen haben, wenn du willst! Tust du das? Hören Sie? Jetzt stehen Sie auf und schlagen Sie mir nicht mehr in den Bauch. Das wäre fast Vatermord!"

Mlle. Sambucco und Clementine trafen inmitten der allgemeinen Verblüffung ein. Sie beendeten den Vortrag von Fougas , der sich ziemlich stark in die Genealogie verwickelt hatte. Leons Sekundanten erschienen ihrerseits. Sie hatten den Feind nicht in dem Hotel gefunden, in dem er sein Quartier bezogen hatte, und kamen, um über ihre Mission zu berichten. Ein Bild vollkommenen Glücks begegnete ihrem erstaunten Blick und Leon lud sie zur Hochzeit ein.

„Meine Freunde", sagte Fougas , „ihr werdet sehen, wie die unverfälschte Natur die Ketten der Liebe segnet."

KAPITEL XX.

Ein Donnerschlag aus klarem Himmel.

„Mlle. Virginie Sambucco hat die Ehre, Ihnen die Hochzeit von Mlle. Clementine Sambucco , ihrer Nichte, mit M. Leon Renault, Bauingenieur, bekannt zu geben.

„M. und Mme. Renault haben die Ehre, Ihnen die Hochzeit von M. Leon Renault, ihrem Sohn, mit Mlle. Clementine Sambucco bekannt zu geben ;

„Und laden Sie ein, dem Hochzeitssegen beizuwohnen, der ihnen am 11. September 1859 um Punkt elf Uhr in der Kirche Saint Maxcence in ihrer Pfarrei gegeben wird.“

Fougas bestand unbedingt darauf, dass sein Name auf den Karten erscheinen sollte. Sie hatten alle Mühe der Welt, ihn von dieser Laune zu heilen. Frau. Renault hielt ihm zwei volle Stunden lang Vorträge. Sie erzählte ihm, dass Clementine sowohl in den Augen der Gesellschaft als auch in den Augen des Gesetzes die Enkelin von M. Langevin sei; dass außerdem M. Langevin sehr großzügig gehandelt habe, indem er eine Tochter, die nicht seine eigene sei, durch Heirat legitimierte; schließlich, dass die Veröffentlichung eines solchen Familiengeheimnisses ein Verstoß gegen die Heiligkeit des Grabes wäre und das Andenken der armen Clementine Pichon trüben würde. Der Oberst antwortete mit der Wärme eines jungen Mannes und der Hartnäckigkeit eines alten Mannes:

„Die Natur hat ihre Rechte; sie stehen über den Konventionen der Gesellschaft und sind tausendmal höher. Ihre Ehre, die ich mein Ægle nannte , ist mir teurer als alle Schätze der Welt, und ich würde ihr die Seele spalten.“ jedes unüberlegte Wesen, das versuchen sollte, es zu trüben. Indem sie dem Eifer meiner Gelübde nachgab, passte sie sich nur dem Brauch einer großen Epoche an, in der die Ungewissheit des Lebens und die ständige Existenz des Krieges alle Formalitäten vereinfachten. Und schließlich tue ich es Ich wünsche mir nicht, dass meine noch ungeborenen Enkel nicht wissen, dass die Quelle ihres Blutes in den Adern von Fougas liegt . Dein Langevin ist nur ein Eindringling, der sich heimlich in meine Familie eingeschlichen hat. Ein Kommissar! Es ist fast ein Marketender! Ich verschmähe unter den Füßen die Asche von Langevin!“

Seine Hartnäckigkeit wollte den Argumenten von Frau nicht nachgeben. Renault, aber es gab den Bitten von Clementine nach. Die junge Kreole wickelte ihn mit unwiderstehlicher Anmut um den Finger.

„Mein guter Opa das, mein hübscher kleiner Opa das; mein alter Baby von einem Opa , wir schicken dich aufs College, wenn du nicht vernünftig bist!“

Fougas ‘ Knie niederzulassen und ihm kleine liebevolle Streicheleinheiten auf die Wangen zu geben. Der Oberst würde die schroffste Stimme annehmen, und dann würde sein Herz vor Zärtlichkeit überfließen und er würde wie ein Kind weinen.

Diese Vertrautheiten trugen nichts zum Glück von Leon Renault bei; Ich glaube sogar, dass sie seine Freude etwas gedämpft haben. Dennoch zweifelte er weder an der Liebe seiner Verlobten noch an der Ehre von Fougas . Er musste zugeben, dass solche kleinen Freiheiten zwischen einem Großvater und seiner Enkelin natürlich und angemessen sind und zu Recht niemanden beleidigen könnten. Aber die Situation war so neu und so ungewöhnlich, dass er ein wenig Zeit brauchte, um seine Gefühle daran zu gewöhnen und seinen Kummer zu vergessen. Dieser Großvater, für den er fünfhundert Francs bezahlt hatte, dessen Ohr er gebrochen hatte, für den er eine Grabstätte auf dem Friedhof von Fontainebleau gekauft hatte: dieser Vorfahre, der jünger war als er selbst, den er betrunken gesehen hatte, den er sympathisch gefunden hatte , dann gefährlich, dann unerträglich: Dieses ehrwürdige Familienoberhaupt, das zunächst Clementines Hand gefordert und schließlich seinen zukünftigen Enkel in die Heliotrope geworfen hatte, konnte nicht auf einmal uneingeschränkten Respekt und vorbehaltlose Zuneigung erlangen.

M. und Frau. Renault ermahnte seinen Sohn zu Unterwerfung und Ehrerbietung. Sie stellten M. Fougas ihm gegenüber als einen Verwandten dar, der mit Rücksichtnahme behandelt werden sollte.

„Ein paar Tage Geduld!“ sagte die gute Mutter. „Er wird nicht lange bei uns bleiben; er ist Soldat und kann von der Armee nicht besser leben als ein Fisch auf dem Trockenen.“

Aber tief in ihrem Herzen trugen Leons Eltern eine bittere Erinnerung an so viele Qualen und Demütigungen. Fougas war die Geißel der Familie gewesen; Die Wunden, die er verursacht hatte, konnten nicht innerhalb eines Tages heilen. Sogar Gothon erduldete ihm Groll, ohne es zuzugeben. Sie stieß große Seufzer aus, während sie sich auf die Hochzeitsfeierlichkeiten bei Mlle. vorbereitete. Sambuccos .

„Ah! mein armer Célestin!“ sagte sie zu ihrem Akolythen. „Was für ein kleiner Schlingel von Großvater, da müssen wir sicher sein!“

Die einzige Person, die sich vollkommen wohl fühlte, war Fougas . Er hatte den Schwamm über seine Streiche hinausgeschoben; Von all dem Bösen, das er getan hatte, hegte er keinen bösen Willen gegen irgendjemanden . Sehr väterlich gegenüber Clementine, sehr gnädig gegenüber M. und Mme. Renault bewies er für Leon die offenste und herzlichste Freundschaft.

„Mein lieber Junge", sagte er zu ihm, „ich habe dich studiert, ich kenne dich und ich liebe dich sehr; du hast es verdient, glücklich zu sein, und du wirst es sein. Das wirst du bald sehen, wenn du mich für fünfundzwanzig kaufst." Napoleons, du hast kein schlechtes Geschäft gemacht. Wenn die Dankbarkeit aus dem Universum verbannt würde, würde sie im Herzen von Fougas einen letzten bleibenden Platz finden !"

Drei Tage vor der Hochzeit teilte M. Bonnivet der Familie mit, dass der Oberst in sein Büro gekommen sei, um um eine Besprechung über den Vertrag zu bitten. Er hatte kaum den Blick auf das gestempelte Blatt Papier geworfen, als Rrrrip ! es lag zerstückelt im Kamin.

„Mister Note-Scratcher", sagte er, „tun Sie mir die Ehre, Ihr *Meisterwerk* noch einmal von vorne zu beginnen. Die Enkelin von Fougas heiratet nicht mit einer Rente von achttausend Francs. Natur und Freundschaft geben ihr eine Million. Hier." es ist!"

Daraufhin zog er einen Bankscheck über eine Million aus der Tasche, ging stolz im Arbeitszimmer auf und ab, wobei seine Stiefel knarrten, und warf einen Tausend-Franc-Schein auf den Schreibtisch eines Angestellten und rief in seinem deutlichsten Ton:

„Kinder des Gesetzes! Hier ist etwas, womit man auf die Gesundheit des Kaisers und der Großen Armee trinken kann!"

Die Renault-Familie protestierte entschieden gegen diese Liberalität. Als Clementine von ihrem Verlobten davon erfuhr, unterhielt sie sich lange im Beisein von Mademoiselle. Sambucco mit dem jungen und schrecklichen Großvater; Sie versuchte ihm klarzumachen, dass er erst vierundzwanzig Jahre alt war, dass er eines Tages heiraten würde und dass sein Besitz seiner zukünftigen Familie gehörte.

„Ich wünsche nicht", sagte sie, „dass deine Kinder mich beschuldigen, ich hätte sie ausgeraubt. Behalte deine Millionen für meine kleinen Onkel und Tanten!"

Aber dieses eine Mal gab Fougas keinen Zentimeter nach.

"Verspottest du mich?" sagte er zu Clementine. „Glauben Sie, dass ich mich der Torheit schuldig machen werde, jetzt zu heiraten? Ich verspreche Ihnen nicht, wie ein Mönch von La Trappe zu leben, aber in meinem Alter kann ein Mann, der so zusammengesetzt ist wie ich, genug finden, um sich mit ihm zu unterhalten." Garnisonen, ohne jemanden zu heiraten. Der Mars borgt sich nicht die Fackel des Hymen, um die kleinen Verirrungen der Venus zu beleuchten! Warum bindet sich der Mensch jemals in die Ehe? ...

Um Vater zu sein. Ich bin im Vergleich bereits einer Grad, und in einem Jahr, wenn unser tapferer Leon die Rolle eines Mannes erfüllt, werde ich den Superlativ erreichen. Urgroßvater! Das ist eine schöne Position für einen 25-jährigen Soldaten! Mit fünfundvierzig oder fünfzig werde ich großartig sein -Urgroßvater. Mit siebzig ... die französische Sprache hat keine Worte mehr, um auszudrücken, was ich werden werde! Aber wir können eines bei diesen Schwätzern der Akademie bestellen! Hast du Angst, dass es mir in meinem Alter an irgendetwas fehlen wird? „Zuallererst habe ich meinen Sold und mein Offizierskreuz. Wenn ich die Jahre von Anchises oder Nestor erreiche, werde ich meinen Ruhesold bekommen." Fügen Sie dazu noch die zweihundertfünfzigtausend Francs vom König von Preußen hinzu, und Sie werden sehen, dass ich bis zum Ende meiner Karriere nicht nur Brot, sondern auch alle notwendigen Lebensmittel habe. Darüber hinaus habe ich ein unbefristetes Stipendium für den Friedhof von Fontainebleau, für das Ihr Mann im Voraus bezahlt hat. Bei all diesen Besitztümern und einfachen Geschmäckern wird man seine Ressourcen sicher nicht auffressen!"

Ob sie wollten oder nicht, sie mussten alles aufgeben, was er verlangte, und seine Million akzeptieren. Dieser Akt der Großzügigkeit erregte große Aufregung in der Stadt und der Name Fougas , der bereits auf so viele Arten gefeiert wurde, erlangte neues Ansehen. Die Unterschrift der Braut wurde vom Marschall, dem Herzog von Solferino, und dem berühmten Karl Nibor beglaubigt, der erst wenige Tage zuvor in die Akademie der Wissenschaften gewählt worden war. Leon behielt bescheiden die alten Freunde bei, die er sich schon lange ausgesucht hatte: M. Audret , den Architekten, und M. Bonnivet, den Notar.

Der Bürgermeister war strahlend in seinem neuen Schal. Der *Pfarrer* richtete an das junge Paar eine rührende Ansprache über die unerschöpfliche Güte der Vorsehung, die noch immer gelegentlich Wunder zum Wohl wahrer Christen vollbringt. Fougas , der seinen religiösen Pflichten seit 1801 nicht mehr nachgekommen war, tränkte zwei Taschentücher mit Tränen.

„Man muss sich immer von denen trennen, die einem am Herzen liegen", sagte er beim Verlassen der Kirche. „Aber Gott und ich sind dazu gebracht, einander zu verstehen! Was ist Gott denn anderes als ein etwas universellerer Napoleon!"

Ein pantagruelisches Fest unter dem Vorsitz von Mlle. Virginie Sambucco in einem Kleid aus pucefarbener Seide folgte unmittelbar nach der Trauung. Bei diesem *Familienfest* waren 24 Personen anwesend , unter anderem der neue Oberst des 23. Regiments und M. du Marnet , dessen Wunde fast vollständig genesen war.

Mit einer gewissen Besorgnis nahm Fougas seine Serviette in die Hand. Er hoffte, dass der Marschall sein Brevet als Brigadegeneral mitgebracht hatte.

Sein ausdrucksstarkes Gesicht zeigte lebhafte Enttäuschung über den leeren Teller.

Der Herzog von Solferino, der auf dem Ehrenplatz gesessen hatte, bemerkte diese physiognomische Zurschaustellung und sagte laut:

„Seien Sie nicht ungeduldig, mein alter Kamerad! Ich weiß, was Sie vermissen; es war nicht meine Schuld, dass das *Fest* nicht zu Ende war. Der Kriegsminister war unterwegs, als ich auf dem Weg hierher vorbeikam. Mir wurde es jedoch gesagt, um der Abteilung, dass Ihre Angelegenheit durch eine technische Frage in der Schwebe gehalten wurde, Sie aber innerhalb von vierundzwanzig Stunden einen Brief von der Abteilung erhalten würden.“

„Der Teufel nimmt die Dokumente!“ rief Fougas . „Sie haben sie alle, von meiner Geburtsurkunde bis hin zur Kopie meiner Brevet-Colonel-Kommission. Sie werden feststellen, dass sie eine Impfbescheinigung oder so ein Sechs-Penny-Schienbeinpflaster wollen!“

„Oh! Geduld, junger Mann! Du hast genug Zeit zu warten. Es ist nicht so ein Fall wie meiner: Ohne den Italienfeldzug, der mir die Chance gab, den Staffelstab zu ergattern, hätten sie mir das Ohr aufgeschlitzt wie ein verurteiltes Pferd, unter dem leeren Vorwand, ich sei fünfundsechzig Jahre alt. Du bist noch nicht fünfundzwanzig und stehst kurz davor, Brigadier zu werden: Der Kaiser hat es dir vor mir versprochen. In vier oder fünf Jahren , Sie werden die goldenen Sterne haben, es sei denn, dass Ihnen etwas Pech dazwischenkommt. Danach brauchen Sie nichts weiter als das Kommando über eine Armee und einen erfolgreichen Feldzug, um zum Marschall von Frankreich und Senator zu werden, was nichts mehr verhindern kann!“

„Ja“, antwortete Fougas ; „Ich werde es schaffen. Nicht nur, weil ich der jüngste aller Offiziere meines Ranges bin und weil ich in den machtigsten Kriegen mitgewirkt habe und die Lehren des Feldherrn von Bellona befolgt habe, sondern vor allem, weil das Schicksal es markiert hat.“ mich mit ihrem Zeichen. Warum haben mich die Kugeln in mehr als zwanzig Schlachten verschont? Warum bin ich über Ozeane aus Stahl und Feuer gerast, ohne dass meine Haut einen Kratzer abbekommen hat? Das liegt daran, dass ich einen Stern habe, genau wie *Er* . Seiner war der Größere , das ist wahr, aber es ist in St. Helena ausgegangen, während meines noch im Himmel brennt! Wenn Doktor Nibor mich mit ein paar Tropfen warmem Wasser wiederbelebte, dann deshalb, weil mein Schicksal noch nicht erfüllt war. Wenn der Wille des Das französische Volk hat den Kaiserthron wiederhergestellt, um mir während der Eroberung Europas, die wir bald wieder aufnehmen werden, eine Reihe von Gelegenheiten für meine Tapferkeit zu bieten! *Vive l'Empereur* und ich auch! Ich werde in weniger als zehn Jahren Herzog oder Prinz sein, und ... warum nicht? Man könnte versuchen, am Tag der Kronenverteilung beim Appell dabei zu sein! In diesem Fall werde ich Clementines ältesten Sohn adoptieren: Wir werden ihn Pierre Victor II. nennen, und er wird mein Nachfolger auf dem Thron sein, genau wie Ludwig XV. Nachfolger seines Großvaters Ludwig XIV.!"

Als er diese wundervolle Rede beendet hatte, betrat ein *Gendarm* den Speisesaal, fragte nach Oberst Fougas und überreichte ihm einen Brief des Kriegsministers.

„Gott!" rief der Marschall, „es wäre schön, wenn Ihre Beförderung am Ende eines solchen Diskurses käme. Ausnahmsweise würden wir uns vor Ihrem Stern niederwerfen! Die Könige der Magier wären nirgendwo im Vergleich zu uns."

„Lesen Sie es selbst", sagte er zum Marschall und hielt ihm das große Blatt Papier hin. „Aber nein! Ich habe dem Tod immer ins Gesicht geschaut; ich werde meine Augen nicht von diesem Papierdonner abwenden, wenn er mich umbringt."

„ OBERST :

„Bei der Vorbereitung des kaiserlichen Erlasses, der Sie in den Rang eines Brigadegenerals erhob, stand ich vor einem unüberwindlichen Hindernis: nämlich Ihrer Geburtsurkunde. Aus diesem Dokument geht hervor, dass Sie im Jahr 1789 geboren wurden und dass Sie Ihr siebzigstes Jahr haben Sie bereits überschritten. Da die Altersgrenze nun für Oberste auf sechzig, für Brigadegeneräle auf zweiundsechzig und für Divisionsgeneräle auf fünfundsechzig Jahre festgelegt ist, sehe ich mich als absolute Notwendigkeit, Sie auf die Ruhestandsliste zu setzen mit dem Rang eines Obersten. Ich weiß, Monsieur, wie wenig diese Maßnahme durch Ihr scheinbares Alter gerechtfertigt ist, und ich bedaure aufrichtig, dass Frankreich der Dienste eines Mannes von Ihren Fähigkeiten und Verdiensten beraubt werden sollte. Darüber hinaus ist es sicher, dass ein Eine Ausnahme zu Ihren Gunsten würde keine Unzufriedenheit in der Armee hervorrufen und nur auf wohlwollende Zustimmung stoßen. Aber das Gesetz ist ausdrücklich, und der Kaiser selbst kann es nicht verletzen oder sich ihm entziehen. Die daraus resultierende Unmöglichkeit ist so absolut, dass wenn, in Ihrem Eifer Um dem Land zu dienen, waren Sie bereit, Ihre Epauletten abzulegen, um eine neue Karriere zu beginnen. Ihre Einberufung in ein einziges Regiment der Armee war nicht möglich. Es ist ein Glück, Monsieur, dass die Regierung des Kaisers in der Lage war, Ihnen die Mittel zum Lebensunterhalt zu verschaffen, indem sie von Seiner Königlichen Hoheit, dem Regenten von Preußen, die Ihnen zustehende Entschädigung erhielt; denn es gibt nicht einmal ein Amt in der Zivilverwaltung, in das ein siebzigjähriger Mann auch durch besondere Gunst eingesetzt werden könnte. Sie werden mit Recht einwenden, dass die jetzt geltenden Gesetze und Vorschriften aus einer Zeit stammen, als Experimente zur Wiederbelebung der Menschen noch keine positiven Ergebnisse erzielt hatten. Aber das Gesetz ist für die Masse der Menschheit gemacht und kann keine Ausnahmen berücksichtigen. Zweifellos wäre die Aufmerksamkeit auf die Änderung gerichtet, wenn es in ausreichender Zahl Reanimationsfälle gäbe.

„Akzeptieren usw.“

Der Lesung folgte eine düstere Stille. Die *Mene Mene Tekel Der Upharsin* der orientalischen Legenden hätte die Wirkung von Blitzen nicht vollständiger wiedergeben können. Der *Gendarm* war immer noch da, stand in der Position des Soldaten ohne Waffen und wartete auf den Empfang von Fougas . Der Oberst rief nach Feder und Tinte, unterschrieb das Papier, gab dem *Gendarmen* Trinkgeld und sagte mit kaum unterdrückter Rührung zu ihm:

„Sie sind glücklich, das sind Sie! Niemand hindert Sie daran, dem Land zu dienen. Nun“, fügte er hinzu und wandte sich an den Marschall, „was sagen Sie dazu?“

„Was soll ich denn sagen, mein armer alter Junge? Es bricht mich völlig zusammen. Es hat keinen Sinn, gegen das Gesetz zu argumentieren; es ist ausdrücklich. Die Dummheit unsererseits war, nicht früher daran zu denken. Aber wer zum Teufel würde das tun?“ Haben Sie in Gegenwart eines Mannes wie Ihnen an die Ruhestandsliste gedacht?“

Die beiden Obersten erklärten, dass ihnen ein solcher Einwand niemals in den Sinn gekommen wäre; Nun, da es vorgeschlagen worden war, wussten sie jedoch nicht, was sie widerlegen sollten. Keiner von ihnen hätte Fougas verpflichten können als Privatsoldat, trotz seiner Fähigkeiten, seiner körperlichen Stärke und seines Aussehens, als wäre er vierundzwanzig Jahre alt.

„Wenn mich nur jemand töten würde!“ rief Fougas . „Ich kann mich nicht dazu durchringen, Zucker zu wiegen oder Kohl anzupflanzen. Es war die Waffenlaufbahn, in der ich meine ersten Schritte gemacht habe; ich muss darin weitermachen oder sterben. Was kann ich tun? Was kann ich werden? Nehmen Sie Dienst in einigen.“ Fremde Armee? Niemals! Das Schicksal von

Moreau liegt immer noch vor meinen Augen ... Oh Glück! Was habe ich dir angetan, dass ich so tief gestürzt wurde, während du dich darauf vorbereitet hast , mich so hoch zu erheben?"

Clementine versuchte ihn mit beruhigenden Worten zu trösten.

„Du sollst in unserer Nähe wohnen", sagte sie. „Wir werden eine hübsche kleine Frau für dich finden, und du kannst deine Kinder großziehen . In deinen Freizeitmomenten kannst du die Geschichte der großen Taten schreiben, die du vollbracht hast. Es wird dir an nichts fehlen: Jugend, Gesundheit, Vermögen, Familie, all das." „Was das Glück der Menschen ausmacht, gehört dir. Warum solltest du dann nicht glücklich sein?"

Auf die gleiche Weise sprachen Leon und seine Eltern mit ihm. Alles, was mit dem festlichen Anlass zu tun hatte, wurde angesichts einer so realen Trauer und einer so tiefen Niedergeschlagenheit vergessen.

Er erwachte nach und nach und sang beim Nachtisch sogar ein kleines Lied, das er für diesen Anlass vorbereitet hatte.

Hier ist eine Gesundheit für diese glücklichen Liebenden , die an diesem dreimal gesegneten Tag haben Gesengt mit der Fackel des keuschen Jungfernhäutchens, den Flügeln, mit denen Amor umherirrt. Und jetzt, kleiner flüchtiger Gottjunge , musst du dich zu Hause ruhig verhalten – Gefesselt dort durch diese glückliche Ehe , in der Genie und Schönheit eins sind.

Von nun an wird er es sich zur Aufgabe machen, die Freude in der Macht der Loyalität zu bewahren und dabei seine ungezogene alte Angewohnheit , von Blume zu Blume zu wandern , vergessen . Und Clementine macht die Aufgabe leicht, denn bei ihrem Lächeln sprießen Rosen : Von dort kann der junge Schlingel sie stehlen , ebenso wie auf der Insel der Venus.

Die Verse wurden lautstark beklatscht, aber der arme Oberst lächelte traurig, redete nur wenig und ließ sich überhaupt nicht aus der Fassung bringen. Der Mann mit dem gebrochenen Ohr konnte sich überhaupt nicht damit trösten, dass er ein geschlitztes Ohr hatte. [11] Er nahm an den verschiedenen Vergnügungen des Tages teil, war aber nicht mehr der brillante Begleiter, der mit seiner ungestümen Fröhlichkeit alles inspiriert hatte.

Der Marschall machte ihm im Laufe des Abends ein Knopfloch und sagte: „Woran denkst du?"

„Ich denke an die alten Kameraden, die glücklich genug waren, bei Waterloo mit dem Gesicht zum Feind zu fallen. Dieser alte Narr von einem Holländer, der mich für die Nachwelt bewahrte, hat mir nur einen traurigen Dienst erwiesen. Ich sage dir, Leblanc, a Der Mensch sollte in seinem eigenen Tag leben. Später ist es zu spät.

„Oh, pshaw, Fougas , rede keinen Unsinn! Es ist nichts Verzweifeltes an dem Fall. Der Teufel soll es nehmen! Ich werde morgen zum Kaiser gehen . Die Angelegenheit soll untersucht werden. Es wird alles geklärt." Männer wie du! Warum hat Frankreich sie nicht im Dutzend, dass es sie unter die schmutzige Wäsche werfen sollte?"

„Danke! Du bist ein guter alter Junge, und zwar ein wahrer. Im Jahr 1812 gab es fünfhunderttausend von uns, vom gleichen Typ, von uns sind nur noch zwei übrig, sagen wir, eineinhalb."

Gegen zehn Uhr abends begleiteten M. Rollon, M. du Marnet und Fougas den Marschall zu den Autos. Fougas umarmte seinen Kameraden und versprach ihm, guten Mutes zu sein. Nachdem der Zug abgefahren war, gingen die drei Obersten zu Fuß zurück in die Stadt. Als Fougas am Haus von M. Rollon vorbeikam, sagte er zu seinem Nachfolger:

„Sie sind heute Abend nicht sehr gastfreundlich; Sie bieten uns nicht einmal ein bisschen von diesem guten Andaye- Brandy an!"

„Ich dachte, Sie wären nicht im Trinkgewand", sagte M. Rollon. „Du hast weder im Kaffee noch danach etwas getrunken. Aber komm hoch!"

„Mein Durst ist mit aller Macht zurückgekehrt."

„Das ist ein gutes Symptom."

Er trank melancholisch und befeuchtete kaum seine Lippen in seinem Glas. Er blieb kurz vor der Fahne stehen, ergriff den Stab, breitete die Seide aus, zählte die Löcher, die Kanonenkugeln und Kugeln darin hinterlassen hatten, und konnte seine Tränen nicht unterdrücken. „Positiv", sagte er, „der Brandy hat mich in der Kehle getroffen; ich bin heute Abend kein Mann. Guten Abend, meine Herren."

„Warte! Wir kommen mit dir zurück."

„Oh, mein Hotel ist nur einen Schritt entfernt."

„Es ist alles das Gleiche. Aber was halten Sie davon, in einem Hotel zu übernachten, wenn Ihnen zwei Häuser in der Stadt zur Verfügung stehen?"

„Aufgrund dessen werde ich morgen umziehen."

Am nächsten Morgen, gegen elf Uhr, war der glückliche Leon auf seiner Toilette, als ihm ein Telegramm überbracht wurde. Er öffnete es, ohne zu bemerken, dass es an Herrn Fougas gerichtet war , und stieß einen Freudenschrei aus. Hier ist die lakonische Botschaft, die ihm so viel Freude bereitete:

„An Oberst Fougas , Fontainebleau.

„Habe gerade den Kaiser verlassen . Sie bleiben Brevet-Brigadier, bis sich etwas Besseres ergibt. Wenn nötig, wird *das Corps Legislatif das Gesetz ändern.*"

„ LEBLANC ."

Leon zog sich an, rannte zum Hotel der blauen Sonnenuhr und fand Fougas tot in seinem Bett.

In Fontainebleau heißt es, M. Nibor habe eine Autopsie durchgeführt und festgestellt, dass durch Austrocknung schwere Störungen entstanden seien. Einige Menschen sind dennoch davon überzeugt, dass Fougas Selbstmord begangen hat. Es ist sicher, dass Meister Bonnivet per Penny-Post eine Art Testament erhalten hat, das wie folgt lautete:

> „Ich überlasse mein Herz meinem Land, meine Erinnerung meiner natürlichen Zuneigung, mein Vorbild der Armee, meinen Hass dem perfiden Albion, fünfzigtausend Franken Gothon und zweihunderttausend Franken dem 23. der Linie. Und für immer *Vive.* " *l'Empereur!*
>
> „ FOUGAS ."

Er wurde am 17. August zwischen drei und vier Uhr nachmittags wiederbelebt und starb am 17. des folgenden Monats, zu welcher Stunde wir nie erfahren werden. Sein zweites Leben hatte etwas weniger als einunddreißig Tage gedauert. Aber man kann mit Fug und Recht sagen, dass er seine Zeit gut genutzt hat. Er ruht auf dem Platz, den der junge Renault für ihn gekauft hatte. Seine Enkelin Clementine hat vor etwa einem Jahr aufgehört zu trauern. Sie ist geliebt und glücklich, und Leon wird sich nichts vorwerfen müssen, wenn sie nicht viele Kinder hat.

Bourdonnel , August 1861.

FINIS.

ANMERKUNGEN AN DEN MANN MIT DEM GEBROCHENEN OHHR.

[1] ANMERKUNG 1, Seite 69. – *Schwarze Schmetterlinge* , *ein französischer Ausdruck, den wir geschmackvoll durch blaue Teufel* ersetzen könnten .

[2] ANMERKUNG 2, Seite 72. – *Der 15. August* ist der Geburtstag des Kaisers .

[3] ANMERKUNG 3, Seite 85. – Natürlich *Celsius* .

[4] ANMERKUNG 4, Seite 101. – Fougas ' Überraschung erklärt sich aus der bekannten Tatsache, dass Napoleon gezwungen war, das Spielen von *Partant pour la Syrie* in seinen Armeen zu verbieten, weil es Heimweh und die daraus resultierende Desertion verursachte.

[5] ANMERKUNG 5, Seite 118. – *Jeu de Paume* (Tennisplatz) ist der Name der Versammlung des dritten Standes (*tiers-état*) im Jahr 1789, benannt nach dem Ort, an dem sie stattfand.

[6] ANMERKUNG 6, Seite 161. – Das von den beiden jungen Adligen verwendete Englisch ist das eigene Englisch von M. About . Es ist mit Sicherheit das Englisch, das Franzosen sprechen würden, und man kann diese Tatsache genauso gut M. Abouts feinem Gespür für die Anforderungen des Anlasses zuschreiben, wie auch der mangelnden Vertrautheit mit unserer Sprache.

[7] ANMERKUNG 7, Seite 164. – Es ist nicht ohne Interesse festzustellen, dass M. About das englische Wort *Gentlemen verwendet hat* .

[8] ANMERKUNG 8, Seite 166. – *Krieg gegen Tyrannen! Niemals, nie, nie wird der Brite in Frankreich regieren!*

[9] ANMERKUNG 9, Seite 214. – Das Original hier enthält eine hübsche kleine Einbildung, die nicht übersetzt werden kann, aber zu gut ist, um verloren zu gehen. Das französische Wort für Schwiegertochter ist *belle fille* , wörtlich „schönes Mädchen". An Fougas ' Adresse „ *Ma belle fille!* " Mme. Langevin antwortet: „ *Ich bin nicht schön und ich bin kein Mädchen.* " Das erinnert an die ähnliche Erwiderung, die Faust von Marguerite erhielt, als er sie als „ *schöne junge Dame* " ansprach!

[10] ANMERKUNG 10, Seite 230. – Der Übersetzer hat in Fougas ' Apostroph an Clementine absichtlich sowohl den Singular als auch den Plural der zweiten Person verwendet , da es ihm aufgrund der Variationen des Gefühls natürlich erforderlich erschien.

[11] ANMERKUNG 11, Seite 248. – Der Leser wird sich an Marschall Leblancs Anspielung auf verurteilte Pferde erinnern.